Ursula Stinkes
Antwortverhältnisse

Ursula Stinkes

Antwortverhältnisse

Anni N. und das
Nichtzuhausesein
in der Welt

»Edition S«

Bibliografische Information der Deutschen Nationalbibliothek

Die Deutsche Nationalbibliothek verzeichnet diese Publikation in der Deutschen Nationalbibliografie; detaillierte bibliografische Daten sind im Internet über *http://dnb.d-nb.de* abrufbar.

ISBN 978-3-8253-8355-8

Imprimé en Allemagne · Printed in Germany
Umschlagdesign: Drißner-Design und DTP, Meßstetten
Druck: Memminger MedienCentrum AG, 87700 Memmingen

Gedruckt auf umweltfreundlichem, chlorfrei gebleichtem und alterungsbeständigem Papier.

Den Verlag erreichen Sie im Internet unter:
www.winter-verlag.de

Dank

Danken möchte ich zunächst Anni N. und den Betreuerinnen im Emma-Lindner-Heim, die gemeinsam mit mir einen unbekannten Weg mutig beschritten sind.

Dass langjährige Verbundenheit auch Mühen bereiten kann, hat Prof. em. Dr. Dr. h.c. Käte Meyer-Drawe erfahren: Sie ist beständig eine inhaltlich wegweisende und mich ermutigende Gesprächspartnerin. Ihr gebührt mein ausdrücklicher, herzlicher Dank.

Auch all jenen danke ich, die mir in den vergangenen Jahren geistige Freunde waren und davon wissen oder nicht wissen. Ich hoffe, ich habe bei der Auslegung ihrer Gedanken nicht zu grobe Fehlleistungen vollzogen.

Ausdrücklich sei auch Prof. em. Dr. Hans Weiß Dank ausgesprochen, welcher mir vor allem ein Gesprächspartner zur Sache war.

Besonderen Dank schulde ich Herrn Dipl.-Theol. Dirk Hoffmann vom Winter-Verlag. Seiner Geduld und seinem kritisch-redaktionellem Blick verdankt dieses Buch auch sein Erscheinen. Bei Frau Ina Eckert bedanke ich mich ebenso für Ihre Hilfestellungen bei der ersten Manuskripterstellung.

Dass das Glück des Nachdenkens, Lesens, Schreibens möglich ist, Zeiträume dafür offenstehen und die vielen Niederlagen, die dieser Prozess auch bereithält, keine zu großen Krater in die Seele schlägt, das habe ich meinem Mann Jürgen zu verdanken.

„… wo die Blumen blühen und die Pferde wohnen …“

Inhaltsverzeichnis

„Nichts ist schwerer zu wissen, als was wir eigentlich sehen"
(Merleau-Ponty 1966/1974, S. 82)

„...alles ist weniger, als es ist, alles ist mehr"
(Celan, Atemwende)

„Das ›anders als...‹ ist das, was die Gegenwart und mich selbst unwiderruflich spaltet und mich aber damit empfänglich macht für einen Anderen, der mehr ist als ein *alter ego*, und für ein Eingedenken, das tiefer reicht als jede Erinnerung."
(Waldenfels 2008, S. 16)

„ja mei ..."
(Anni N.)

Auch wenn in diesem Buch alle Geschlechter gemeint sind, wird ausschließlich das generische Maskulinum verwendet.

Prolog

> „Die Autorität des Zeugen liegt in seiner Fähigkeit, nur im Namen einer Unfähigkeit zu sagen, zu sprechen – d. h. in der Existenz als Subjekt." (Agamben 2003, S. 80)

Die Grundlage dieses Buches basiert auf Forschungsprojekten, welche sich die Aufgabe stellten, ein Verständnis für die Lebensgeschichte und Lebenssituation von Menschen zu erhalten, um Lebensperspektiven und ein Verständnis für die Körpersprache anzudeuten.

Die Mitglieder der Forschungsprojekte[1] begleiteten über drei Jahre gemeinsam mit Betreuerinnen je eine Bewohnerin des Emma-Lindner-Wohnheims. Das Forscherteam dokumentierte die gemeinsamen Erfahrungen über Erfahrungen, so dass eine Art ‚Reisetagebuch' entstanden ist. Es zeigt den schwierigen Weg der Begleitung und des gegenseitigen Verständigens ebenso auf wie die strukturelle Gewalt in der Familie und in Institutionen (Psychiatrie Eidingen; Emma-Lindner-Wohnheim)[2]. Es berichtet darüber, wie bedeutsam Mitfühlen, Reflexion des Erfahrenen und das körpersprachliche, *antwortende* Begleiten und Verhalten für das gegenseitige Verständnis sind, und zeigt, dass wir selbst ein Ineinander und

1 Zum Forscherteam gehörten Prof. em. Dr. Hans Weiß, Prof. Dr. Thomas Hoffmann, Prof. Dr. Ursula Stinkes sowie Mitglieder des Betreuungsteams des Emma-Lindner-Wohnheims. Der Titel des Forschungsprojekts lautet: „Aspekte der Lebenswirklichkeit von Frauen und Männern mit schwerer Behinderung" (Leitung: Prof. Dr. Ursula Stinkes, Prof. Dr. Hans Weiß sowie der [damalige] Mitarbeiter Prof. Dr. Thomas Hoffmann). Das Forschungsprojekt „Körpersprache in den Feldern von Schule und Osteopathie" (Leitung: Prof. Dr. Ursula Stinkes, M.A. Philipp Seitzer) erprobt phänomenbasierte Forschung.

2 Sämtliche Namen und Orte der am Forschungsprojekt beteiligten Personen und Institutionen wurden aus datenschutzrechtlichen Gründen verfremdet. Thomas Hoffmann nimmt in seiner Dissertation (2013) unter dem Kapitel „Zur Neuropsychologie des Willens" (S. 308–329) Bezug auf das Verhalten von Frau Anni N..

Auseinander der Zeiten sind, bei welchen sich vergangene, biografisch bedingte Erfahrungen und aktuelle Erfahrungen auf Zukunft hin verflechten. Wir sind durch unsere Lebensgeschichte(n), durch unsere Lebenssituation(en) und auch durch den Vorentwurf von Lebensperspektiven gekennzeichnet als diejenigen, die wir sind. Vor allem in dem gemeinsamen Tun und Begleiten von Menschen, die nicht über gesprochene Sprache verfügen, zeigt sich durchgängig, wie schwierig es ist, einander zu verstehen und sich zu verständigen. Oliver Sacks (2002, S. 276) stellt klar, dass wir Menschen generell weder als persönlichkeitsloses Objekt verstehen sollen – egal wie umfänglich die Erkrankung oder Beeinträchtigung auch sein mag – noch sie als Projektionsfläche der eigenen Subjektivität missbrauchen dürfen. Letzteres ist besonders dann eine Herausforderung, wenn wir über unterschiedliche Ausdrucksformen verfügen: Der hier zur Sprache kommende Mensch, Frau Anni N., verfügt kaum über gesprochene Sprache. Die beiden anderen Personen, welche von den Forschungsmitgliedern Hans Weiß und Thomas Hoffmann begleitet wurden, verfügen über Sprache.[3] Es kam daher auf ein Begleiten im Sinne eines Vorstellenwollens und -könnens an: „Wie erlebt sich Frau Anni N. im Wohnheim und wie antwortet sie auf Situationen, in die sie verstrickt ist?“ Es geht um den Versuch des Einnehmens ihrer Perspektive in konkreten Situationen: Um Symptome, um Beschwerden, die auf etwas hinweisen könnten, um Zeichen, die einen Verdacht vielleicht zunichtemachen können oder ihn bestätigen, um das Finden von Indizien, die bestimmte Sichtweisen über ihr Verhalten bestätigen oder nicht. Diese Positionierungen sind begleitet von der Sorge um die beeinträchtigte oder erkrankte Person, aber stets getragen vom Verständnis für ihre Situation.

Es geht um Wahrnehmung im Sinne eines ‚Für-Wahr-Haltens‘ ihrer phasenweisen Verwirrtheit, ihrer Ängstlichkeit und ihres starken Willens. Es geht um mitmenschliche Zuwendung, um existentielle Begegnung, auf die sie und wir angewiesen sind. Und damit auch um alles, was uns zustößt, zu begreifen als von Ich-Fremdem durchsetzt, das bis in das Eigenste des Selbst eindringt und die Rede von ‚meiner Aktion‘, ‚meinem Tun‘ in einem gewissen Sinn obsolet macht. *Von daher ist dieses Reisetagebuch nicht die Wiedergabe des Verstehens- und Verständigungsprozesses eines einzelnen Menschen, sondern mehrerer Menschen.*

[3] Diese Erfahrungen sind von den Kollegen nicht veröffentlicht.

Dieses Buch gibt *nicht* die Forschungsprojekte wieder, sondern nimmt die Geschichte einer einzelnen Person (Frau Anni N.) und deren Interaktion mit mir als sie phasenweise begleitende Forscherin (Ursula Stinkes) zum Ausgangspunkt für Fragestellungen, die sich um ‚antwortendes' Verhalten und Handeln drehen. Gleichzeitig basieren die hier geäußerten Einsichten und Vorstellungen auf einem gemeinsamen Denkweg von Hans Weiß, Thomas Hoffmann und mir und zeugen davon, dass eine einzelne Autorin sich einem verdankten Denken verpflichtet. So möglich und nötig, ist die Urheberschaft einzelner Textkorpora angegeben.

Für dieses Buch sind Gedanken über das Leben als eines ‚Zustoßens von…' leitend, das den Kategorien von Aktivität und Passivität, Tun und Erleiden vorausgeht. Denn damit wird von einer Art von Widerfahrnissen ausgegangen, die ‚zwischen' den Akteuren in einem Feld geschehen. Der Begriff der *Zwischenereignisse* wäre hier passend, weil er zu verstehen versucht, dass etwas zwischen uns geschieht, das weder die Summe individueller Ereignisse ist noch eine vorgängige Gemeinsamkeit darstellt und garantiert. *Zwischenereignisse verbinden dadurch, dass sie trennen* – dieses Paradox haben alle Beteiligten im Projekt immer wieder erfahren. Es war eher unmöglich als möglich, Positionen einzunehmen, um den jeweils anderen besser begreifen zu können. Zugleich haben wir uns wie schlechte Doppelgänger des jeweils anderen empfunden: Eine Art lebendiger Abgrund in dem Sinn, als einem stets das Meiste entgleitet, der Boden weggezogen wird, gerade dann, wenn man meint, sich sicher zu bewegen oder die Dinge ‚in der Hand' zu haben.

Rosenstock-Huessy verwendet für diesen komplexen Prozess den Begriff eines ‚trajektiven Ansatzes' (Rosenstock-Huessy 1992, S. 100), um weder das Subjektive noch das Objektive alleine in den Vordergrund der Wahrnehmung und Beschreibung des Verhaltens des Menschen in einer Lebenssituation zu stellen. Denn wenn wir krank oder beeinträchtigt sind, erleben wir, wie sich (Eigen- und Fremd-)zeiten ebenso transzendieren (hier im Sinne von ‚überschreiten') wie die Umgebungen, die Hoffnungen, die Ängste oder die Perspektiven, die wir haben. Sie überschreiten sich und werden zu einem Bild, das sich wesentlich auch von der Art, wie jemand mit uns umgeht, speist. Sorgen, Befürchtungen und Ängste des anderen üben einen Einfluss auf uns aus. Und wir fürchten uns umso mehr, je verborgener der Andere seine Furcht hält.

> „Meine Angst erkenne ich schärfer, je mehr er einen Blick von ihr abwenden will (...). Ich weiß, dass meine Angst die Wirkung seiner Pflege vereiteln und seine Arbeit stören kann“ (Sacks 2002, S. 280).

Lurija (1982/1993) nutzt in diesem Zusammenhang den Begriff ‚romantische Wissenschaft‘ und möchte damit die Fallgeschichte als Beschreibung aus der wissenschaftlichen Geringschätzung herausholen. Eine Fallgeschichte ist keine Geschichte der Erkrankung bzw. der Beeinträchtigung, sondern eine Geschichte von Menschen und damit eine Geschichte im Grunde nicht nur eines Lebens, sondern eine Geschichte von mehreren Leben, die in das eine Leben dieses spezifischen Menschen ‚übergreifen‘ und es transzendieren. Man könnte daher den Eindruck einer Welt in Welten gewinnen. So haben wir es in der Fallgeschichte mit Landschaften zu tun, die sich vor unseren Augen immer weiter ausbilden und die weit über den ‚eigenen‘ Horizont und die ‚eigene‘ Vorstellung hinausreichen.

Als ich Frau Anni N. (Frau N.) im Jahr 2000 traf, wusste ich nicht, dass ich – um ein Sprachbild zu nutzen – auf Dauer in eine gemischte Landschaft eintreten werde, die Hügel und Täler enthält. Ich wusste auch nicht, dass es für mich etwas zu lernen gibt, denn ich begann diese Reise in dem Glauben, ich könnte die Landschaft sehen im Sinne eines ‚Erfassens‘, ohne sie selbst zu durchreisen, ohne gemeinsam mit Frau Anni N. eine ‚Sprache‘ für all die Aspekte zu entwickeln, die dort auffallen oder auch provozieren werden. Reaktionsmuster, Verhaltensweisen, Zyklen der Affektion und Theorien über Ursachen ihrer Tics wurden mir erst dann wirklich deutlich, als ich begriff, dass es nicht um eine zerstreute Handvoll von Symptomen bei Frau N. ging, die in keinem inneren Bezug zueinander stehen, sondern um eine Person und damit um ihre Beziehungen zur Welt. Hier waren für mich die Ausführungen von Wolfgang Jantzen zur Re-Historisierung (1999b) und von Günther Buck zum Zusammenhang von Lernen und Erfahrung (1989/2019) wertvoll. Hervorheben möchte ich die Arbeit von Evi Agostini zum Lernen im Spannungsfeld von Finden und Erfinden: Ihre Ausführungen zur exemplarischen Deskription und zur Bedeutung von Vignetten (2016) waren wegweisend für dieses Buch, weil sie verdeutlichen, dass es erst in der Reflexion (hier: Tagebuchnotizen) des konkreten Vollzugs (Anwesenheit im Feld Wohnheim) Allgemeines im konkreten Besonderen zu entdecken gibt, dass Erfahrung als Erfahrung nachvollzogen, anderes entdeckt und erweitert wird.

Absichtsvoll lehnt sich der Titel dieses Buches an den Titel des Buches von Jörg Kastl an: „Hannes K., die Stimmen und das persönliche Budget“ (2009), und dies nicht nur, aber vor allem, weil ich Jörg Kastl für die in vielen kollegialen und freundschaftlichen Begegnungen mit mir geführten Gespräche danken möchte, die inhaltliche Hinweise, gedankliche Konzentrationen und korrektive Erläuterungen zum vorliegenden Buch beinhalteten. Seine Arbeiten und die Gespräche mit ihm waren wegweisend, weil sie mich wohltuend verunsichert haben.

Ich teile Oliver Sacks' (2002) Einschätzung ohne Einschränkung, dass wir komplexe Begriffe benötigen, um aus unserer pädagogischen Arbeit Erkenntnisse zu gewinnen. Es geht zunächst um eine Aufmerksamkeit für die Phänomene, um Formen und Strukturen, um Zusammenhänge, die das zeigen, was eine Person in ihrem Zur-Welt-sein in Situationen verwoben darstellt. Krankheit und Beeinträchtigung sind immer begrenzend, aber zugleich können sie einen Menschen anspornen, ihn auffordern zu kompensieren, sie können ihm und sich einen Reichtum an Möglichkeiten aufzeigen, die in jeder Form der Beeinträchtigung und Erkrankung enthalten sind – auch wenn Krankheit und Beeinträchtigung die Welt auf sich selbst zu reduzieren drohen, weil die Welt kaum Antworten auf die Krankheit oder Beeinträchtigung findet. Dennoch bleiben Krankheit, Beeinträchtigung, etc. dynamisch und sind hochgradig abhängig davon, ob und inwieweit wir in der Lage sind, mit einem ständigen Ungleichgewicht von Erkrankung, Beeinträchtigung und Gesundheit zu leben, d. h. ob und wie wir über Strategien und Muster verfügen, nicht um etwa auch noch aus dem größten Leid Gewinne zu ziehen, sondern um für uns und damit für die Welt, zu der wir uns verhalten müssen, Verständnis zu haben. Dies ist vor allem dann schwierig, wenn traumatische Erlebnisse ins Leben integriert werden müssen, damit der Mensch nicht daran zugrunde geht.

Es stellte sich bei der biografischen Rekonstruktion der Lebensgeschichte von Frau Anni N. heraus, dass sie zunehmend vulnerabler wurde, weil sie in Situationen verstrickt wurde, die sie nicht kontrollieren oder auch nur minimal beeinflussen konnte. Im Emma-Lindner-Wohnheim wurde dokumentiert, dass sie von ihrer Familie verlassen wurde, dass sie jahrzehntelangen Psychiatrieaufenthalten ausgesetzt war. Spitz (1988) hat die Auswirkungen von sozialer Deprivation auf Kinder beschrieben. Diese Kinder erhielten Pflege, waren also satt und sauber, aber sie erhielten keine menschliche Aufmerksamkeit, keine Wärme, keine Zuwendung, keinen ‚Halt'. Fast alle diese Kinder starben im Alter von etwa drei Jahren. Diese Untersuchungen verdeutlichen, dass Halt und Zuwendung lebensnotwendig sind und dass wir sterben, wenn diese ausbleiben. Der Mensch wird verletzbar, wird anfällig für Erkrankungen, wendet sich vom Leben ab und – dies wird bei Oliver Sacks (2002, S. 165) in der Fallgeschichte von ‚Rolando' so erschreckend deutlich – kann sogar vor Kummer sterben.

Dieses Buch dokumentiert Formen der Rekonstruktion der Geschichte von Frau Anni N. als Rekonstitution. Das Wissen um Biografie-Rekonstruktion ist bedeutsam, insofern es uns vor Vereinnahmung des Lebens eines anderen Menschen ebenso schützt wie vor der Annahme, man könne das Leben zur Gänze rekonstruieren. Rekonstruktion ergibt nur dann Sinn, wenn es um Wiedereinsetzung von Sinn geht, also um ein (intersubjektiv fundiertes) Sinnverstehen und damit auch um Re-Historisierung, um Wiederaneignung von Geschichte.

Es könnte beim Leser und bei der Leserin der Eindruck entstehen, dass in diesem Buch Bedeutungen neue Bedeutungen hervorlocken und so eine Überwucherung entsteht, die das Festlegen auf eine einzige Bedeutung und die Rückkehr zu einem generalisierbaren Grund zum Verschwinden bringen. Das ist beabsichtigt, auch wenn es dieses Verfahren nah an Geschwätzigkeit rücken könnte. Es ist beabsichtigt, weil in der eigenen Stimme immer die fremde Stimme durchtönt und weil die fremde Stimme immer auch die eigene Stimme durchtönen lässt, aber vor allem, weil es für mich um die Haltung des Nachdenkens als einer ständigen, produktiven Verunsicherung geht, die sich in keiner noch so diffizil geführten Reflexion auf einen letzten Grund hin versichern will. Das Zitat von Baudrillard: „Heute sind alle Menschen Menschen" (Baudrillard 1982, S. 195) könnte darauf abzielen, dass alle Menschen als solche auch zu behandeln sind, d. h. alle Menschen, also auch die schlimmsten Feinde, sollen als Menschen zählen. In der bundesdeutschen Geschichte war dies im letzten Jahrhundert so wenig selbstverständlich, dass unzählige Menschen, die nicht in das Bild vom Menschen als einem arischen Grundtypus passten, systematisch verfolgt, gedemütigt, gequält und ermordet wurden. Wie wenig gesichert die Frage ist, wer als Mensch zur menschlichen Gemeinschaft zählt, erkennt man an der zeitlich noch nicht lange zurückliegenden, sogenannten Singer-Debatte in der Behindertenpädagogik der 1980er Jahre (vgl. Anstötz 1990; Kuhse und Singer 1993; Singer

1994/2013). Hier wurde die Frage aufgeworfen, ob ein behinderter Mensch als menschliches Lebewesen mit Personalität zu verstehen ist und damit in der Konsequenz unter der Vorgabe von Interessenabwägungen ein Lebensrecht hat. Was heute als menschliche Gemeinschaft zu gelten hat, steht in Frage angesichts biotechnischer Verfahren, die in das (auch ungeborene) Leben eingreifen können, und auch angesichts aufkeimender Formen unmenschlicher Taten im Gefolge von Terrorismus, gesellschaftspolitischer Unterdrückung, Verfolgung und grenzenloser Ignoranz gegenüber Armut, Elend und Flucht (vgl. Liebsch 2010).

Der Mensch ist als Mensch nicht erst durch die zunehmende Vorherrschaft biotechnischer Verfahren zur Frage geworden. Es stand ‚immer schon' angesichts radikaler Verfeindung der Menschen untereinander in Frage, wer denn zur Menschheit gehört. Sollen andere, die als Menschen unmenschliche Untaten verüben, zur menschlichen Gemeinschaft zugerechnet werden oder doch nicht, weil man damit indirekt sich selbst ein Potenzial zurechnen müsste, das dem Menschen möglich ist? Lässt sich Gemeinsamkeit unter der Bedingung radikaler Feindschaft, unmenschlicher Taten von Menschen noch arrangieren, ohne einer Naivität des guten Willens zum Opfer zu fallen (vgl. Liebsch 2010)? Hier spielt auch eine Rolle, welches Bild der Mensch von sich selbst begehrt. Denn das Bild, das der Mensch von sich *als Mensch* zeichnet, ist auch ein imaginäres, das zwischen Größen-, Allmachts- und Ohnmachtsphantasien schwankt (vgl. Lacan 1991; Meyer-Drawe 2000). Ein Verkennen im Erkennen seiner selbst schwingt mit und begründet daher eine Entfremdung von sich selbst. Liebsch (2010, S. 17) verweist auf die Selbst-Ermächtigungsgeschichte des Menschen, welche man von Rousseau über Nietzsche und Rorty als die Idee eines freien, durch nichts behinderten Selbst verfolgen könne als eine Art „anthropotechnischen Programms". Es ist ein Programm, das Freiheit zur Selbstbestimmung imaginiert, die sich jedoch gleichzeitig nicht scheut, mit Macht über andere Menschen zu bestimmen (vgl. zum Beispiel den PraenaTest). Der Mensch übernimmt Verantwortung über Pflanzen, Tiere und andere Menschen, weil er begonnen hat, in die Genetik einzugreifen. Weil es weder ein Erkennen des Ursprungs noch eine Einsicht in eine Teleologie menschlicher Existenz gibt, könne nur noch die Kontingenz beschrieben werden, die Relativität und Relationalität, die alles als bedingt und veränderlich beschreibt (vgl. Ricken 2000). Wozu sollte also die Frage zu Beginn dieses Buches als Vorspann gestellt werden, wie wir den Menschen als behinderten Menschen verstehen? Angesichts der Tatsache, dass nicht einmal der Einzelne weiß, wer er ist und worüber ein ganzes Leben mit der Auseinandersetzung mit dieser Frage vergehen kann? Die Frage wird gestellt, weil wir unter den Augen der anderen existieren, weil wir im Verhältnis zu anderen sind.

Weniger theoretisch als deutlich praktischer orientiert löst sich die Frage mit Verweis auf den Umgang miteinander auf. Wie wir einander behandeln, was wir einander schulden und was wir einander antun – das sind Fragen, die z. B. für den Philosophen Emmanuel Levinas[4] geradewegs zu einem Humanismus des anderen Menschen (2005) führen. So einsehbar diese Antwort sein mag – sie ist zu bezeugen und weniger einer Erkenntnis zu entnehmen. „Er widmete sein ganzes Werk der Bezeugung eines selbst radikaler Gewalt sich widersetzenden ethischen Anspruchs des Anderen", schreibt Burkhard Liebsch (2010, S. 24) und verweist damit zugleich auf den Weg eines Antwortgebens auf Andere aufgrund einer existentiellen Verletzbarkeit ‚des' Menschen (vgl. Schnell 2017, Burghardt et al. 2017). So sehr dieser Ansatz in seinem Kern ein ‚Ende aller Menschenbilder' verständlicherweise nahelegt, so sehr steht er damit im Verdacht, in die Leere zu laufen, wenn es um (gesellschaftspolitische) Fragen der gerechten Würdigung Anderer geht. Damit sind wir bei einem (aktuellen) Paradox angelangt, das sich zwischen Bildlichkeit (sich ein Bild vom Anderen machen) und Bildlosigkeit (sich kein Bild vom Anderen machen können) aufspannt.

Pädagogisches Handeln fragt nach Lernverhalten, biografisch bedingten Entwicklungsverläufen, nach Syndromen, Erkrankungen, kulturellen und religiösen Kontexten, Unterstützungsvielfalt etc. und orientiert das pädagogische Tun auf eine offene Zukunft hin, die ein Leben in der Gemeinschaft und Gesellschaft als mündige und kritisch-reflektierende Bürger ermöglichen soll. Pädagogik benötigt demnach ein Bild vom Menschen, um handeln zu können. Der moderne Diskurs in der Pädagogik bleibt – jenseits von Disziplinierung, Zivilisierung, Moralisierung und Rationalisierung – einem pädagogischen Ethos verpflichtet, der das Kind/den Jugendlichen/den Erwachsenen zu achten und in seiner Singularität gerecht zu werden sucht. Um dieser Achtung gerecht zu werden, geht es um eine Individualisierung der Hilfen im Sinne der Unterstützung

4 Levinas selbst schrieb seinen Namen ohne Accent aigu auf dem ‚e'; viele Übersetzter /Verleger fügen diesen jedoch hinzu. Ich habe mich entschlossen, den Namen so zu schreiben, wie Levinas ihn selbst geschrieben hat: ohne Accent aigu.

und damit auch um ein psychologisches, pädagogisches Wissen über das Kind/den Jugendlichen/den Erwachsenen, seine Kompetenzen, sein Können und Noch-nicht-Können, Schädigungen, Syndrome, Erkrankungen, etc. Aber ungeachtet all dieses Wissens bleibt das Kind/der Jugendliche auf eine gewisse Weise auch fremd, fügt sich nicht ‚ins Bild', das man sich gemacht hat, um ihm ‚passende oder passgenaue' Angebote, Hilfen, etc. zukommen zu lassen. Die Annäherung an das Kind/den Jugendlichen/den Erwachsenen verlangt daher, ihm – wenn auch pädagogisch paradox – gerade in der Achtung seiner Fremdheit gerecht zu werden. Das – und davon ‚spricht' dieses Buch gleich einem ungesagten Untertitel – stellt eine Leidenschaft dar, die unmöglich zu realisieren ist: Der andere Mensch steht uns in seiner (radikalen) Andersheit überhaupt nicht zur Disposition. Er widerfährt – und dieses buchstäblich ‚hereinbrechende' Widerfahrnis ist praktisch (u. a. pädagogisch) nur durch einen Akt des Gewaltsamen zu leben. Oder könnte es im pädagogischen Tun gerade um ein *Eingedenken* jener spezifischen Gewalt gehen, die dem unausweichlichen Tun innewohnt, sobald der Auftritt der Einen sich um das Gerechtwerden der Anderen dreht? Und wenn dem so wäre, was bedeutet dies für die Formulierung von Diagnosen und sogenannten ‚Förderungen', die einem ‚passgenauem' Kompetenzspektrum huldigen und ständig so tun, als könne in der individuellen Planung *das* Alleinstellungsmerkmal der (Sonder-)Pädagogiken liegen, die dazu befähigen, dem Schüler/der Schülerin ‚gerecht' zu werden?

Betrachtet man die Auseinandersetzung Maurice Merleau-Pontys mit den Arbeiten von Jean Piaget, so erkennt man eine Art ‚Rettung' jener Fremdheit, Widersetzlichkeit des Kindes, die sich jedweder Rationalisierung und Normalisierung entzieht (vgl. Merleau-Ponty 1966/1974, S. 455ff). Er war daran interessiert, das Kind als *Anderen* zu verstehen und danach zu fragen, wie dem Kind die wahrgenommene Welt begegnet; er wollte verstehen, wie sich die Welt dem Kind darstellt. Diese Spur einer Fragehaltung haben auch leibphänomenologisch orientierte Pädagogen und Soziologen übernommen (vgl. bspw. Brinkmann et al. 2017; Dederich 2013; Fornefeld 1989; Kastl 2017; Lippitz 1980; Meyer-Drawe 1984; Pfeffer 1988; Ricken 2006; Stinkes 1998) und sich für ein situiertes Selbst eingesetzt, das sich dem Anderen als *Anderem* öffnet. Wichtig ist zu erwähnen, dass der Andere als Anderer nicht in seiner Vergegenwärtigung aufgeht (s. o.). Denn das Selbst gestaltet sich für Merleau-Ponty in Auseinandersetzung mit Anderen, ist von Beginn an sozial, wird durch und vom Anderen provoziert, setzt sich ab, konturiert sich. Dabei erscheint eine irreduzible Differenz, die zwischen dem Kind und den Anderen aufscheint und nicht auszuräumen ist. Die Welt des Kindes zu begreifen, bedeutet daher, sich auf die Begegnung mit dem Kind einzulassen, damit dieses nicht nur ein ‚gedachtes' oder ‚ideelles' Objekt wird. Das ‚Einlassen-Auf' impliziert dann aufgrund der Differenz der Perspektiven ein Kennenlernen seiner selbst und eine Veränderung der an der Interaktion beteiligten Personen – *ohne* dass die Perspektiven je zur Deckung kämen.[5]

Vor dem Hintergrund dieser hier in der Einleitung angedeuteten Zusammenhänge zwischen Bildlichkeit und Bildlosigkeit, Differenz und Fremdheit spielt sich die Frage nach dem Verständnis des Menschen als behindertem Menschen ab.

Nachfolgend nähere ich mich dem Phänomen Behinderung nicht aus einer primär ideell-begrifflichen, sondern aus einer leibphänomenologischen Perspektive. Damit wird eine von der leiblichen Erfahrung ausgehende Beschreibung des Phänomens akzentuiert, wodurch Strukturfaktoren von Behinderung deutlich werden können.

Wie sich etwas *als* etwas zeigt bzw. wie es erscheint in der Erfahrung und Begegnung – das ist ein zentraler Ausgangspunkt für die Beschreibung des Phänomens Behinderung.[6]

5 Wenn im weiteren Verlauf von Körper oder Leib die Rede ist, dann werden diese beiden Begriffe zwar nicht trennscharf benutzt, aber dennoch an der Unterscheidung von Leib und Körper orientiert (aus der Fülle der Veröffentlichungen seien erwähnt: Boer 1978; Bedorf 2003; Bedorf und Klass 2015; Alloa und Fischer 2013; Meyer-Drawe 1984. „Merleau-Ponty verwendet mon/notre/son Corps bzw. Corps propre, Corps vivant, Leib (Deutsch im Orig.), leibhaftes Bewusstsein (Deutsch im Orig.), Corps objectif, Corps physico-chimique, Corps réel, Corps phénoménal, Corps habituel, Corps actuel, Corporéité, schéma corporel, Image du Corps und Chair." (Gerlek 2020, S. 50).

6 Diese Vorgehensweise „zu den Dingen selbst" kehrt ab von einer symbolischen Vermittlung eines Phänomens um die unmittelbare, ‚leibhaftige' Anschauung wiederzugewinnen. Alloa, Depraz beschreiben dies wie folgt: „Gemeinhin wird die husserlsche Phänomenologie leiblicher Erfahrung als ein Korrektiv am Körper-Geist-Dualismus verstanden, an dem also, was Antonio Damasio als ‚Descartes' Irrtum' bezeichnete: dass es so et-was wie ein ‚Ich' gibt, leitet sich nicht aus der Sphäre reiner Geistigkeit her, sondern zuallererst

Das Vorgehen fordert daher zu einem Tun auf, das zurückgeht oder einen Schritt zurücktritt, wobei es selbstverständlich nicht so ist, als müsse man nur ‚die Augen öffnen' und das Phänomen ‚Behinderung' läge unverdeckt vor Augen – verkannt und bekannt zugleich. Um was geht es aber dann? Es geht darum, zurückzukehren zur Erfahrung und die Gesichtspunkte, nach denen das Phänomenen Behinderung betrachtet und von uns behandelt wird, aus dem, wie es in der Erfahrung erscheint, aus sich selbst heraus zu entwickeln (vgl. Waldenfels 1992, S. 19). „Erkenntnis ist nichts anderes als eine Bewegung, die aus anfänglicher Anschauungsferne bis zu ‚absoluter Nähe' führt, und Wahrheit (...) bedeutet, dass das Gemeinte sich so zeigt, wie es gemeint ist und so gemeint ist, wie es sich selbst zeigt." (ebd., S. 19).

Um Missverständnisse zu vermeiden, sei hierzu angeführt, dass ein Nähern und Entfernen vom Phänomen der Behinderung nicht als ein naives Gewahr-Werden oder pure Intuition verstanden werden darf. Es ist vielmehr ein Prozess, in dem Sache und Zugangsart unauflöslich miteinander verschränkt sind. Es ist mir daher auch nicht daran gelegen aufzuzeigen, ob und wie andere Diskurse um den Behinderungsbegriff diesen gut oder weniger gut ausdeuten. Es sollen *Strukturfaktoren* statt einer Definition von Behinderung zum allgemeinen Diskurs beigesteuert werden und dies getreu der relativ lapidaren Bemerkung von Levinas: „»Anders« wahrnehmen ist Anderes wahrnehmen" (Levinas 1983, S. 156).

Das, was sich zeigt im und am Phänomen Behinderung, wird vielfältige Sinnhorizonte miteinschließen bzw. darauf verweisen, denn der Begriff ‚Behinderung' weist über sich hinaus, hat unscharfe Ränder. Vorausgreifend sei jetzt schon angedeutet, dass eine solche Näherung an das Phänomen Behinderung keine fixen definitorischen Abgrenzungen zulässt. Ich umgehe deshalb eine klare Definition, um eine Verengung oder Reduktion zu vermeiden, zeige aber Strukturfaktoren auf, deren Verhältnis zueinander eine gewichtige Rolle spielen beim Verständnis von Behinderung (Epilog). Ich werde damit weder nur ‚vom Menschen' noch nur von einem präzis definierten Erklären, wer mit ‚Behinderung' gemeint ist, ausgehen. Ich suche eine ästhetische Prägnanz aufzuweisen, weil „...die Genauigkeit des Lebens nicht die Präzision der Logik" (Gabriel 2019, S. 19) aufweist. Ich möchte vielmehr vergegenwärtigen, dass Behinderung

aus der Tatsache, dass sich ein lebendig-affektiver Leib seiner selbst gewahr wird (Damasio 1995)" (Alloa und Depraz 2012, S. 8) als Schwellenphänomen u. a. Nähen zu anderen Phänomenen aufweisen kann und vice versa[7] und dass der Begriff im Kontext eines *Chiasmus von Ethik und Politik* zu lesen ist und in einer „Bestimmtheit des Unbestimmten“ (siehe Epilog) verbleibt bzw. verbleiben muss. Würde man beispielsweise eine physisch manifeste Schädigung, ihre gesellschaftlich bewerteten Folgen von Aktivitäten oder Einschränkungen, die Unterstützungsleistungen und partizipativen Möglichkeiten in Betracht ziehen, um *dann* zu einem definitorischen Kriterium für Behinderung oder Nicht-Behinderung zu kommen, dann verlöre das Phänomen Behinderung unter dem Aspekt der Wahrung des Chiasmus von Ethik und Politik (vgl. Epilog) nicht nur seine ‚Schwellenhaftigkeit‘. Aus dieser Sicht würde damit eine unthematische Ontologisierung eingekauft, weil übersehen würde, dass auch die Feststellung einer biologisch manifesten Abweichung auf kulturelle, politische und historisch bedingte Deutungsmuster zurückgeht. Deutung ist für uns stets gesellschaftspolitisch, historisch eingebettet und daher ein kulturell bedingtes, *(ethisch) responsives Geschehen.*[8]

7 Das Phänomen Schwelle wird hier in Anlehnung an die Ausführungen von Agamben (2003) sowie Waldenfels (2013) eingeführt. Der Begriff soll dem Einzelphänomen Behinderung dazu verhelfen, nicht den einen oder anderen Standpunkt einzunehmen, sondern die Produktion von Differenz zu betonen, die ein Schwellenphänomen hervorbringt. Schwelle meint einerseits Trennung, andererseits Übergang zwischen einem auf diese Weise zu Unterscheidenden. Agamben bezeichnet diesen Umstand als eine „Zone der Ununterscheidbarkeit“ (Agamben 2003, S. 15). Sie markiert einen Unterschied im Sinne eines weder das Eine noch das Andere: eine Art von Zwischenzone. Dazu Waldenfels: „Die Schwelle ist keine scharfe Grenzlinie, (…) sondern sie markiert eine Scheidezone von bestimmter Breite, (…), die sich zwischen einem Nicht-mehr und einem Noch-nicht-mehr ausbreitet“ (Waldenfels 1987, S. 28f), was einschließt, dass das Fremde nicht von einer Beobachterposition aus erkennbar wäre, sondern eben diese Schwellenerfahrung darstellt (Stil der Fremdheit, der durch soziale und historische Ordnungen gebildet wird). Von daher wird einsehbar, dass in der phänomenologischen Sichtweise das Fremde einen Entzug im Bezug darstellt oder das ist, was anwesend ist und sich in der Anwesenheit entzieht.

8 Der Begriff der Responsivität akzentuiert einerseits ein (diachronisches) Verhältnis, lebendige Vollzüge der Erfahrung, wodurch Alternativen bspw. von Innen und Außen hinfällig werden. Andererseits akzentuiert er einen ethischen Aspekt in dem Sinn, dass für uns der andere Mensch nicht irgendeiner Ordnung einzufügen wäre, sondern ein radikal Anderer im Sinne einer

1 Bild des Menschen als … Wahrnehmen als Aufmerken auf sich und andere/s

„Jedermann ist eines Tages bezeichnet worden als einer, der er nicht ist“ (Goldschmidt 1994, S. 12)

Nimmt man eine Person wahr, so fällt diese auf, wenn sie einem ‚auffällig‘ wird, welches durch Kleidung, Verhalten, Gestikulation, Aussehen, den Grad der Bekanntheit/Vertrautheit etc. oder eine Abweichung vom Gewohnten geschehen kann. Etwas ‚springt’ beispielsweise ‚ins Auge‘, so dass man jemanden anstarrt oder reflexartig wegsieht, sich auf die Person zubewegt oder ihr ausweicht. Gefühle begleiten die Szenerie, welche von Ekel, Abscheu bis hin zu freudiger Zuwendung schillern können. Man sieht manchmal ‚zweimal‘ hin, wobei das freie Wahrnehmen in ein gezieltes Blicken umschlagen kann. Es gibt schockartige Erlebnisse, die Aufmerksamkeit erregen, aber auch Fälle, wo die Aufmerksamkeit eher beiläufig erregt wird sowie Fälle, in denen etwas merkwürdig, bemerkenswert, anders, etc. erscheint und so die Aufmerksamkeit erregt. In unserer Erfahrung tritt etwas auf, das gerade so und nicht anders in einem bestimmten Zusammenhang erscheint. Die Frage, warum überhaupt etwas in der Erfahrung auftaucht und warum es dieses und jenes ist, ist wesentlich für unseren Zusammenhang. Denn dies hat zu tun mit Ordnungen, Spielräumen, mit Gewohnheiten, Habitualitäten, Formationen, Dispositionen und auch mit kulturellen Wirkwelten. Für den Philosophen Merleau-Ponty hängt das Auffallen immer mit der körperlichen Situiertheit desjenigen Menschen zusammen (hier: mentale und perzeptive Prozesse), dem etwas auffällt. Damit wird für ihn in der Situation etwas Unbestimmtes bestimmt (vgl. Merleau-Ponty 1966/1974, S. 49–57), wobei er betont, dass das, was sich ‚zeigt‘, was also auffällt, sich niemals völlig mit dem deckt, was darüber zu sagen ist. Damit wird schon angezeigt, dass es sich beim Auffallen insofern um eine Art ‚Zwischenereignis‘ handelt, als etwas mit uns geschieht, das uns aufmerken lässt. Wir sind es, die

Exteriorität ist (vgl. Levinas 2003; Dussel 1989). Mit der Nutzung dieses Begriffs suche ich absichtsvoll den Rückgang auf ein wie auch immer ‚übergeordnetes‘ Ganzes (Dekategorisierung im Zuge der Inklusion; medizinische Sichtweisen; etc.) ebenso zu untergraben wie einen Rückgang auf ein Erstes (der andere Mensch als eingebunden in einen Dialogmoment).

aufmerken, denen etwas auffällt, aber dass dem so ist, entscheidet sich im Erfahrungsgeschehen selbst. Eine schlichte Dichotomisierung verbietet sich, denn ist es nun die Affizierung, die uns aufmerken lässt und das ‚Wer' der Erfahrung klärt, oder ist es das, was die Affizierung ‚auslöst'? Sieht man das Aufmerken unter diesem Licht, dann passt der Begriff des Zwischenereignisses ganz gut, weil er davon spricht, dass zwischen uns (dem, was auffällt und uns) etwas geschieht, das nicht auf eine Summierung individueller Eigenleistungen zurückgeführt werden kann. Das Aufmerken beinhaltet mithin nicht nur einen Aktivposten, sondern auch eine *Passivität*, d. h., es hat zu tun mit zufallen, einfallen, auffallen, irritiert werden, überrascht sein, mit einer Art von *Widerfahrnis.* Widerfahrnisse stören, reißen aus Ordnungen oder brechen in sie hinein, irritieren Gewohnheiten, enttäuschen Erwartungen. Widerfahrnisse können auch beglücken, beschwingen, aber sie sind ähnlich dem Fremden, das einbricht in eine Seh-, Deutungs-, Verhaltens-, Handlungsgewohnheit.

Diese Zusammenhänge hier zu betrachten ist deshalb bedeutsam, weil es mit der Forschungshaltung in diesem Buch einerseits zu tun hat und andererseits damit, dass Aufmerken mit einem *spontanen Körper* zu tun hat, über den wir noch nicht verfügen (man schaut spontan irgendwo hin) und einem habituellen (bspw. eine Sehgewohnheit), über den wir nicht mehr gänzlich verfügen (vgl. Waldenfels 2004, S. 140). Dass wir aufmerken und uns etwas auffällt, liegt nicht allein in unserer Verfügungsgewalt. Uns fällt nicht nur etwas auf, wir merken nicht nur auf, wir beginnen zu ‚blicken' oder anders und umgangssprachlich: Wir fassen etwas ins Auge. Menschen, die aufgrund einer Erkrankung oder Behinderung auffallen, fühlen sich daher häufig ‚angestarrt'.

Merleau-Ponty zufolge muss man etwas anblicken, um zu sehen, daher rückt die Ausrichtung des Leibes, die Perspektivität, ins Zentrum. Perspektiven zu haben, bedeutet, dass man einen dreidimensionalen Raum begreift, der Platzierungen aufweist, Orte, Milieu. Hier werden Beziehungen, Nachbarschaften, Aus- und Einschlüsse deutlich. Wahrnehmung siedelt sich hier an, so dass verständlich wird, wenn Waldenfels davon spricht, dass „Räumlichkeit den Dingen wie eine Haut" (Waldenfels 1998, S. 153) anhaftet. Dem Subjekt geht es genau gleich: Es ist aufgrund seiner Leiblichkeit räumlich gebunden und daher von vielfältigen Konstellationen, Perspektiven und Verhältnissetzungen usw. abhängig. Der andere Blick besitzt daher die Dynamik (= Macht), den anderen auf einen Punkt hin, einen Ort hin zu bannen. Roland Barthes (1989) hat diesen

Umstand als *punctum* beschrieben: Ein bestimmtes Element einer Fotografie fällt einem Betrachter auf. Es trifft den Betrachter unvorbereitet. Es ist eine Art ‚Kraft‘ oder ‚Dynamik‘ (= Macht) des Fremden, also das, was nicht den Sehgewohnheiten, dem bisherigen Wissen entspricht. Merleau-Ponty wie Barthes weisen darauf hin, dass der, der blickt, von dem, was angeblickt wird, auch beherrscht wird. Subjektiv empfundene Fremdheit widersetzt sich, denn was mir auffällt, was mich aufmerken lässt, zerreißt das Gewebe des Selbst, der kulturellen Codes, Gewohnheiten, der Ordnungsgefüge und trifft womöglich auf Phantasmen, wie dies zum Beispiel Mannoni und Niedecken anschaulich beschreiben (vgl. Mannoni 1972; Niedecken 2003).

Wir unterhalten zu unserem Körper zwar ein Verhältnis, aber es ist ein äußerst gespaltenes Verhältnis, denn wir können ihn nicht zur Gänze erfassen, weil er uns sinnlich nur in Teilen zugänglich ist. Diesen Umstand bemerken wir beim Sehen deutlich: Wir können unseren Kopf nur im Spiegel sehen (Bloch 2007) und erkennen unser Aussehen durch den Blick, den die/der Andere auf uns wirft. Auf eine gewisse Weise hat unsere Sichtbarkeit immer auch eine Nichtsichtbarkeit im Gepäck, weshalb es geradezu zwingend notwendig ist, dass die Anderen uns spiegeln. Foucault drückt diesen Umstand wie folgt aus:

> „In gewissem Sinne ist er (= Körper; U. St.) vollkommen sichtbar. Ich weiß, was es heißt, von jemand anderem angeschaut und von Kopf bis Fuß gemustert zu werden. Ich weiß, was es heißt, von hinten aufgespießt, mit einem Blick über die Schulter überwacht und überrascht zu werden, wenn ich es am wenigsten erwarte. Ich weiß, was es heißt, nackt zu sein. Und zugleich ist dieser doch so sichtbare Körper gleichsam in einer Unsichtbarkeit gefangen, von der ich ihn niemals zu befreien vermag. (…) Der Körper ist ein Phantom, das nur der Spiegelwelt mit ihren Trugbildern angehört, und das auch nur in Bruchstücken“ (Foucault 2005, S. 29f).

Die Anderen bewerten uns durch ihre Blicke, die sie auf uns richten. „Das Selbst gewinnt seine Gestalt als eine Antwort auf dieses Gesehen-Werden“ (Meyer-Drawe 2016, S. 46). Gerade dieser Zusammenhang ist deshalb bedeutsam, weil deutlich wird, dass wir den Blick, den der Andere auf uns wirft, benötigen, um dieses ‚Ich‘ auch nur annähernd zu verstehen – wenn auch in einer zunächst illusionären Verkennung (vgl. Lacans Verständnis vom Spiegelstadium). Der Andere hat die Funktion, das Ich zu spiegeln und zugleich sich selbst finden zu lassen. Man könnte formulieren, dass der Andere als Begehren nach ihm in die Struktur des Ich eingezeichnet ist: Ohne einander können wir uns nicht als Ganz imaginieren, ohne einander geraten wir nicht in die Verkennung der Differenz von realem und imaginiertem Ich. Für Lacan ist dies ein Eintritt in das Symbolische, denn das Kind muss nach dem anderen ‚rufen' (Entfremdungsprozess) (vgl. Kastl 2017).

Das Gesagte weist auf den existentiellen Umstand der Verletzungsoffenheit des Menschen hin, d. h., dass er als ein ausgesetztes Wesen auf den anderen verwiesen ist (vgl. Burghardt et al. 2017; Schnell 2017). Wir verfügen nicht nur über Dispositionen, über erlernte Befähigungen, etwas Bestimmtes zu tun und uns zu verhalten (vgl. Bourdieu 1997), sondern wir sind offen für Andere und Anderes. Durch unsere Interaktionen und Kommunikationen sind wir durch andere verletzbar, aber auch beeinflussbar in dem Sinne, dass andere und anderes uns strukturieren können. Das Erlernen einer Meditationspraxis beispielweise strukturiert uns, unseren Körper, weil alles, was mit dem Erlernen einer Meditationspraxis zusammenhängt, Worte, Haltungen, Körperspannung und -entspannung etc. unsere geistig-körperliche Wirklichkeit verändert bis hin zu der Struktur unseres Gehirns (vgl. zur Plastizität des Gehirns: Kandel 2006, S. 102 f.; Kastl S. 2017, 69 f.). Weil wir von Beginn an soziale Wesen sind (= Sozialität des Körpers), gehört zum Aufmerken, dass dieses auch als ein *Aufmerksam-gemacht-werden* durch Andere und Anderes gelesen werden muss. Damit geben wir der Möglichkeit Raum, dass der Einfluss des Anderen oder der Sozialität bis in den Bereich der primären Aufmerksamkeit begriffen werden kann: Das Subjekt, das aufmerkt, verdankt das Aufmerken auch einem fremden Einfluss. Die Welt, in der es lebt, ist nicht rein seine eigene Konstruktion, entspricht nicht allein dem identifizierenden Denken, das meint, alles aus sich heraus identifizieren und aneignen zu können. Auch Wahrnehmung als ein Für-wahr-Halten beinhaltet einen Grundzug der Widerfahrnis, der sich konsequent der identifizierenden Aneignung widersetzt, weshalb wir überhaupt von (Wahrnehmungs-)Erfahrung sprechen (vgl. Merleau-Ponty 1966/1974; Kastl 2017).

In die Wahrnehmung einer Person X einer Person Y von deren Erkrankung, Schädigung oder Syndrom sind bereits Wahrnehmungsvorstellungen, Ordnungs- und Regelungsmuster z. B. im Sinne einer bestimmten Entwicklungs- oder Bewegungsvorstellung eines Menschen, eingewoben (a). Damit sind wir im Grunde von einem radikalen Denken des Humanismus des anderen Menschen (Levinas) denkbar weit entfernt. Ähnlich ist nach Foucault jede Festlegung auf die Identität eines Menschen ständig von der Willkür einer Position und Situation abhängig. „Aus der Sicherheit einer epistemologischen Heimat, d. h. des Innen und Außen, ordnet das logische Subjekt das andere“ (Waldenfels (Geleitwort) in Borsò 2008, S. 44). Aber ist der Mensch eine epistemologische Figur? Vor allem die *disability studies* (vgl. Seelman et al. 2001; Dederich 2007) haben sich in einer mehrperspektivischen Haltung (Kulturwissenschaften) mit der Frage auseinandergesetzt, wie eine Schädigung zu einer Behinderung wird, und stellen damit das Phänomen der Behinderung in einen breiten kulturellen, politischen, sozialen und historischen Interpretationskontext unterschiedlicher Professionen. Dederich (2007) zeigt schlüssig auf, dass es unter dem Aspekt eines kulturellen Modells von Behinderung Kritik am sogenannten medizinischen und sozialen Modell zu formulieren gibt: Beide teilten einen unhinterfragt bleibenden essentialistischen Kern, insofern die Objektivität der Schädigung des Körpers nicht in Frage gestellt werde. Daher ist die Forderung der *disability studies* nach einer Historisierung des Körpers notwendig, wodurch ein deutlicher Akzent auf die soziale Prägung des Körpers durch Machtstrukturen und Handlungen gelegt wird. „Körperpraxis, Körperhaltung, Körperwahrnehmung etc. sind Resultat gesellschaftlicher Verhältnisse, Institutionen, Werte und Normen“ (ebd., S. 59).

> „Was ist die Abstoßung letztlich anderes als die persönliche, internalisierte Version des Verlangens, das Objekt abzuwehren, zu unterdrücken, zu extrojizieren, zu vernichten? Die Abstoßung ist die erlernte Antwort auf individueller Ebene, die auf gesellschaftlicher Ebene in Handlungen wie Einkerkerung, Einweisung, Segregation, Diskriminierung, Marginalisierung etc. durchgeführt wird. Daher ist die ›normale‹, ›natürliche‹ Reaktion auf eine Person mit Behinderungen tatsächlich eine sozial konditionierte, politisch erzeugte Reaktion“ (Davis 1995, S. 13 in der Übersetzung von Dederich 2007, S. 44).

Was als ‚normal‘ auf der Wahrnehmungsebene von Person X wahrgenommen wird, falle u. U. zunächst nicht auf, dränge sich nicht auf. Ähnliches ist für das Eigenleiberleben bekannt: „Gesundheit ist das Schweigen der Organe", schreibt Paul Valéry. Mir fällt mein Leib erst auf, wenn er aus dem Muster des Funktionierens herausfällt. Der Vorgang des Aufmerkens, des Irritiert-Seins, der Befremdung des Wahrgenommenen kann als eine Form des Widerfahrnisses verstanden werden. Das, was irritiert, befremdet, zeigt sich, indem es sich nicht zeigt. Dies ist ein wichtiger Befund, denn erst in einem zweiten Schritt wird aufgrund eines *Vergleichs* eine *Differenz* wahrgenommen, die sich aus der Abweichung von eigenen Vorstellungen und des Wissens etc. speist, eine *Schädigung* konstatiert und bei *negativer Konnotierung* der Differenz im Gefolge kommunikativer Akte Behinderung konstruiert. Das Konstrukt Behinderung verdankt sich eines komparativen und negativ konnotierten Vergleichs. Über Demenz, Down-Syndrom, Krebserkrankung beispielsweise wird als Seins-Zustände kommuniziert, als pathologische Abweichungen von Normvorstellungen. Da Erkrankung und Behinderung von Dauer sein können/sind, sind sie einer umfassenden Kontrolle über den Körper entzogen. Dies ist ebenfalls kein unerheblicher Befund, weil die westlich-abendländische Kultur von einem tiefgreifenden Misstrauen gegenüber dem Körper getragen ist, der sich hartnäckig dem Wunsch nach Beherrschung und dauerhafter Kontrolle entzieht.

Halten wir also fürs Erste fest: In unserer Erfahrung zeigt sich stets etwas als etwas, das die Aufmerksamkeit auf sich zieht. Das, was meine Aufmerksamkeit auf sich zieht, irritiert, befremdet, widerfährt. Aufmerken ist zum einen nicht nur ein aktiver, sondern auch ein pathischer (im Sinne von ‚erleidender') Akt. Zum anderen geschieht das Aufmerken auf der Ebene der Begegnung/Erfahrung mit anderen Menschen oder Sachen. Aufmerken ist präobjektiv und präreflexiv. Auf der reflexiven Ebene hat in der Folge das Aufmerken auch mit Erfahrungen und Wissen zu tun, ist davon mit gespeist, spielt sich in Ordnungsgefügen (verschieden, gleich, fremd, anders, etc.) und positiv oder negativ konnotierten Differenzwahrnehmungen ab. In der Erfahrung macht sich ein Realitätskern bemerkbar, der keine bloße Konstruktion ist, auch wenn er nicht im Sinne eines naiven Realismus im Bewusstsein abgebildet wird. Denn meine Aufmerksamkeit wird insofern ‚beeinflusst', als biografische und vorangegangene situative Erfahrungen und machtvolle Ordnungsstrukturen hineinwirken, ebenso übersituative Erwartungen und Deutungsmuster, soziokulturelle Normen, Werte und Normalitätsvorstellungen und Prozesse der Herstellung von Normalität (Normalisierung). Nicht zu vergessen sind auch Diskurse, Wissensordnungen (beispielsweise das Konzept ‚Down-Syndrom' oder ‚Theory of mind', etc. Diese Aufzählung ließe sich fortsetzen, differenzieren, erweitern.

Aufmerksamkeit steht bei all dem in Verbindung zum Thema Auffälligkeit. Innerhalb der Behindertenpädagogik ergibt sich damit jedoch ein enger Zusammenhang zur Thematik der Verschiedenheit und Fremdheit: Menschen sind verschieden, aber in der letzten Zeit ist genau diese Verschiedenheit zu einem Politikum geworden, insofern die Verschiedenheit im Kontext der Inklusionsdiskussion *als* Normalität verstanden wird. Nun ist es allerdings nicht so – obwohl dies der Slogan ‚es ist normal, verschieden zu sein' suggeriert – dass Normalität quasi ‚von sich aus' normal wäre. Denn sie verdankt sich einer Normalisierung, die normalisiert, d. h. etwas *als* normal erscheinen und gelten lässt, was eben nicht einfach normal *ist* (vgl. Liebsch 2018, S. 531). Normalität ist nicht problemlos, denn wenn es normal wäre, verschieden zu sein, dann bräuchte man sich damit nicht auseinander zu setzen oder auf die Normalität der Verschiedenheit hinzuweisen. (vgl. weiterführend: Foucault 1973; Canguilhem 1974/2013; Link 1998). Normalität ist nicht einfachhin, bezeugt keine Erkenntnis, sondern ist Ausdruck massiver Macht. Sie regelt und reglementiert, begründet Machtansprüche. „Die Norm hat damit produktiven, herstellenden und sichernden Charakter" (Dederich 2007, S. 133). Der Begriff schillert im Gefolge von Normativität (vorschreibend) und Normalität (deskriptiv, komparative Basis) (vgl. Link 1998, S. 254). Dass (und vor allem: inwiefern) die Beschreibung, die auf einem Vergleich, also Normalität basiert, im Zusammenhang mit Verschiedenheit, Differenz und Fremdheit bedeutsam wird, soll weiter ausgeführt werden: Wir werden z. B. aufmerksam auf etwas, das beispielsweise unseren Wahrnehmungsgewohnheiten nicht entspricht (Verhalten, Handlungen, Aussehen eines Menschen etc.). Wir sprechen in diesem Zusammenhang von ‚Verschiedenheit', wobei dieser Begriff auf vieles eher unterschiedslos angewandt wird, weil vieles sich im Grunde von anderem unterscheidet. So unterscheiden wir uns in vielerlei Hinsicht: Alter, Statur, Gewicht, Begabung, kulturelle Herkunft, Habitus, unsere Weise zu sein und zu leben. Natürlich gibt es auch den Fall, dass der Andere als so verschieden wahrgenommen wird, dass es zu der Formulierung kommen kann, dass man nichts gemein habe mit dem Anderen. Hier kommt ein *Vergleich* ins Spiel und dann sprechen wir von ‚Verschiedenheit/en'. Die Verschiedenheiten sind gebunden an Bedingungen, denn sie tauchen nicht einfachhin auf, sondern unter bestimmten Umständen. Äußere Unterschiede, die in dem einen Kontext auffallen, können in einem anderen Kontext verschwinden. Für einen Biologen liegen die Unterschiede nicht im Aussehen, also einer Hautfarbe, einer Augenfarbe etc., sondern in der Morphologie der unterschiedlichen Lebewesen (Liebsch 2018). Verschiedenheit wird vor allem in der aktuellen Inklusionsdiskussion mit dem Begriff ‚diversity' beschreibbar. Zugespitzt könnte man mit Liebsch fragen, ob wir zukünftig eine Art „Botanik menschlicher Verschiedenheiten" (Liebsch 2018, S. 352) entwickeln werden, die sich einer vergleichenden Untersuchung unterziehen lassen? Denn Verschiedenheit, *diversity*, ist ein *Vergleichsbegriff*, dessen Bedeutung nur im Vergleich deutlich wird. Jemand oder etwas ist verschieden von jemand anderem oder etwas, und diese Feststellung entspringt einem Vergleich, der zeigen müsse, was, und dass etwas oder jemand anders oder verschieden ist. Wenn wir die Dinge jedoch *so* beschreiben, dann vergessen wir auf eklatante Weise, was der Begriff ‚Aufmerken' bedeutet: etwas widerfährt mir, befremdet mich u. U., geht mir unter die Haut, beunruhigt mich. Die Position eines Vergleichs einzunehmen, bedeutet, eine *Distanz* einnehmen zu können. *Das* ist jedoch im Fall einer wahrgenommenen Beunruhigung durch das/den Anderen nicht so: Die Phänomenologie geht davon aus, dass in der Begegnung mit dem anderen Menschen eine *Differenz* aufscheint, die diesen anderen Menschen nicht wie einen Gegenstand mit einem anderen Gegenstand vergleicht, sondern dass sich diese *Andersheit in der Begegnung* zeigt, indem sie sich *nicht zeigt* (vgl. Waldenfels 2000, S. 345–357). Für Merleau-Ponty war die Figur des Anderen etwas, das sich als *Zwischenleiblichkeit* zeigt (vgl. Kristensen 2012, S. 32–36). In der phänomenologischen Perspektive gibt es *keine* strikte Trennung zwischen Innen und Außen, keinen ‚geheimen' mentalen Zustand, den Person X erst dechiffrieren muss, um Person Y zu verstehen. Zustände des Anderen sind nicht vom leiblichen Ausdruck getrennt, da wir dem Anderen nicht permanent etwas vorspielen. Der Andere nimmt uns auch nicht als Objekt war, sondern als einen lebendigen Körper, der sich ausdrückt. Die eigenleiblichen Resonanzen gehen stets in die Wahrnehmung des anderen mit ein, so dass man von einer Verkörperung des Sozialen und Sozialität des Körperlichen (Kastl 2017) sprechen kann. Merleau-Ponty bezeichnet diesen Umstand als Zwischenleiblichkeit (Merleau-Ponty 1986, S. 185 ff., 219), welche ein primäres emphatisches Verständnis des Anderen ermöglicht, *bevor* noch ein thematisches, konzeptuelles Wissen vom anderen erworben wird (vgl. Meyer-Drawe 1984, S. 175 ff.). Wenn wir in Situationen verstrickt sind, bei denen uns das Verhalten des anderen als uneindeutig vorkommt oder eine Störung der gemeinsamen Kommunikation vorliegt, etwa dann, wenn die Partner sich unterschiedlicher Ausdrucksweisen (sprachlich und körperlich) befleißigen (vgl. Pfeffer 1988; Fornefeld 1989), greifen wir auf wissensbasierte Erklärungen zurück. Aber auch dann noch bleibt die Zwischenleiblichkeit als eine Art ‚Basis' (fungierend im Sinne von durchwirkend) des sozialen Verhaltens bestehen:

> „Ist der Andere, über sein Für-mich-sein hinaus, wahrhaft ein Sein-für-sich, und sind wir wirklich einer für den anderen, und nicht allein einer wie der andere für Gott, so muss der eine dem anderen zu erscheinen vermögen, muss er und muss ich ein Äußeres haben, muss es außer der Perspektive des Für-sich – meines Blickes auf mich und des Anderen Blickes auf sich – eine Perspektive des Für-Andere geben – die meines Blickes auf den Anderen und des Blickes des Anderen auf mich. Beide Perspektiven können nicht einfach in einem jeden von uns sich nebeneinanderstellen, *denn dann wäre nicht ich es, den der Andere sähe, und wäre es nicht der Andere, den ich sähe*. Ich muss mein Äußeres *sein*, und der Leib des Anderen muss er selbst sein. Dies Paradox, diese Dialektik von *ego* und *alter* ist möglich nur, wenn ich wie der Andere aus der Situation, nicht unabhängig von jeglicher Bindung sich definieren, m. a. W. wenn die Philosophie nicht sich vollendet im Rückgange auf das Ich, wenn vielmehr die Reflexion nicht allein mein Zugegen-sein-bei-mir-selbst, sondern ebenso sehr die Möglichkeit eines ‚fremden Betrachters' entdeckt (…) (Merleau-Ponty 1966/1974, S. 9).

Hier wird die Erfahrung der Begegnung, das dem Wissen, der Sprache vorgeordnete leiblich gelebte Leben angesprochen. Etwas zu bezeichnen, zu benennen ist eine unserer Erfahrung im gelebten Leben *nachgeordnete* Angelegenheit. Wenn wir sagen, dass wir uns unglücklich fühlen, Schmerzen haben oder Lust und Freude empfinden, etc., dann ist dies eine der Empfindungen und dem Gefühl nachgeordnete Einordnung in eine sprachliche Welt der Bezeichnungen. Was aber ‚sich unglücklich fühlen', ‚Schmerzen haben' oder ‚Freude und Lust empfinden' für eine Person X bedeutet, wird diese aufgrund der Differenz zwischen dem Sagen und Gesagtem (vgl. Wiemer 1988) auch durch noch so differenzierte Beschreibungen nicht mit dem leiblichen Empfinden zur Deckung bringen können. Leben ist, was uns affiziert, widerfährt, bevor wir darauf antworten können. Zudem erfahren wir im leiblichen Spüren, dass wir uns niemals völlig selbst sind oder ‚haben'; manches geschieht spontan (atmen) aber immer ist der Leib ein ‚Resonanzraum', d. h. er ‚antwortet' auf andere und anderes (vgl. Waldenfels 2000, S. 365–393). Daher kann man sagen: das Subjekt ist primär ein inkarniertes (= verkörpertes) Subjekt. Meyer-Drawe (2000) spricht von einem Sujet-Subjekt und zielt damit auf die Auffassung, dass das Subjekt als inkarniertes weder *nur* Untertan (Produkt, Effekt von Machtmechanismen) noch *nur* Souverän ist. In dieser Sicht ist das Subjekt situiert und schwankt stets zwischen Initiative und Versagung, Freiheit und Bestimmt-sein, etc.

Worauf diese Perspektiven hier hinweisen, ist die *Doppeldeutigkeit des Subjekts* aufgrund seiner Körperlichkeit. Doppeldeutig deshalb, weil der Mensch einen Körper ‚hat', aber Leib ‚ist'[9]. Dieser vielfach missdeutete Ansatz besagt, dass wir einen Leib haben, ein „merkwürdig unvollkommen konstituiertes Ding" (Husserl 1952, S. 159). Er ist das Mittel aller Wahrnehmung und steht mir bei der Wahrnehmung meiner selbst im Weg. Den Leib kann man wiegen, betrachten, vermessen, ähnlich einem ‚Ding' behandeln und erkennen (= wie aus einer objektivierenden Außenperspektive) und dass wir *zugleich* für uns und andere Leib sind (= wie aus einer gelebten und erlebten Innenperspektive) (Merleau-Ponty 1966/1974, 180f). Um Missverständnissen vorzubeugen, sei gesagt, dass auch das Bewusstsein verkörpert ist, d. h. integraler Bestandteil eines lebendigen, sinnesempfänglichen und eigenbeweglichen organischen Systems im Austausch mit der Welt. Auch wenn wir selbstreflexiv Verhalten und Handlungen betrachten können, bedeutet dies nicht, dass das primäre, verkörperte Zur-Welt-sein des Menschen aufgehoben wird, weil wir mit unserem Körper und durch ihn – Husserl bezeichnete den Leib als „Nullpunkt der Orientierung" (Husserl 1952, S. 127) – die Welt buchstäblich ‚bewohnen' (vgl. Merleau-Ponty 1966/1974, S. 361). Sich und andere als Gegenstand zu begreifen, wäre eine Engführung und verkennend, da wir unseren Vollzug des Lebens nicht zur Gänze selbst beobachten und re-

9 Plessner spricht daher von der „exzentrischen Positionalität" (vgl. Plessner 1975) des Menschen und bringt damit zum Ausdruck, dass der Mensch sich zu sich selbst und seiner Leiblichkeit in eine Distanz setzen kann. Distanz meint: sich so betrachten, als könne er sich ‚von außen' ansehen wie die Anderen sehen, aber es wird dennoch sein/ihr eigener Blick bleiben.

flektieren können. Wir sind uns entzogen. Von daher ist Leben das, was uns widerfährt, und zwar in all unseren Erfahrungen und unserem Denken. Was immer wir tun und denken, planen und verwerfen – wir leben aus einem Grund, der uns nicht einsichtig ist. Dass wir einen Körper haben, meint dann, dass wir einen physischen Körper haben *und* einen subjektiv erlebten Leib. Wir sind ein ‚merkwürdiges Ding' und *gleichzeitig* ein gelebter Leib, der Hunger und Durst fühlt, Stimmungen hat und Gefühle und Medium all unseres Könnens, Denkens, Handeln und Wahrnehmens ist. Merleau-Ponty betonte daher in der Rede vom Körper als Leib, dass dieser ein „natürliches Subjekt" sei. Er zielte darauf ab, dass der Leib ein allen bewussten, reflektierten Akten Vorausgehendes sei (vgl. Merleau-Ponty 1966/1974, S. 243). Unser Leib ist das, was ich *vermag*: sehen, berühren, empfinden, denken. Er ist also kein Gegenstand, sondern die *Möglichkeit*, das *Medium*, mit dem und das mir die die Welt öffnet und dabei zugleich selbst (verletzungs-)offen ist. Als Körperwesen sind wir in einer ‚naturalistischen Einstellung'; das, was den Körper auch messbar und zu einem ‚Objekt' macht. Als leibliche Wesen sind wir aber füreinander in einer ‚personalistischen Einstellung'; d. h. immer mit dem anderen verwoben und verflochten. Man muss sich diese beiden Weisen als eine *Einheit* vorstellen wie ein Kipp-Bild, dann wird verständlich, warum Husserl das verkörperte Subjekt als *Umschlagstelle* (Husserl 1952, S. 286; vgl. auch Waldenfels 2000, S. 246–247) bezeichnet hat. Merleau-Ponty spricht daher auch von der „Ambiguität des Leibes, der zwischen reinem Subjekt und Objekt eine dritte Seinsweise bildet" (Merleau-Ponty 1966/1974, S. 401; vgl. hierzu auch Fuchs 2011, S. 47). Stellen wir uns vor, wir verbrennen uns versehentlich an einer Kerze. Unser Finger schmerzt. Ist der Schmerz im physisch-anatomischen Finger oder ist er im erlebten Finger zu suchen? Für Husserl und Merleau-Ponty ist die Antwort klar: der Schmerz ist in beidem zu suchen, weil Innen- und Außensicht zusammenfallen. Aber sie bleiben trotzdem voneinander verschieden, sie sind nicht identisch.

2 Lesart: Strukturmomente

Facetten

Das Subjekt ist aus dieser hier vorgestellten Perspektive zunächst ein körperliches und leibliches Subjekt (1). Und als solches ist es ein Sujet-Subjekt (Meyer-Drawe 2000): nicht nur Souverän, sondern auch Untertan. Anders formuliert und auf unsere Fragestellung bezogen: Die Schädigung der Körperstrukturen wird subjektiv ge- und erlebt unter Rahmenbedingungen, die sich körperlich realisieren (2). Frau Anni N. erlebt für sie massiv reale Ängste, Trauer und Verlusterfahrungen. Sie erlebt das ‚Einfrieren' von Bewegungen, das unaufhörliche Hantieren im Sinne eines ‚Pillen-Drehens' mit den Fingern etc. als Ausdruck des Parkinsonismus. Sie schreit laut und will/kann nicht aufhören, sich im Raum zu bewegen etc. Damit wäre ich (gefährlich) nahe an einem durchaus naturalistischen Verständnis von Behinderung. Dies muss aber nicht bedeuten, dass die soziale Reaktion auf die Schädigung von Körperstrukturen geleugnet wird. Denn weil wir körperlich bzw. leiblich sind, haben wir zu uns und andere zu uns eine stellungnehmende und responsive Beziehung (wechselseitig antwortende Beziehung). In das subjektive Erleben der Schädigung der Körperstrukturen ‚mischen' sich (normative) Anforderungen an Frau N. bzw. wird sie mit Anforderungen, Aufforderungen (3) und mit Bewertungen anderer konfrontiert. Bei ihr ist dies beispielsweise die Aufforderung, auf konkrete Kommunikations-angebote zu antworten. Da die Bezugspersonen keine Kommunikationsangebote von ihr erkennen können, versuchen sie immer wieder neue Angebote, wobei diese sich mit der Zeit drastisch reduzieren. Dieser Prozess ist nicht zeitlich begrenzt. Er ist durch eine Dauer gekennzeichnet. Anni N. zeigt bestimmte Verhaltensweisen und Handlungen nicht begrenzt durch Zeit. Wenn wir den Begriff ‚Behinderung' benutzen, dann hat dies mit einem bestimmten Verhältnis einer Person zu ihrem Verhalten in der Zeit zu tun: Es ist von Dauer. Auch dieser Prozess ist zu verstehen als ein Antwortverhalten auf der leiblichen (und körperlichen) Ebene (4). Darauf antwortet wiederum der Körper, und zwar erneut auf zwei Ebenen: der körperlichen und der leiblichen Ebene, verstanden jedoch als eine *Einheit* (5). Das wechselseitige, *leibliche* Antworten meint hier ein vorobjektives, vorreflexives (primordiales) Antworten, das über sprachliches Antworten hinausgeht: Haltungen, Stimmungen, Gefühle, Körperpositionen im Raum, zu- und abwendende Gesten, Atmosphären, etc. Kastl (Kastl 2017, S. 92) stellt hier das „relikthafte" der Behinderung heraus: Der Körper-Leib wurde von einem schädigenden Prozess betroffen, wobei dieser Prozess von Kastl als eine Art Sediment, Ablagerung verstanden wird. Davon unterscheidet er das Ergebnis dieses Prozesses, die Behinderung als ein Resultat aus den (diskriminierenden, stigmatisierenden, exkludierenden) Interaktionen mit der Umwelt.

Wir sind unser Leib. Wir erfahren ihn subjektiv, erleben ihn. Die Schädigung der Körperstrukturen wird daher subjektiv erlebt und gelebt (6). Auf der körperlichen Ebene ‚wirken' diese präobjektiven, präreflexiven ‚Antworten' in Form der Verkörperung der Schädigung der Körperstrukturen. Das meint: Wir haben unseren Körper, zu dem wir in ein distanziertes, vergleichendes Verhältnis treten können. Wenn dieser, unser Körper durch andere bewertet wird, d. h. mit Bedeutungen, Sinn versehen wird, er eine Attribuierung erhält, dann ‚macht' das etwas mit dem primordial oder präobjektiv erlebten und gelebten Leib, der wir sind. Was andere sagen, denken, wie sie sich zu uns verhalten etc., das hat eine Auswirkung dergestalt, dass die Bedeutungen, Diskurse, Erzählungen sich leiblich realisieren (7). Da wir aber als Körper-Seele-Leib-Einheit zu begreifen sind (s. o.), lassen sich diese *wechselseitigen Mechanismen* nicht trennen. Sie sind miteinander verwoben, wenngleich nicht identisch. Man könnte daher Behinderung als ein *relationales Schwellenphänomen* begreifen. Dass das Verhalten von Anni N. in einem Kontext von eigenem Erleben, körperlichem Ausdrucksverhalten und Bedingungen, Auf-forderungen und Abgrenzungen etc. von ihrem Umfeld steht, wird nicht geleugnet. Anni N.s Verhalten wird dadurch beeinträchtigt, weil sie z. B. in ihren Bewegungen wie ‚einfriert'. Damit kann sie auf Umweltanforderungen begrenzt eingehen – jedoch subjektiv sinnvoll. Selbst wenn die Umweltanforderungen sich verändern würden, ändert das nichts daran, dass Anni N. durch ihr eigenes Verhalten sich und andere manchmal einschränken könnte.

Vielleicht wird deutlich, dass eine solche Einstellung immer wieder auf die Erfahrungsebene zurückgeht, das Zur-Welt-sein des Menschen begreift als ein präobjektives, primordiales und präreflexives Sein. Mit diesem Rückgang wird eine Perspektive auf das Zur-Welt-sein des Menschen möglich, welche die Verkörperung des Sozialen und die Sozialität des Körperlichen (vgl. Kastl 2017, S. 57–86) ernst nimmt, ohne das Eine dem Anderen zu ‚opfern': Vor einem distanzierenden, identifizierenden Blick liegend eröffnet sich eine Welt, die Widerfahrnisse, Pathos und Ambiguität zulässt und den Raum freigibt für ein wechselseitiges, responsives (antwortendes) Verhältnis, das wir zu anderen und anderem unterhalten. Eine mehrperspektivische Sicht auf das Verständnis von Schädigung, auf das subjektive Erleben und das Verkörpern der Schädigung wird dadurch ebenso deutlich wie ein durch Attribuierung konnotierter Körper, der als ein Effekt der Diskursmacht auch gekennzeichnet ist. ‚Unterhalb' dieser Perspektiven eröffnet sich eine ethische Perspektive, welche eine radikale Fremdheit aufzeigt, die durch kein identifizierendes Denken, durch keine noch so sensible Berührung aufgehoben werden kann. Fremdheit hat einen Bezug zur Eigenheit (vgl. Waldenfels' Unterscheidung radikaler, absoluter und relativer Fremdheit; 2006): Hier spielen der Bezug zum Verständnis meiner Selbst, die Abgrenzungen, die Spiegelungen, die Projektionen und Identifikationen eine Rolle. Fremdheit hat mit Zugehörigkeit und Nicht-Zugehörigkeit zu tun, mit Ordnungen und Regelungen, mit Ein- und Ausschlüssen und mit Irritationen des Eigenen. Waldenfels hat vor allem das *Widerfahrnis* hervorgehoben, das in der radikalen Fremdheit als eine Form des Außer-ordentlichen (vgl. Waldenfels 1994) aufscheint. Was *als fremd* wahrgenommen wird, ist daher eine Art *Schwellenphänomen, das sich zeigt, indem es sich entzieht/anderes verbirgt.* Das Kennzeichen ist eine Verwobenheit zwischen Eigenem und Fremden, bei dem die *Differenz* zwischen beiden erhalten bleibt. Hier geht es also um einen *Entzug im Bezug zum anderen*, die voraussetzt, dass man die *Differenz* zwischen Eigenem und Fremden wahrnimmt, sie gestaltet und nicht verleugnet. Differenz *lediglich* als vergleichende Differenz zu deuten und sie für ‚normal' zu halten, übersieht auf eklatante Weise, dass es auch eine Differenz gibt, welche nicht einem Vergleich, sondern einem Widerfahrnis zu verdanken ist, in das man verwickelt ist, noch bevor man den Standpunkt eines Vergleichs eingenommen hat (vgl. Liebsch 2018, S. 159). Diese Differenz ist eine radikale: Sie liegt ‚vor' jedem Vergleich und aus ihr erwächst ein Anspruch des Anderen. Andere verwirklichen sich nicht allein durch ihre empirische Unterschiedlichkeit, denn dann unterscheiden (im Sinne von Verschiedenheit) sie sich lediglich aus einem Vergleich heraus. Sie verwirklichen sich aus einer nicht aufzuhebenden Andersheit heraus, die eine radikale, nicht aufzuhebende Fremdheit markiert. Es ist sicher ‚normal', verschieden zu sein, wenn damit eine schlichte Erfahrung des Andersseins gemeint ist. Aber hierin liegt nicht die Brisanz. Die Brisanz liegt vielmehr darin, dass wir Unterschiede machen, die für uns und andere bedeutsam sind, d. h. diese ziehen eventuell Praktiken für uns und andere nach sich, die bis hin zur Exklusion und Gewalt reichen. Die Geschichte der Behindertenpädagogik kann als eine solche gelesen werden, im Sinne eines Insistierens auf Verschiedenheit zwischen behinderten und nichtbehinderten Menschen, auf Formen und

Praktiken der Exklusion. Zu vermuten steht, dass diese ‚gemachten' Unterschiede etwas über diejenigen aussagen, die diese Unterschiede konstatieren: Sie sagen etwas darüber aus, als wer wir uns verstehen wollen und als wer nicht (vgl. Liebsch 2018, S. 354). Daher kann Verschiedenheit Differenzen heraufbeschwören. Es kann gesagt werden, dass es viele Weisen gibt, verschieden, anders zu sein, und dass der Umstand der Erfahrung von Verschiedenheit eine Differenz markiert, die auch Normalität aufheben kann, weil (vorgeblich) kaum noch etwas Gemeinsames deutlich wird. Gleichzeitig steht die konstatierte Verschiedenheit des anderen stets im Verdacht, eine gemachte zu sein, die Gemeinsamkeiten und/oder ein Zusammenleben nicht erträglich erscheinen lässt. Und dann kommt es nicht nur darauf an, dass, sondern *wie* verschieden man ist (vgl. Bourdieu 1997). Politisch betrachtet, gibt es eine Reihe von Antworten auf Verschiedenheit oder Differenz (vgl. Liebsch 2018). In allen Fällen wird jedoch eine Differenzsensibilität eingefordert, die aus sich einen normativen Anspruch entlässt, also einen Anspruch, der praktisch garantiert, gemäß der Verschiedenheit auch leben zu können (vgl. ebd., 356).

„Demnach geht es also um ein in Verschiedenheit, angesichts unübersehbarer Verschiedenheiten, die ‚Differenzen' heraufbeschwören, trotz und mit Verschiedenheit (gemeinsam, politisch) zu lebendes Leben, dessen Lebbarkeit durch nichts garantiert ist. Durch nichts, heißt das, es sei denn eben durch uns? Wer ist hier ‚wir'? Wen gehen die normativ gewendeten Forderungen der Wahrnehmung, Anerkennung, Sicherstellung und Förderung verschiedenen Lebens überhaupt etwas an? Nur diejenigen, die sich selbst als ‚verschieden' begreifen – im Unterschied zu jenen, die in ihrer Verschiedenheit im Differieren von Anderen und Differenziert-Werden durch Andere kein Problem sehen? Kann es sich hier nur um eine mehr oder weniger ignorante Mehrheit handeln, die einfach nicht realisiert, dass und wie verschieden wir tatsächlich sind? Ist Verschiedenheit womöglich nur ein Problem derer, die unter ihr leiden?" (Liebsch 2015, 356).

Politisch betrachtet ist überhaupt nicht belanglos, wie mit der Differenzsensibilität von der Liebsch spricht, umgegangen wird. Menschen mit Behinderung wurden und werden als ‚verschieden' wahrgenommen, als solche anerkannt und praktisch wie politisch in ein Zusammenleben auf eine Art und Weise einbezogen, die zwischen Inklusion, Diskriminierung, Marginalisierung und Exklusion schillert. Man scheint in der Tat nicht von einer einfach gegebenen ‚Normalität des Wir' ausgehen zu können, von der ein behinderter Mensch (kurzgeschlossen) im Sinne einer ‚Abweichung' verstanden werden kann. Differenzsensibilität intendiert daher ein Verständnis von Differenz, die diese *nicht* als eine negative Abweichung von Anderen versteht. Die Rede von der Differenz/*diversity* ist so zu verstehen, dass sie einen Unterschied ‚*macht*'. Unterschiede liegen nicht ‚einfach vor'. Sie werden zum Vorschein gebracht, artikuliert und dargestellt, und dabei steht immer zur Frage, wer aus welchem Interesse heraus Unterschiede macht? Gleichzeitig – und hierin liegt in der Tat die Herausforderung eines Denkens in Widersprüchen – kann gefragt werden, ob es ein Zeichen von fehlender Differenzsensibilisierung ist, wenn man beispielsweise ein Kind *als* Kind in Armutsverhältnissen oder mit einem Syndrom nicht wahrnimmt? Ähnlich gelagerte Fragen bieten sich hinsichtlich der vielfältigen Um-Definitionen von Behinderung (bspw. der Begriff: ‚verhaltensoriginell') an. Damit ist – nicht erst seit Bestehen der institutionellen Behindertenpädagogik – die Frage verbunden, ob Behinderung als ‚gegeben' und ‚unveränderlich' zu begreifen ist oder ob sie ein relativer und relationaler Begriff ist, wie ihn die Weltgesundheitsorganisation mit der ICF Version vorlegt, der eine *Dynamik des Behindert-Werdens* meint. Diese Sichtweise kulminiert in der Frage: Liegt eine Behinderung in der Person oder an der Umwelt? Ist Behinderung per se ein negativer Begriff, weil er ein Zuschreibungsverfahren beinhaltet? Hat Behinderung überhaupt ein Potenzial im Sinne auch eines ‚anderen' Lebens (Lebensstil), einer Auch-anderen-Möglichkeit, von der sich ein (mittelstandssozialisiertes und normalisiertes) Leben u. U. wenig Vorstellungen machen kann? Sich davon keine Vorstellung zu machen heißt ja, dass letztlich Verletzung, Passivität, Beschädigung, ein im-perfektes Leben nicht konstitutiv als zum sogenannten ‚normalen Leben' gehörend vorgestellt werden kann (*disability*). Es ist daher zu fragen, für wen eine Fähigkeit in welchem Kontext und in welcher Hinsicht als einschränkend wahrgenommen wird? *Abilities* kann man körperbezogen und individualistisch begreifen, wobei dann jedoch sehr schnell der Aspekt des Befähigt-Werdens außer Acht gezogen wird. Martha Nussbaum (1999) hat hier die Fähigkeit mit einem Befähigt-Werden in Verbindung gebracht, d. h. es geht um elementarste Bedürfnisse und Ansprüche, die zu erfüllen sind, damit z. B. Kinder Grundfähigkeiten erwerben können. Das Reizvolle an dieser Sichtweise und dem Begriff der *capabilities* liegt sicher darin, dass er daran erinnert, dass unsere Möglichkeiten sich der Ermöglichung durch Andere verdanken.[10] Wir sind keine vereinzelten Individuen in einer Muschel, sondern soziale Wesen von Beginn an und verdanken unser Tun und Können der Auseinandersetzung mit anderen. Dennoch: Einen Verlust zu empfinden, den Schmerz, der damit verbunden ist, also etwas, das uns widerfährt, kann man nicht in ein Tun-Können umdeuten, meint Burkhardt Liebsch (2015, S. 361 Anmerk.19):

> „Was m.E. völlig übersehen wird, ist die Frage, ob nicht gerade aus der Erfahrung von Behinderung, Verletzung und Verwundung heraus Anlass zur Revision des Modells einer *agency* und eines Könnens besteht, das sie nur als mehr oder weniger starke Beeinträchtigung eines *sujet capable* gelten lässt?“

Fähigkeiten haben hängt daher mit einem Befähigt-Werden (*empowerment*), mit Unterstützung zusammen, so dass grundlegende Bedürfnisse und Ansprüche abgedeckt und zugleich weder die Angewiesenheit noch das Noch-nicht-Können oder Nicht-Können als eine negative Differenz begriffen werden. Damit geht es nicht nur darum, die Herausforderungen, die aus dem Aufmerken (Aufmerksamkeit) von vielfältigen Erscheinungsweisen, Verhaltensformen wie Handlungs- und Kommunikationsweisen, Lern- und Entwicklungsmöglichkeiten und Lebensweisen herrühren, wahrzunehmen, die mit der konkreten Erfahrung von Behinderung und Beschädigung (Verletzung) verbunden sind. Es geht auch darum, dass „normative Gegenbild einer Normalität zu revidieren“ (Liebsch 2015, 361), um Verletzbarkeit, Fremdheit, Differenz nicht nur negativ zu konnotieren, sondern als konstitutiv zugehörig zum Leben. So betrachtet, ist Behinderung in erster Linie ein Widerfahrnis eines Schwellenphänomens, das in der Folge u. U. Unterstützung nach sich zieht.

Behinderung ist nicht Nicht-Erkrankung, sie ist nicht Nicht-Schädigung einer Körperstruktur, sie ist nicht Nicht-gemacht, sie ist nicht Nicht-sozial konstruiert und sie ist nicht Nicht-individuell. Denn sie bleibt an individuelle, subjektive Erfahrung gebunden vor allem auch deshalb, weil andere aufmerken können. Dieses ‚Aufmerken von …‘ ist nicht bereits per se eine Form der Gewalt: Mit den Forschungen der 1960er Jahre

[10] Siehe vertiefend zur sozialphilosophischen Bedeutung von Martha Nussbaums Gerechtigkeitstheorie in vergleichender Gegenüberstellung zu Levinas‘ Fundamentalethik für zentrale Fragen heil- und sonderpädagogischer Leitziele die bemerkenswerte Dissertation von Ina Scholz (2022).

(Stichworte: Behinderung als Stigmatisierungsprozess; kultur- und genderkritische Forschung; disability studies etc.) bleibt dennoch deutlich, dass ein Leben ohne Orientierung an Normen nicht lebbar ist. ‚Andersheit' sei vor allem im Diskurs der Inklusion und der Diversity daran orientiert, das Leben – egal in welchen normalisierten oder abweichenden Vorstellungen und Praktiken – zu achten im Sinne einer „egalitären Differenz" (Honneth 1994; vgl. auch Prengel 2006/2019, S. 55). Die Diskurse verdeutlichen, dass niemand aus sich allein heraus leben kann, sondern elementar auf Unterstützung im Sinne und in Richtung einer sozialen und politischen Teilhabe/Partizipation, angewiesen ist. Die Brisanz liegt nicht in dieser Idee, sondern in der Reichweite der Hoffnung und der Grenzenlosigkeit, mit der Verschiedenheit gegenüber aufgetreten wird, nämlich als ein Versprechen einer umfassenden Inklusion. Liebsch (2015) fragt zu Recht, ob ein verallgemeinerbares Recht die Andersheit des Lebens reglementieren kann? Kann eine primär auf gelebtes Zusammenleben fußende Idee (Vielfalt, Anderssein-Können) durch ein Recht reglementiert werden? Kann man Anderssein-Können ohne weiteres ausleben, gestalten? Ist Verschiedenheit (diversity) nicht *konkret* zu bezeichnen, damit deutlich wird, ob man die Andersheit, also das andere Denken, das Verhalten, Handeln, Leben … überhaupt tolerieren kann, einbeziehen, bejahen? Aus Sicht der Behindertenpädagogik stellen sich diese Fragen nicht in dem Umfang, obzwar sich bereits abzuzeichnen scheint, dass Fragen der Überforderung auftauchen, die sich im Gefolge der Erfahrung von Verschiedenheit gesellschaftspolitisch stellen. Denn sobald man Verschiedenheit auch auf feindliches, gewaltförmiges, übergriffiges etc. Handeln ausweitet, erkennt man, dass die Normalisierung des Diversen ihre Grenzen mit sich führt, wenn man mit dem Anderen, der Gewalt, die Übergriffigkeiten und feindliches Handeln ausführt, ‚nichts gemein' haben will.

Damit ist ein ethischer und politischer Unterton angezeigt, der macht, dass das, was uns auffällt, uns nicht gleichgültig lässt, als wären wir eine Art Apparat, der bloß Auffälligkeiten aufmerksam registriert und bloß zur Kenntnis nimmt, was der Fall ist. Wir werden von dem, was auffällt und unsere Aufmerksamkeit erregt, *in Anspruch* genommen. Damit steht die Frage im Raum, ob das, was Aufmerksamkeit erlangt, von uns Achtung verlangen könnte. Anders: ob die Beachtung eine Achtung beinhaltet, die wir schenken, schulden oder verweigern können? Emmanuel Levinas hat die Frage nach der *Andersheit* (*alterité*) des Anderen gestellt. Darunter ist eine Andersheit zu verstehen, die nichts mit Bildlichkeit, Repräsentation zu tun hat und dem identifizierenden Denken seine absolute Grenze aufzeigt (vgl. Levinas 1983). Der Andere ist hier radikal anders, und zwar nicht im Sinne eines ‚Vergleichs' (mit mir selbst; Selbstheit), sondern verstanden als ein anders-als-Sein (vgl. ebd.). Der andere Mensch ist jenseits aller Bilder und Vorstellungen, die ich mir von ihm machen kann und nur als anwesende Abwesenheit zu verstehen. Diese anwesende Abwesenheit ‚spricht' als Gebot „Du wirst nicht töten". Dies setzt eine Offenheit für den Anderen voraus und eine generelle Verwundbarkeit, Verletzbarkeit, die das Ich in der Begegnung mit dem Anderen in die *Stellvertretung* (*Geiselhaft*) (vgl. Strasser 1978) für den anderen ruft und damit unersetzbar macht. Unersetzbar und in einer strikten Asymmetrie zum anderen stehend, kann keiner an meiner Stelle antworten (= dem anderen beistehen; Verantwortung tragen für den anderen etc.). Diese Inanspruchnahme kann nicht reflexiv eingeholt werden, weil der Andere nicht verstanden oder erkannt werden kann. Levinas bezeichnet diesen Umstand mit dem Begriff der Nicht-Indifferenz, um eine unaufhebbare Differenz zum anderen zu verdeutlichen, aus der aber paradoxerweise eine Antwortverpflichtung erwächst. Wenn im Gefolge der Argumentationen von radikaler Fremdheit mit Levinas die Rede ist, dann geht es hier also nicht darum, eine ethnologische, kultursoziologische Form der Begegnung mit Anderen vorzustellen, wo es um eine vor allem dem Vergleich geschuldete Fremdheit und Andersheit des Anderen geht. Es geht darum, dass der Andere nicht auf dasselbe oder Selbigkeit zurückgeführt werden kann. Das Bedeutsame ist, dass damit in der *Begegnung* die Andersheit des Anderen widerfährt. Sie ruft das, was wir als ‚Subjekt' bezeichnen, hervor, insofern das Subjekt etwas ist, das mir geschieht, weil ich mich vom Anderen her verstehe, weil wir in diesem Sinne vom anderen her existieren.[11]

In einem Gespräch mit einem anderen Wissenschaftler ging es um die Frage, was als Wissenschaft den Namen verdient. Schnell wurden Lösungen benannt, die in Begriffen von Evidenzbasierung, Präzision, Exaktheit, Wirkung, etc. wiederklangen. Es ist scheinbar unmöglich, ein Nichtwissen wach zu halten. Damit zu leben, dass es ein ‚Eingedenken' des Wissens gibt, das sich nicht nur Anderem verdankt, sondern vor allem auch ein Nichtwissen *im* Wissen wachzuhalten sucht. Was in unserem konkre-

[11] Vgl. zur Differenzierung von Fremdheit, Andersheit, Verschiedenheit: Ricken 2007.

ten Leben einen breiten Raum einnehme, meint Hogrebe (2009, S. 9), scheint für ‚die' Wissenschaft ein Ausnahmezustand, nämlich, dass es auch „schwache Formen des Wissens wie Ahnung, Mutmaßung und das Gefühl als Grundlage für Situationseinschätzungen" (ebd.) gibt. Die griechischen Philosophen hätten dafür den Ausdruck ‚gnomisch' genutzt: Auf Sentenzen ethischen und politischen Inhalts beruhende Philosophien. Hogrebe verweist auf den (aristotelischen) Begriff der ‚Wohlberatenheit' – eine Erkenntnisart, die Aristoteles ‚gnomisch' benannte und die Hogrebe in den Kontext der *szenischen Existenz* des Menschen und des *Szenischen als Wissensform* stellt. Szenen verstanden als Ereignisse, die Widerfahrnischarakter haben und keine physikalische Weltanschauung darstellen, deren Präzisionskraft die Anderheit tilgt (vgl. ebd.).

Zusammenfassend könnte sich ‚Behinderung' als Lesart eines Schwellenphänomens lesen lassen, das dem Chiasmus von ethischer und ontologischer (politischer) Dimension geschuldet ist (siehe Epilog in diesem Buch). Ein Schwellenphänomen, dass auf ‚gnomischem' Wissen aufruht und ‚eingedenk' eines Nichtwissens im Wissen ein bestimmt-unbestimmter Begriff (= Behinderung) bleibt: Die *Verengung* auf einen präzisen Begriff, der beansprucht, präzise abzubilden, wer gemeint ist, ignoriert die ethische Dimension dieses Chiasmus' – die *Ausdehnung* auf einen verallgemeinerten Begriff ‚des Menschen' würde die politische Dimension des Chiasmus' gefährden (z. B. Ausblenden von konkreten Armutsverhältnissen von Menschen) und damit die Gestaltungsnotwendigkeiten. Daher wird die hier vorgestellte Studie vor der Folie einer Anschauung von Behinderung als Schwellenphänomen (zwischen Phänomen, Faktum und Verantwortung) vorgeschlagen, welche folgende Momente zu berücksichtigen sucht:

- den Chiasmus der ethischen und ontologischen (politischen) Dimensionen, der auf eine ästhetisch prägnante Anschauung vom ‚Menschen *als* …' statt auf einer präzisen Begrifflichkeit abhebt;
- dem Chiasmus der ethischen und ontologischen Dimension geschuldet ist auch, dass nicht nur das Schema der Logik von Allgemeinem und Besonderem, sondern auch das Schema der *Ethik der erfahrenen Begegnung* in dieser Studie herangezogen wird;
- dieser Chiasmus anerkennt (vgl. Schnell 2017, S. 99):
    - „(…) Ich erkenne Dich-als-Jemanden an. (…)

- Die Anerkennung stiftet nicht das Du/Dich, sondern den Charakter des *als-Jemanden.* (...)
- Anerkennung als-Jemanden ist keine Bestätigung eines Seins, denn andernfalls wäre die Rekognition lediglich das Erkennen eines Gegebenen.
- Anerkennung stiftet etwas und lebt daher von einem Gestaltungsspielraum des Ethischen.“

- Die Frage danach, ‚wer‘ Frau N. und ‚wer‘ Frau Stinkes sind, kann nur beantwortet werden, indem eine Geschichte einer Begegnung erzählt wird: Narrative Identität(en) als soziale Identität(en) erzählen *Geschichten*, die spezifische Erzählstrukturen erfordern;
- eine ästhetische *Prägnanz* der Betrachtung von Situationen, Anschauungen, Strukturen, die Klarheit im Verweis auf Konkretes (Situationen, Szenen der Begegnung) aufzuzeigen suchen;
- ein Besonderes, das auf Allgemeines beispielhaft hinweist und zwar so, dass es in einer *Bestimmtheit des Unbestimmten* bleibt

Bezeugungen

1 Gemeinsame Erfahrung

Responsivität

In dieser Geschichte um Frau Anni N. geht es um eine spezifische Form des Sich-Einlassens auf gemeinsam erlebte Situationen als Sinnmöglichkeiten. Dieses Sich-Einlassen auf gemeinsame Situationen – eine spezifisch phänomenologische Unterstellung – fördert Wissen zutage. Die Re-Etablierung der Wahrnehmung bedeutete in dieser Studie, dass die wahrgenommenen, konkreten, präreflexiven und fungierenden Situationen nicht falsch sein können, sondern allenfalls die daraus gezogenen Schlüsse. Konkrete Erfahrungen und Erlebnisse von und Wahrnehmungen des Verhaltens werden also bereits als sinnhaft verstanden und müssen nicht erst durch ein rekonstruktives Verfahren in ihrer ‚objektiven Bedeutung' dechiffriert werden. Sinnzusammenhänge, die herausgearbeitet werden, finden sich in dem wechselseitigen Bezug, in den unterschiedlichen Bezügen der Personen zueinander. Das jeweils intentionale Bezugnehmen oder die Verstrickung bleibt ein Aspekt der ganzen Situation. Es wird daher die Erfahrung der Verstrickung in etwas dokumentiert, das die Beteiligten nicht selbst hergestellt haben, von denen sie aber ein Moment sind: Mein Verhalten wird durch die Situationen mit Frau Anni N., eine Bewohnerin des Emma-Lindner-Heimes, und die Bezugsbetreuerinnen von ihr, hindurch mitgetragen. In Formen der Distanzierung (Verschriftlichung, Dokumentation, Variation) wird der Prozess einsichtiger, aber er bleibt ständig verwiesen auf die konkreten Situationen und die Intentionen der Anderen: „Was sich zeigt, deckt sich niemals völlig mit dem, was darüber zu sagen ist" (Waldenfels 2004, S. 31). Das Paradox der Erzählung einer Geschichte *responsiver Erfahrungen* bezieht sich auf Erfahrungen, die erst im Wiedererzählen eine Gestalt annehmen. Was hier erzählt wird, hat Zäsuren, Einschnitte, Abgründe und eine Kehrseite sowie

Hohlformen: Un-Erzählbares innerhalb der Erzählung ist mitanwesend (Präsenz der Appräsenz [1]).

Der Haltung, die hier eingenommen wird, geht es darum, das Verhalten eines Menschen als einen responsiven Zusammenhang von Lebensgeschichte (Vergangenheit), Verhaltensstilen (Gegenwart) und zukunftsbezogenen Vorschlägen zu begreifen. Responsivität meint eine generelle Antwortlichkeit des Verhaltens, das auf Ansprüche des Anderen als Fremdem antwortet (vgl. Waldenfels 1994). Dazu gilt es, zur Wahrnehmung als einer originären Erfahrungsweise zurückkehren. Denn es erscheint wesentlich, die *erlebte Beziehung,* die zwischen den Menschen besteht, zwischen Perspektiven und ideellen Bedeutungen, die durch sie hindurch intendiert werden, zu verstehen, *ohne* sie mit logischen Verhältnissen zu verwechseln. Daher wird unterschieden zwischen ideellen Bedeutungen, die wahr oder falsch sein können, und deren immanenter Bedeutung, also zwischen einer Verhaltensstruktur und ihrer ideellen Bedeutung. Zugleich wird versucht, sich einer strukturtheoretisch orientierten Familienforschung anzuschließen (Allert 1998; Schmeiser 2003; Kastl 2009), um Strukturen aus der Primärsozialisation mit dem beobachteten Verhalten korrespondieren zu lassen. Es wird sich bemüht um eine verhaltensorientierte Strategie, die eine Verstrickung in das Feld als unabdingbar ansieht.

Die Strukturen des Verhaltens sind zugleich von außen für den Betrachter wie auch von innen für den Akteur sichtbar. Der Andere ist daher prinzipiell zugänglich wie ich selbst zugänglich bin. Die Täuschung ist hier kalkuliertes Risiko. Die Wahrnehmung, die ich von einem Menschen habe, ist niemals ein Äquivalent für die Wahrnehmung, die dieser Mensch von sich selbst hat. Wir können den Anderen nicht wahrhaft erkennen. Aber wir kommunizieren mit ihm durch die Bedeutung seines Verhaltens in Situationen, wozu es notwendig ist, die Struktur des Verhaltens zu erreichen. Dies spielt sich ‚unterhalb' der Worte und selbst der Handlungen ab (vgl. Pfeffer 1987). Denn das fremde Verhalten bringt eine Existenzweise zum Ausdruck, noch *bevor* es eine bestimmte Weise zu denken und zu handeln bedeutet. Wenn dieses Verhalten – wie unerklärlich für mich auch immer – sich an mich wendet, sich meiner Gedanken, die ich habe, geradezu ‚bemächtigt', und ich antworten muss, dann werde ich in eine

[1] Die Verschränkung von Anwesenheit und Abwesenheit wurde im Zusammenhang der Intersubjektivitätsproblematik prominent von Sartre (1943/2019, 198 ff.) untersucht.

Koexistenz hineingezogen, die ich nicht allein konstituiere. Man könnte anders formuliert mit Bourdieu auch sagen:

> „Wir sind unsere Klasse und unser Milieu bzw. unser Habitus, noch bevor wir diese denken/thematisieren. So handelt es sich beim Habitus um eine inkorporierte Geschichte, eine Körper gewordene Geschichte, eingeschrieben in das Gehirn, aber auch in die Falten des Körpers, die Gesten, die Sprechweisen, den Akzent, in die Aussprache, die Tricks, in alles, was wir sind. Diese inkorporierte Geschichte ist der Ursprung, von dem aus wir antworten" (Bourdieu 2001, S. 165).

Der hier phänomenologisch orientierte Ansatzpunkt geht davon aus, dass eine Erfahrung von einem einzelnen Ausdruck eines Menschen auch sein Weltverhältnis (= Habitus) ablesen lässt. Dieses Weltverhältnis lässt Rückschlüsse auf die Positionierung bzw. Situierung dieses Menschen in seinem sozialen Feld oder Kontext zu. Das bedeutet, dass die Intentionen der Anderen in diesem sozialen Feld oder Kontext in ihren strukturellen Linien graduell abzulesen sind. Geht man einen Schritt weiter, so ließe sich diese Annahme in der Weise ausdeuten, dass Verhaltensweisen einander perspektivisch beinhalten können. Bei Merleau-Ponty liest sich dieser Umstand so: „(...); und eben mein Leib ist es, der den Leib des Anderen wahrnimmt, und er findet in ihm so etwas wie eine wunderbare Fortsetzung seiner eigenen Intentionen, eine vertraute Weise des Umgangs mit der Welt" (Merleau-Ponty 1966/1974, S. 405). Der andere Mensch ist und wird niemals eine ‚objektive Erfahrung' von mir sein aus dem einfachen Grund, weil es allenfalls eine Art ‚Passung' der Intentionen gibt, die etwas Gemeinsames ermöglichen, einschränken, erweitern, behindern. Das heißt: Eine rein individuelle Erfahrung gibt es nicht, da Erfahrungen durch und durch sozial sind. Die Erfahrung selbst ist ein Moment einer Struktur, die sich ausspannt zwischen Verweisungen, Bedeutungen, Bezugnahmen, Öffnungen und Verschließungen.[2] In einem Feld zu stehen, also in Verstrickung zu geraten durch die Begleitung einer Bewohnerin (Anni N.) heißt, das Feld nicht völlig überblicken zu können (und selbst auch angewiesen zu sein auf den Anderen). Standortgebun-

2 Kastl (2001, 68) formuliert: „Das, was das Mehr des Sozialen gegenüber jeder konkreten Intentionalität ausmacht, ist gerade nicht jenseits dieser Intentionalität, sondern in ihr selbst zu suchen."

denheit, Perspektivität, Horizontstruktur spielen in der Reflexion des Präreflexiven (= dokumentierte Beispielerfahrungen) und auch innerhalb der Variationen der Erfahrungen eine fundierende und fungierende Rolle: Ich weiß nur, was ich von meinem Standort aus sehen kann. Eine Generalisierung ist daher schwer möglich. Denn niemand sieht dieses Feld und reflektiert es in der Weise, wie der Andere es tut. Die hier zur Sprache kommende ‚Wirklichkeit' bleibt daher immer eine Erfahrung vor dem Hintergrund eines Horizontes; sie verliert ihren Perspektivcharakter nicht (vgl. Kastl 2001, S. 69). Damit ist ebenso ausgesagt, dass das, was gesehen und gewusst wird, gebunden bleibt an die Leibhaftigkeit der Intentionalität. Unser Wahrnehmen, Verhalten, Handeln, der ganze Ausdruck ist ein bestimmter ‚Stil' Zur-Welt-(zu-)sein.

Mit dieser aufgezeigten Sicht beschreiten wir hier eine Art ‚dritten Weg', der sich jenseits von Dialektik und Hermeneutik befindet. Denn die individuelle, fungierend-leibliche Intentionalität ist keine Singularität. Sie ist nicht rein individuell, weil sie von vornherein mit (einem spezifischen) Sozialen verflochten ist. Was wir als ‚individuelles Verhalten' bezeichnen, ist ein Stil oder Habitus, der die Person mit dem Feld verbindet. Sobald wir von individuellem Verhalten einer Person sprechen, haben wir daher schon diesen Stil wahrgenommen. Dazu schreibt Merleau-Ponty, „dass Verstehen bedeutet, etwas durch Koexistenz zu erfassen, lateral, vom Stile her, und dadurch auf einen Schlag an die Ferne dieses Stiles und dieses Kulturapparates heranzureichen" (Merleau-Ponty 1986, S. 243). Und an anderer Stelle heißt es: „Sehen, das ist diese Art des Denkens, die des Denkens nicht bedarf, um das Wesen zu besitzen" (ebd., S. 312). Ein Beispiel mag dies verdeutlichen: Wir spüren und erfassen die Bemühung einer/s sozialen Aufsteigers/in, ein/e solche/r sein zu wollen. Wir bemerken ihre/sein angelesenes Wissen, ihr/sein Bemühen, frei und sicher den Raum zu durchschreiten, ihren/seinen Zwang, perfekt sein zu wollen, zu glänzen, die Dinge stets gut geplant zu präsentieren. Wir erkennen in ihr/ihm an der Mimik, der Gestik, ihrem/seinem Gang und selbst in ihrer/seiner Kleidung, die sich niemals einer unkontrollierten Lässigkeit bemüßigt, in ihrem/seinem Musik- und Kunstgeschmack die/den Karrieristen, die/den Aufsteiger/in aus der Biederkeit kleinbürgerlicher Existenz, und wir können uns vorstellen, wie ihr/sein Zuhause gestaltet war. Merleau-Ponty formuliert deutlich: „Ebenso wie das Geäder das Blatt von innen her und aus der Tiefe seines Fleisches trägt, bilden die Ideen die Textur der Erfahrung, ihren Stil, der zunächst stumm ist, dann ausgesprochen“ (Merleau-Ponty 1993, S. 159). Gleichzeitig darf diese Perspektive nicht vergessen lassen, dass sie nicht nur vorläufig ist, sondern vor allem prekär, gerade weil die Fremdheit des Anderen einen Entzug markiert, eine A-Präsenz in der Präsenz. Darüber hinaus ist der eigene Blick selektiv und normativ und enthält jene blinden Flecke, deren man nicht ansichtig wird, die aber deshalb umso mächtiger wirken können. Der Andere bleibt eine Rätselfigur.

Das konkrete Verhalten von Frau Anni N. wird daher als eine Art Stil zu sein sichtbar, aber stets nur unvollkommen. Illustrierende Tagebuchnotizen, die Rekonstitution der Lebensgeschichte, flankiert von Analysen der Sprechakte, physiologische Einordnungen der Symptome und responsive Verhaltensweisen usw. versuchen, einen Lebensstil der Bewohnerin Anni N. wahrzunehmen, der vorsichtige Schlüsse darauf zulässt in dem Sinn, dass diese nicht abgeschlossen werden können. Die Vorsicht resultiert aus der Einsicht, dass die Strukturen des Feldes nicht das Feld selbst sind. Um der Gefahr zu entgehen, das Soziale auf ein Objektives zu reduzieren oder aber es subjektivistisch umzudeuten, wird die Forderung partiell aufgenommen, dass die wissenschaftliche Analyse sich der Beimischung zu enthalten habe und die Welt so erscheinen lässt, wie „allem Rückgang auf uns selbst zuvor sie je schon ist, nichts anderes will sie, als reflektierend dem unreflektierten Bewusstseinsleben nahe kommen“ (Merleau-Ponty 1966/1974, S. 13).

Personen koexistieren in einem Feld, sie sind aufeinander bezogen und ihre Tätigkeiten fließen ineinander. Dieser gelebte Chiasmus hätte durch eine Analyse, die entmischt, die Sache letztlich uneinsichtig gemacht. Erfahrungen geschehen in einem kommunikativen Feld. Dies bedeutet nichts anderes, als dass ein Verhalten oder die Äußerung einer Person anschließen an Verhalten und Äußerungen der anderen Person. Die Struktur der Situation ändert sich. Es geht dabei nicht um eine vorentworfene, geplante Situation von anderen und mir in Bezug auf Verhalten, sondern darum, dass wir alle im Kontext der gemeinsamen Erfahrung mit ihr gelernt haben, dass wir uns ‚öffnen‘ für die Situation mit ihr. Da mir dieser Zusammenhang in der Begleitung von Frau Anni N. immer wieder wichtig erscheint, suche ich nach einer Umschreibung des Begriffs für das Verhalten ihr gegenüber in Situationen. Der Begriff der Öffnung schillert vieldeutig. Er meint hier ein Sich-Einlassen auf sich öffnende Möglichkeiten der Situation (sich auf-machen). Das heißt jedoch nicht, dass es nicht notwendig ist zu wissen, was man will und was man zu tun gedenkt.

Aber Vorgeplantes bleibt völlig folgenlos, wenn es nicht gelingt, den Vorentwurf *von der Situation* her sich entwickeln zu lassen, ihn gleichsam ‚baden' zu lassen in der neuen Struktur der Situation. Dieses Sich-Einlassen-Können unter dem Vorzeichen eines Vorentwurfs, der dann streng getragen ist von der konkreten Situation, kann man bezeichnen als ‚responsive (= antwortende) Grundstruktur' der Kommunikation. In der Kommunikation hat man eine antwortende Grundhaltung. Alles Geplante bleibt daher nicht bezogen auf Ungeplantes, sondern auf eine primordiale Dimension (im Sinne von ‚ursprünglich') gegenwärtiger Situationen. Alles Vorentworfene erweist sich daher als Voraussetzung für das Fungieren gemeinsamer Kommunikation.

Generell ermöglichen Krisen eine Weiterführung des Tuns unter veränderten Vorzeichen vor allem dann, wenn Gewohnheiten nicht mehr greifen. Die hier dargestellten Vorgehensweisen setzen voraus, dass bestimmte Dinge einer Situation ausgeblendet bleiben, andere aber geradezu ‚aufdringlich' werden. Wesentlich wird sein zu erkennen, dass die Reflexion der gelebten Erfahrung ihr ihre Lebendigkeit nimmt, was bedeutet, dass jeweils etwas Bestimmtes festgehalten, hervorgehoben wird in der gemeinsamen Zeit mit Frau Anni N. Der Eindruck mag beim Leser entstehen, dass auf bestimmte Details gleichsam gestarrt wird in der Reflexion der Erfahrungen, und dies birgt die Gefahr der ungenügenden Distanzierung. Wenn der Blick allerdings zu grob justiert ist, wird nicht mehr deutlich, was sich aus der Situation heraus ‚zeigt'. Kastl (2001) spricht mit Husserl von der ‚Kunst', eine Perspektive einzunehmen, die etwas/eine Sache so zeigen kann, dass das Erkennen von Sinnzusammenhängen möglich sei. Es ist ein riskantes Unterfangen, weil sie mit dem Horizontcharakter einer Sache rechnet, d. h., wenn ich über das, was ich derzeit sehe oder zeige, hinausgehen will, dann muss ich im Grunde meine Position wechseln. Es ist also eine Art ‚Haltung' gefragt, die taktvoll mit einer Sache im Sinne der Distanzierung, der Variation umgehen kann, damit das, was in der Reflexion kenntlich wird, als Allgemeines erkennbar werden kann. Es geht also darum, den Prozess der Reflexion offen zu halten für konkrete Erfahrungen, damit wir Erfahrung in (subjektives) Wissen umwandeln können. Das Risiko liegt dann gleichsam darin, dass man zwar nicht etwas ‚falsch' sehen oder zeigen kann, sondern darin, die falschen Schlüsse aus dem, was gesehen wurde, zu ziehen. Und die Schlüsse, die gezogen wurden, müssen sich wiederum in einem Prozess der Erfahrung bewähren.

„Ich stehe mit Frau N. in der Küche. Ich habe diese Situation vorbereitet, d. h., ich weiß aus der Lebensgeschichte von Frau N., dass sie früher ihrer Mutter gerne im Haushalt zur Hand ging. Immer wieder taucht eine kleine Bemerkung in den Akten auf oder in dem Interview mit der Schwester über Frau N.s Vorliebe, in der Küche zu helfen. Wir bereiten einen Nachtisch für das Abendbrot zu. Das ist jedenfalls das Vorhaben. Frau N. steht da, ihre Schultern nach vorne gezogen, sie bleibt stumm, schaut mich an. Sie zieht scharf die Luft ein. Ich hole ihr einen Stuhl und Frau N. setzt sich auch auf diesen. Sie schaut mir zu, wie ich die Zutaten herrichte, die Schüsseln aus den Schränken nehme, und scheint zufrieden zu sein. Ich gebe es heute endgültig auf, mit ihr den Nachtisch zu ‚erarbeiten': Bildkarten in eine Leiste stecken, streng nach dem Handlungsablauf geordnet, mein Tun verbalisierend. Ich erzähle ihr stattdessen, dass dieser Nachtisch ein Rezept meiner Großmutter war, gebe ihr währenddessen eine Schüssel in die Hand, presse die Zitronen aus, erzähle weiter und lege ab und an die zubereiteten Zutaten in die Schüssel. Frau N. schaut mir aufmerksam zu, sie ist ganz ruhig, aber gespannt. Ich habe seit längerer Zeit zum ersten Mal den Eindruck, dass sie ganz ‚bei der Sache' ist, aufmerkt, sich in der Welt, in der sie nun gerade ist, in der Küche, umschaut." (Tagebuchnotiz Stinkes)

„Frau N. sitzt in der Hänge-Schaukel im Emma-Lindner-Haus. Ich habe den Eindruck, sie genießt die Bewegung, das Schaukeln, und da ich heute scheinbar wenig Kontakt zu ihr bekommen kann, gebe ich meine Handlungsabsichten auf und stelle mich ihren Absichten zur Verfügung: Frau N. will schaukeln. Also bewege ich die Hänge-Schaukel und summe ein kleines Lied dazu. Vorher habe ich den Fernseher, in dem ein alter Heinz Rühmann-Spielfilm stumm und ohne Ton lief, ausgeschaltet, ebenso das Radio, das parallel zum Film laut Popmusik in den Raum powerte. Die Putzfrau hantiert laut im Hintergrund mit den Putzgeräten herum. Frau N. war allein im Wohnzimmer der WG, saß in der Hänge-Schaukel, als ich an diesem Montag ankam. Sie wirkt auf mich, wie ‚irgendwo', aber nicht dort, wo sie leiblich gerade ist. Nach einer Weile des Schaukelns, stoppt sie selbst mit den Füßen ab und sieht mich unverwandt an. Sie sitzt sehr gerade und schaut mich an, legt

ihre Hände auf ihre Knie und dann geschieht nach einer langen halben Stunde etwas sehr Erstaunliches: Frau N. reicht mir sehr zaghaft ihre rechte Hand als deutliches Zeichen, dass ich ihr helfen soll, aus der Hänge-Schaukel heraus zu kommen. An diesem Tag sitzen wir gemeinsam in der Küche und trinken Saft, wir gehen gemeinsam durch die WG und ich schaukele sie in der Hänge-Schaukel. Frau N. wirkt sehr frei, sehr gelöst, entspannt. Sie lautiert, lächelt, schaut mich an." (Tagebuchnotiz Stinkes)

Es ist nicht immer leicht zu begreifen, dass alles, was wir vom Anderen sehen, erahnen, erträumen und wünschen und selbst das noch, was wir nicht in Betracht ziehen, Resultat der eigenen und der Verhaltensmöglichkeiten des Anderen sind. Es ist ein Feld von Verhaltensmöglichkeiten, in welchem gemeinsame Situationen eingebettet sind, die gemeinsamen Sinn stiften, Bedeutung haben, aber nicht von allen Beteiligten mit gleichem Sinn versehen werden müssen. Daraus folgt nicht nur, dass Situationen per se sozialer Sinn sind, sondern ebenso, dass Situationen als solche gedeutet – und das meint: als bedeutsam wahrgenommen und/oder inszeniert - werden müssen.

Das Interessante der oben beschriebenen Situationen liegt darin, dass Frau N. wie ‚blind' auf diese Situationen im Kontext ihrer Möglichkeiten reagiert. Sie realisiert sich durch ihre Art, leiblich-sprachlich mit den Dingen und Menschen, die sie umgeben, umzugehen, ihnen zu ‚antworten'. Es sind Situationen, in denen kaum unterscheidbar war, wer was zur Situation beisteuerte. Daher interessiert hier das Wie und Worauf des leiblichen Antwortverhaltens. Es ist ein Folgen auf Wegen, die jeweils andere bahnen, und zwar in Worten, Gesten, durch Bewegungen und Laute. Dieses Engagement in Situationen ist ein Eingenommensein von der Situation und eine Inanspruchnahme durch die Situation. Sinnlich sind die Akteure beteiligt an dem Geschehen. Dabei geht es also – und dies ist bedeutsam –nicht darum, zunächst einmal Frau Anni N.s ‚Innenwelt' zu erschließen, die vorgeblich unsichtbar ‚hinter' der Situation oder ‚in ihr' verborgen liegt, sondern um ein ‚antwortendes' Verhalten in Situationen und auf Situationen.

„Sie läuft herum, schaut sich um, schaukelt, so dass mir nur bleibt, hinter ihr herzugehen, sie einzuholen, neben ihr zu gehen, oder aber sie sieht derart eindeutig in eine andere Richtung, dass der

Wunsch, ich möge doch nicht anwesend sein, deutlich wird. Gestern noch war sie sehr zugewandt, heute ist sie auf eine mir unverständliche Weise ‚irgendwo' .... (Tagebuchnotiz Stinkes)

Der Sinn stellt sich ein, und zwar genau dann, wenn ich selbst das Naheliegende zu erfassen versuche – was meist gerade nicht eine Leistung des Nachdenkens sein muss – er ist sozusagen in der Situation verborgen: *„...heute ist sie auf eine mir unverständliche Weise ‚irgendwo'...“.* Ich nehme einen Sinn wahr, so gut dies aus der Position oder Perspektive, in der ich mich befinde, möglich ist, was übrigens in derselben Weise für Frau N. gilt. Es erscheint wichtig für das Verständnis unserer leiblichen Resonanzen, nicht wirklich zu wissen, was die jeweils andere will, und manchmal können wir auch nur erahnen, wohin die Dinge sich entwickeln. Die Ereignisse mit Frau Anni N. als klares, lineares Nacheinander wiederzugeben, wäre daher verfehlt. Sinn als sozialer Sinn verstanden, ist nicht etwas, das nur als Form einer klaren, transparenten Absicht auftaucht. In jedem Moment des Zusammenseins mit Frau N. ereignet sich sozialer Sinn, der von ihr und mir getragen wird. Wir verändern uns, haben mehr oder weniger Möglichkeiten miteinander, ändern unsere Positionen: Ihre Verhaltensweisen wirken passend/unpassend, sind Resonanzen auf ihre Lebenssituation(en), auf die Bezugsbetreuerinnen, auf mich innerhalb einer gemeinsamen Situation und umgekehrt. Sie provoziert mich zu Aktionen, zu Verhaltensweisen und Worten, *die ich nur durch sie und mit ihr zustande bringe*. Es scheint unnötig zu sagen, dass dasselbe für Frau Anni N. Gültigkeit hat, aber es ist notwendig, weil zu oft innerhalb der Betreuung das Verstehen ihres Verhaltens abhängig gemacht wird von dem Verstehen ihres Sinns. Aber das Einlassen auf ihre Position ist verbunden mit dem *Ergriffenwerden* von der Tragödie ihres Lebens, ihrer tiefen Wunde, ihrem Schmerz, was voraussetzt, dass man bei sich selbst um die Möglichkeit der Vulnerabilität ‚weiß'. Dies heißt, dass in ihre Möglichkeit sich zu äußern, immer schon die Bedeutung meiner Möglichkeit mit einfließt, ohne dass wir deshalb ein identisches Sinnerleben hätten:

„Ich fahre mit Frau N. in meinem PKW zu mir nach Hause. Wieder kochen wir gemeinsam. Dann essen wir. Sie sitzt neben mir am Tisch. Ich sitze rechts von ihr, um ihr eventuell beim Führen der Hand problemlos behilflich sein zu können. Frau N. freut sich,

wenn es Tortellini und Salat zu essen gibt. Beide Gerichte gehören zu ihren Lieblingsgerichten. Da dies auch meine Lieblingsgerichte sind, sitzen wir beide sehr entspannt am Tisch und wie immer habe ich die Zeitung auch bei der Hand und erzähle ihr, was in der Welt passiert ist. Sie isst eigenständig. Manchmal muss ich ihr die Hand leicht führen, damit sie aus der Erstarrung (= Einfrieren der Bewegung aufgrund des medikamenteninduzierten Parkinsonismus) herauskommt. Ein leichtes Anstoßen genügt, so dass sie die Bewegung selbst zu Ende führen kann. Manchmal aber habe ich den Eindruck, dass sie ihre Führhand sehr bewusst unter den Tisch zieht, weil sie ‚gefüttert' werden möchte, so wie sie es aus dem Emma-Lindner-Heim gewohnt ist. Ich tue dies gemeinsam mit ihr. Es ist eine sehr entspannte Situation für uns beide. Als ich sie später wieder in die WG ins Heim fahre, schaukeln wir gemeinsam in ihrem Schaukelkorb. Ich fühle mich wohl, wie schon lange nicht mehr, und Frau N. schaut mich permanent an, wieder weg, an, wieder weg. Sie lächelt." (Tagebuchnotiz Stinkes)

Gemeinsam geteilte Situationen haben einen konkret zu erfahrenen Sinn, der jedoch nicht für sie und für mich identisch sein muss. Miteinander zu sein bedeutet nicht, dass wir uns in gleicher Weise zu etwas verhalten müssen. Es liegt nach meiner Meinung darin, dass das, wozu Frau Anni N. und ich uns verhalten, dasselbe ist, denn dann kann das Verhalten von ihr und mir sehr verschieden sein, ohne dass wir unsere Gemeinsamkeit aufgeben. Das Gemeinsame ist daher kein objektiver Sinn, sondern eine *Ausdrucksgestalt*[3] einer leiblichen oder sprachlichen Äußerung selbst, die ihre Sinnimplikationen mit sich führt, in denen wir uns sozusagen in jedem Moment neu einrichten.

Wenn eine gemeinsame Erfahrung erzählt wird, dann ergibt es wenig Sinn, wenn der andere Mensch als eine Art Stimulus-Geber für eine Erfahrung in der Erzählung auftaucht. Letztlich käme dies einem Zaubertrick gleich, bei welchem ein Kaninchen aus dem Hut gezaubert wird, das

3 Der Begriff ‚Ausdruck' neigt zur Missinterpretation: Hier ist nicht der leibliche Ausdruck gemeint als Ausdruck von etwas Innerem. Im Gegenteil: Leiblichkeit meint ekstatisch sein oder sozial sein, und zwar in einem Sinn, wie dies vergleichbar wäre mit Bourdieus ‚Habitus'-Begriff. Es drückt eine existentielle Bezogenheit zur Situation, zu Lebenslagen, zur Lebensgeschichte etc. aus.

vorher schon drin war. Alternativ geht es hier daher um den Versuch, die Erfahrung als eine Art leibliche Zwischensphäre[4] auftauchen zu lassen, so dass ein Zusammenwirken der Akteure deutlich wird. Es geht nicht um Typisierung und Generalisierung, sondern um die Erzählung als Bewegung der Differenzierung, in dem ‚Eigenes' und Fremdes sich ständig modulieren. Also um eine Erfahrung der Erfahrung. Es geht – wenn man dem Ideal der Exaktheit objektiver Daten zusprechen würde – um die im Grunde von vorne herein vergebliche Mühe der Erzählung einer intersubjektiven Erfahrung (im Sinne von: *inter nos amamus*; vgl. Meyer-Drawe 1984, S. 130f.). Phänomenologie kann als eine Optik, als Philosophie der Erfahrung, beschrieben werden, bei der etwas immer als etwas in unserer Erfahrung, im Tun und Handeln und im Denken erscheint. Etwas als etwas – dies meint, dass wir immer etwas in einer bestimmten Perspektive oder Hinsicht (hin-sehen) erfahren. Es ist ein präreflexiver Zugang, der eine gemeinsam geteilte Anwesenheit in einem Feld bzw. Lebenswelt (hier: Wohnheim) voraussetzt (vgl. Pfeffer 1988; Fornefeld 1989; Lippitz 1980), und damit bin ich in dieser Studie als responsive Existenz in das Feld verstrickt, das ich untersuche.

Es ist hier das zentrale Anliegen, diese Verstrickungen in das Feld nicht zu leugnen. Dazu gilt es, die präreflexive Verwobenheit mit der Welt in einem ersten Schritt anzuerkennen. Und dies geschieht dadurch, dass von meinen Erfahrungen im Feld ausgehend diese (so wie sie mir als etwas erscheinen) beschrieben werden. Dazu Pascal Mercier (Mercier 2008, 34f.):

> „Von tausend Erfahrungen, die wir machen, bringen wir höchstens eine zur Sprache, und auch diese bloß zufällig und ohne die Sorgfalt, die sie verdiente. Unter all den stummen Erfahrungen sind diejenigen verborgen, die unserem Leben unbemerkt seine Form, seine Färbung und seine Melodie geben. Wenn wir uns dann, als Archäologen der Seele, diesen Schätzen zuwenden, entdecken wir, wie verwirrend sie sind. Der Gegenstand der Betrachtung weigert sich stillzustehen, die Worte gleiten am Erlebten ab, und am Ende stehen lauter Widersprüche auf dem Papier. Lange Zeit habe ich geglaubt, das sei ein Mangel, etwas, das es zu überwinden gelte.

[4] Ich beziehe mich auf die Ausführungen von Waldenfels „Der Stachel des Fremden" (1990).

> Heute denke ich, dass es sich anders verhält: dass die Anerkennung der Verwirrung der Königsweg zum Verständnis dieser vertrauten und doch rätselhaften Erfahrungen ist. Das klingt sonderbar, ja eigentlich absonderlich, ich weiß. Aber seit ich die Sache so sehe, habe ich das Gefühl, das erste Mal richtig wach und am Leben zu sein. (…).
> Wenn es so ist, dass wir nur einen kleinen Teil von dem leben können, was in uns ist – was geschieht mit dem Rest?“

Alle Beispiele (Tagebuchnotizen, etc.) zeugen davon, dass sie in einer gewissen Weise eine ästhetische Prägnanz[5] haben (vgl. Meyer-Drawe 2021, S. 22 unter Bezug auf Gabriel 2019, S. 11ff.) (a) und damit die gelebte Welt weniger als eine gedachte als eine ästhetisch prägnante Welt vorstellbar machen. Auch wenn die Beispiele interpretiert und analysiert werden, wird auffallen, dass Überschüsse bleiben (b). Dies ist kein Mangel, sondern eine bewusst gewollte Form der Bedeutungszuschreibung. Die Deutungen sind offen, nicht abschließend, weil der produktive Gehalt der Deutung bestehen bleiben soll. Produktiver Gehalt meint die Wahrung eines ‚Mehr‘ dessen, was in einer beschriebenen Erfahrung zum Ausdruck kommt. Nun ist diese beschriebene Erfahrung ein Prozess oder eine Bewegung, weniger eine Fest-Schreibung. Der Unterschied ist wesentlich, weil die Haltung der Fest-Schreibung einer Erfahrung dazu verführt zu vermeiden, die Haltung des „so-ist-es(-gewesen)“ einnehmen zu können. In dieser Haltung geht es um Ergebnisse, die von jedermann zu jederzeit überprüfbar sind. Man kann diese Haltung einnehmen, aber es ist nicht die Haltung, die hier eingenommen wird. Hier soll die beschriebene Erfahrung geradezu das Gegenteil beinhalten: Sie soll die Lebendigkeit, die Vieldeutigkeit, die Überschüsse, das Fungieren des Unbewussten und die Bewegung der (responsiven) Erfahrung[6] offenhalten. Und dies ge-

[5] Ich beziehe mich mit diesem Ausdruck absichtsvoll auf die Ausführungen von Käte Meyer-Drawe (2021) und damit auf das szenische Verstehen und die Vignettenforschung (vgl. Agostini et al. 2017), die sich auch an Günther Bucks Überlegungen zum Zusammenhang von Lernen und Erfahrung (vgl. Buck 1989/2019) auseinandersetzend anlehnt (vgl. dazu auch das Vorwort von Malte Brinkmann in Buck 1989/2019, S. VII–XX).

[6] Vgl. dazu Agostini 2016; Baur und Schratz 2015; Beekmanm 1982; Brinkmann et al. 2015; Brinkmann 2017; Buck 1989/2019; Danner 1989; Meyer-Drawe 2008, 2003; Schratz et al. 2012.

schieht keineswegs naiv, so als bräuchte man nur gut genug hinzuschauen, um das, was es zu sehen gibt, zu sehen. Es gilt vielmehr, die beschriebene Erfahrung *als etwas* aufzufassen, das etwas Prägnantes aufzeigt, das über sich hinausweist. Das Aufzeigen (hier im Sinne von Deutung) des Bedeutsamen erfolgt *nach* der Beschreibung der Erfahrung. Sie erfolgte im Forschungsprojekt durch die dialogische Rücksprache/Reflexion mit den Forschungsmitgliedern, wodurch unterschiedliche Sichtweisen der beschriebenen Erfahrung bzw. der Nutzung der hier in Tagebuchnotizen vorkommenden Beispiele zu Tage treten. Dieses Ergehen nähert sich dem Verständnis einer „romantischen Wissenschaft" nach Lurija an und damit auf das szenische Verstehen und die Vignettenforschung (vgl. Agostini et al. 2017), die sich auch an Günther Bucks Überlegungen zum Zusammenhang von Lernen und Erfahrung (vgl. Buck 1989/2019) auseinandersetzend anlehnt (vgl. dazu auch das Vorwort von Malte Brinkmann in Buck 1989/2019, S. VII–XX). Lurija hat zwei Portraits realer Personen vorgestellt (Gedächtniskünstler und Amnesist), denen er als seine Patienten begegnete und die er auch begleitete. Diese Krankheitsgeschichten bezeichnet er dennoch als Romane, um durch Zuordnung zu dieser Textgattung eine poetologische Kategorie zu verdeutlichen. Dadurch zeigt er auf, dass einem (dominanten) Zugriff auf die erfahrene Wirklichkeit Grenzen gesetzt sind bzw. auch umgekehrt die Kunst als andere Form der Erkenntnis in die Wissenschaft hineingehört: als „Kunst des Beschreibens" (Lurija 1982/1993, S. 10)[7]

> „(…) Romantiker in der Wissenschaft haben weder das Bedürfnis, die lebendige Wirklichkeit in elementare Komponenten aufzuspalten, noch wollen sie den Reichtum der konkreten Lebensprozesse in abstrakten Modellen darstellen, die die Phänomene ihrer Eigenheiten entkleiden. Ihre wichtigste Aufgabe sehen sie darin, den Reichtum der Lebenswelt zu bewahren, und sie erstreben eine Wissenschaft, die sich dieses Reichtums annimmt" (Sacks 1982/1993, S. 9).

[7] Vgl. dazu die Dissertation von Dietrich (2001): Vom Ansehen der Dinge. Die Camera Obscura als Mittel und Medium in der Lerntätigkeit. Eine vergleichende qualitative Studie mit Jugendlichen in Brasilien und Deutschland. Oberhausen.

Phänomenologie kann daher verstanden werden als ein Sehen-Lernen der Welt (vgl. Merleau-Ponty 1966/1974, S. 18). Vorschneller Romantik sei dennoch Einhalt geboten: So gut es klingen mag, Neu- oder Anders-sehen-lernen zu können, so sei davor auch gewarnt, wenn man wie Odysseus, der fremde Meere durchschiffte, nur um wieder bei sich selbst anzukommen, das Sehen-Lernen versteht. Das Sehen-Lernen der Welt in phänomenologischer Manier führt uns nicht zu uns zurück, sondern an Leerstellen heran, an Untiefen und Abwesenheiten, und zeigt stetig differenzierende Strukturen auf. Daher findet es keinen Halt in der Generalisierung, Typisierung, dem abschließbaren Zurückgehen durch Reflexionen auf einen letzten Grund, weil jede Erfahrung von etwas als etwas eine intersubjektive Erfahrung ist. Wenn etwas *als* etwas auftaucht, dann ist unmittelbar verständlich, dass zwischen dem ersten *Etwas* und dem zweiten als *Etwas* eine Differenz („*als*") lauert, die eine Leerstelle markiert, eine Anwesenheit der Abwesenheit, ein Entzug wie Überbordendes. Leiblich zu existieren beinhaltet die Anerkennung eines Unbewussten oder der opaken Seite eines intersubjektiven und antwortenden Verhältnisses, das wir zu uns, zu anderem und anderen unterhalten. Deshalb der Erfahrung eine mindere Rolle zuzusprechen, wäre töricht. *Denn im strengen Sinn wird der Raum der Vernunft erweitert statt verengt, weil ein verdanktes Denken möglich wird.*

Diese Abhandlung dreht sich um das grundlegende Verständnis leiblichen Antwortverhaltens oder anders: um eine existentielle Antwortlichkeit menschlichen Seins oder mit einem anderen Begriff – um *Responsivität*. Bernhard Waldenfels hat das Konzept der Responsivität in die Philosophie eingebracht und mit dem deutschen Begriff der Antwort in Verbindung gesetzt (vgl. insbesondere Waldenfels 1994, 2019; Busch et al. 2007; U 2007).[8] Antworten können wir in vielfältigen Registern und Formen (vgl. Waldenfels 1994). Keinesfalls bleibt das Antworten auf die Sprache beschränkt oder auf ein Frage-Antwort-Schema. Wir antworten in körperlichen Zeichen und Gesten und verfügen über ein leibliches Responsorium unseres Verhaltens und Handelns in der Welt.

[8] Mit dem Konzept der Responsivität knüpft Bernhard Waldenfels nicht nur aber an die Ausführungen des Mediziners Goldstein an (vgl. Waldenfels 2019, S. 256), dessen Werk „Der Aufbau des Organismus" 1934 erschienen ist und seit 2014 von Thomas Hoffmann und Frank W. Stahnisch (1934/2014) neu herausgegeben wurde.

> „Die Pointe besteht kurz gesagt darin, dass das Antworten als solches anderswo beginnt“, schreibt Waldenfels (2019, S. 255).

Die Initiative oder der Auslöser für die Antwort beginnen bei anderem oder anderen. Ich bin von etwas berührt, provoziert bzw. affiziert und antworte darauf, selbst wenn ich meine Antwort verweigere oder das Antworten äußerst schwerfällt bzw. gar unmöglich ist. Allerdings sollten wir all jene Situationen beachten, in denen Menschen nicht antworten können und diese nicht bagatellisieren durch die Aussage, man könne nicht nicht antworten. Denn man kann sehr wohl nicht antworten können (bspw. Stupor oder Locked-in-Syndrom).

Mit dieser Sichtweise wird versucht, dem anderen Menschen als *Fremden* Raum zu geben, da das, worüber wir reden von ihm/ihr herrührt. Fremd kann etwas sein, was außerhalb des Eigenen vorkommt und nicht selten personifiziert wird. Fremd ist etwas, was einem anderen zugehört und fremd ist, was fremdartig erscheint (vgl. Busch et al. 2007, S. 22; Waldenfels 2006; Ricken 2006; Stinkes 1998). Fremdheit meint eine paradoxe Abwesenheit in der Anwesenheit; eine Art von Entzug. Etwas ist anwesend, indem es sich entzieht. Fremdheit meint keinen Mangel an Realisierungsmöglichkeiten oder Verhaltensweisen, kein irgendwie zu bezeichnendes Defizit und keine Abweichung von einer Norm (Erkrankung, Behinderung etc.). Als ein Begriff, der einen Entzug meint oder eine Art von Leerstelle, bezieht er sich auf die Dimensionen der Ordnung, des Selbst und des Anderen als außerordentliche Erfahrung meiner selbst oder des anderen Menschen. Diese außerordentliche Erfahrung lässt sich durch keine noch so raffinierte Zurichtung aufheben.

Wenn meine Antwort vom Fremden oder Anderen herrührt, dann kommt etwas ins Spiel, das sich meiner Beteiligung entzieht: ein Betroffen-, Berührt-, Angesprochen-, Aufgefordert-Sein vom *Anderen her*. Waldenfels beschreibt diesen Umstand als „Pathos“ (vgl. Waldenfels 2019, S. 258), um den Charakter des Widerfahrnisses als etwas, das ich nicht in der Hand habe, hervorzuheben. Damit rückt weniger das, was man antwortet, in den Fokus, als das Worauf und Wie. „Zwischen dem Worauf des Antwortens und dem Was und Wie unserer Antworten besteht eine responsive *Differenz*, die Raum lässt für Erfindungen und auch für das Wirken des Unbewussten“ (ebd.), formuliert Waldenfels und akzentuiert damit, dass sich die gegebene Antwort nicht deckt mit dem Geben der Antwort (dem ‚Dass‘ des Antwortens).

„I-da, I-da, I-da, I-da, I-da, I-da, I-da, I-da, ... Anni ruft nun schon seit Tagen und mit nur kurzen Unterbrechungen nach ihrer Schwester. Sie ist sehr bewegungsaktiv. Dabei streckt sie den rechten Arm von sich, öffnet die Handinnenfläche der rechten Hand, die nach oben zeigt und dreht ihren Kopf zur Hand, als würde sich in der Handinnenfläche der Ruf nach ihrer Schwester verkörpern. Zwischenzeitlich geschieht es, dass dieselbe Geste mit einem ‚stummen Schrei', der mich zutiefst berührt, verbunden wird..." (Tagebuchnotiz Stinkes)

Frau Anni N. hat einen über Jahre dauernden und schleichenden Kontaktabbruch der Familie erfahren, den Verlust von Bindung und Beziehung, von kommunikativen und sozialen Potenzialen und von Teilhabe an der Gemeinschaft/Gesellschaft. Unter dem Fokus der Responsivität könnte die Frage gestellt werden: Worauf antwortet ein Mensch angesichts der Dramatik des Abbruchs kommunikativer und sozialer Möglichkeiten? Frau N. lebt seit 1964 ohne Bindung oder Beziehung zu einem Menschen aus ihrem Lebensumfeld. Lediglich die schmerzhafte Erinnerung an die Bindung zur Schwester Ida ist ihr machtvoll, ihr Leben mitbestimmend, geblieben. *Worauf* sie antwortet in ihrem Ruf nach der Schwester (das Fehlen der Schwester; um Hilfe durch ihre Schwester etc.?) unterscheidet sich von dem, *was* sie ruft: ein langgezogenes ›I‹ und dann ein ›da‹, wobei sie zugleich mit der rechten Hand (scheinbar) auf den leeren Platz an ihrer Seite verweist. Der Eindruck entsteht, als würde sie ihre Schwester auf den Platz an ihrer Seite rufen. Gleichzeitig verstummt(e) sie partiell und antwortete dem anderen Menschen nicht mehr sprachlich im Sinne des Formulierens eines ‚Ja' oder ‚Nein'. Erst als ein sicherheitsspendender und ihr die Kontrolle über Teile ihres Lebens wiedergebender Bezug zu einem Menschen hergestellt wurde, antwortete sie wieder.[9]

„Anni hat das Mittagessen beendet und ich frage sie: ‚Gleich kommt der Bus, der dich in die Förderstätte bringt – möchtest du deinen Anorak anziehen? ' Ich lege meine Hand auf ihre Schulter und flüstere nun nochmals ruhig: ‚Möchtest du deinen Anorak anziehen? – Verstehst du mich? - Möchtest du deinen Anorak anziehen? '. Pause. Wieder flüstere ich ihr die Frage ins Ohr. Anni at-

[9] Vgl. hierzu das Kapitel: Verstummen und Sprechen

met hörbar laut aus und ein, ihr Kopf bewegt sich hin und her, sie schaut mich an und wieder weg. Ich wiederhole meine Frage, während meine Hand immer noch auf ihrer Schulter liegt: ‚Möchtest du deinen Anorak anziehen?' Anni atmet erneut laut ein und aus, schaut mich an und wieder weg und sagt dann leise, aber deutlich, zwischen zwei Atemzügen: ‚Ja'." (Tagebuchnotiz Stinkes)

2 Lebenserzählung(en) über ein anderes Leben

Wandern in fremdem Gelände

Es gibt eine Vergangenheit für jeden, die stets präsent ist, wenn auch manchmal nur im Verschwiegenen und im Unbewussten. Manchmal werden Entscheidungen über das eigene Leben in anderen Leben getroffen. Manchmal jetzt, manchmal vor langer Zeit, einer Zeit, an der man nicht beteiligt war. Etwas schlummert dort, bis es weitergegeben wird, etwas Gutes oder vielleicht weniger Gutes, das nicht aus der Welt will und unsichtbare und sichtbare Wunden schlägt. Man selbst bleibt in dieser Hinsicht für sein eigenes Leben auf mindestens einem Auge blind. Darum brauchen wir ebenso sehr jemanden, der unseren Geschichten über unser Leben zuhört, wie wir jemanden brauchen, der uns unser Leben erzählen hilft.

Um zu verstehen, warum sich ein Mensch in bestimmten Lebenssituationen wie verhält, müssen wir die Prozesse der Entstehung, des Aufrechterhaltens und auch der Veränderung rekonstruieren. Wir nehmen konkrete Lebenssituationen (verhalten und handeln) wahr, beschreiben und reflektieren sie in einem Gesamtzusammenhang vergangenen und gegenwärtigen Lebens.

Wir rekonstituieren (Sinn einsetzen), was verloren gegangen war: der Sinn eines gewordenen und auf Zukunft hin ausgerichteten Lebens.

Lebenserzählungen können Typiken aufweisen, wenn z. B. der Stil, mit Dingen umzugehen, sich als typisch für eine bestimmte Kohorte etc. erweist (vgl. Rosenthal 2002). Diese Typiken erleichtern, weil sie mit einer gemeinsamen Sprache über etwas als etwas reden. Allerdings gehört zur Typenbildung, dass man vergleicht, und der Vergleich wiederum basiert auf einer Abstraktion, die das unvergleichliche einzelne Leben in seiner ganzen Komplexität, Bruchhaftigkeit, Widersprüchlichkeit und dem darin enthaltenen Unthematisiertem ‚normiert‘ und auf einen Vergleich hin orientiert. Das wird hier ausdrücklich nicht beabsichtigt. Es geht hier um das Verstehen eines individuellen Lebens – wobei damit ausgedrückt ist, dass dies immer zugleich ein soziales oder von Sozialität durchzogenes Leben ist. Es geht um eine biografische Rekonstruktion mit dem Ziel des Verstehens von Handlungen einer Person in der Gegenwart und der Entwicklung einer Perspektive für/mit dieser Person. Damit geht es um eine retroperspektivische Haltung, eine Optik, die lebensgeschichtliche Erzählungen von Menschen über Menschen befragt. Im Grunde geht es um ein Etwas (Lebensgeschichte), das als Etwas (Rekonstruktion) in einer bestimmten Perspektivität (Optik des anderen) befragt wird. Das ist insofern ein schwieriges Unterfangen, als die Rekonstruktion einer erzählten Lebensgeschichte durch einen anderen immer die Frage mit sich trägt: „Warum konstruiert Person X das Leben des Anderen, über die sie/er erzählt so, wie es erzählt wird“? Da es sich in diesem Fall um die Schwester Ida T. handelt, die über ihre Familie und ihre Schwester Anni N. erzählt, der die Sprache ‚abhanden‘ gekommen ist, haben wir es mit einem subjektiven und erzählten Erleben zu tun. Das ist nun insofern interessant, weil hier zwar davon ausgegangen wird, dass die Erzählungen über das Leben ‚rekonstruiert‘ sind, d. h. erfunden aus den Kontexten der eigenen Sichtweisen, den ‚heimlichen‘ kulturellen, institutionellen und sozialen Regeln heraus, die vorgeben, worüber wer wann wie sprechen darf (hier: in einer Familie). Und das könnte nun grundsätzlich zu einer Problemstellung werden, wenn man konstatiert, dass eine Perspektive ausschließlich etwas Subjektives und damit die Wirklichkeit Vereinseitigendes und Verzerrendes sei. Das aber ist nicht die Haltung, die hier eingenommen wird.

Frau Anni N. verfügte lediglich über eine Fotografie mit ihren Angehörigen, es gab keine Dokumente über ihr bisheriges Leben, keine ärztlichen Berichte, Akten etc. Sie selbst besaß keine Gegenstände, die sie an ihr bisheriges Leben erinnert hätten. Lediglich wenige, in der Akte des Emma-Lindner-Wohnheims befindliche Notizen verwiesen auf eine Vergangenheit von Frau Anni N., die jedoch aufgrund der Bruchstückhaftigkeit der Notizen im Dunkeln blieb. Auch stellte sich erst durch intensive Recherche heraus, dass Frau Anni N. mehrere Geschwister hat, von denen letztlich nur eine Schwester zu lediglich zwei narrativen Interviews bereit war. Die Grundfrage für die narrativen Interviews lautet: „Bitte erzählen Sie aus Ihrer Sicht die Geschichte von Anni und ihrer Familie“.

Die Haltung sollte ein Erzählen-Lassen beinhalten, damit die Schwester von Anni N. möglichst ihre Version der Geschehnisse ausführen kann und nicht durch Zwischenfragen der Interviewerin anders gelenkt wird. Das Problem besteht darin, dass keine anderen Quellen zur Verfügung stehen, so dass der historisch-soziale Kontext der Entstehung der Lebensgeschichte nur vermutet werden kann. Welche Bedeutung biografische Erlebnisse einst für Personen hatten, wie sie in eine Art Erfahrungsarchiv eingeordnet wurden und dann in der Gegenwart präsentiert werden, hängt mit sozialen, kulturellen und institutionellen Regeln zusammen. Dies ist umso bedeutsamer, als genau diese Regeln eine Art ‚Rahmen' darstellen für die Artikulation, die Kommunikation über biografische Erlebnisse. Rosenthal (2005b, S. 8) bemerkt dazu, dass dieser Umstand, vermittelt über die je subjektiven Definitionen der Situation, das Thematisierte wie das Nichtthematisierte, das Interview mitbestimmt. Insofern kommt der Definition der Situation mit der Schwester von Anni N. durch die Interviewerin eine entscheidende Rolle zu. Es muss klar sein, dass die Interviewerin wesentlich mitbestimmt, was, wie, wann von der Interviewten thematisiert werden darf und kann und was nicht. Es sind ‚hinter dem Rücken' (vgl. Rosenthal 2005b) der Akteure wirksame Regeln, die in dem narrativen Interview eine gewichtige Rolle spielen. So wird im Interview mit der Schwester von Anni N. deutlich, wie schwer es ist, ein in der Vergangenheit (unthematisch) wirkendes Schweigen über familiäre Geschehnisse in der Gegenwart aufzulösen, so dass man in der Gegenwart plötzlich mit Regeln konfrontiert wird, die aus der Vergangenheit stammen. Das hat Auswirkungen auf geschilderte Interaktionen und Handlungen der Personen in der Erzählung. Diese Regeln werden in der geschilderten Lebensgeschichte aufgespürt. Sie führen an vielen Stellen der Erzählung zu Brüchen. Die biografische Rekonstruktion der Lebensgeschichte von Anni N. ist nur ein Teil des Verstehens-Versuchs: Aufwendige Recherchen zur Person Anni N., ein umfängliches Studium der Fachliteratur zur Wirkweise von Neuroleptika und anderen Daten um ihre psychischen Erkrankungen, flankierten das Interview mit der Schwester von Anni N. Neben den lebensgeschichtlichen Daten werden auch andere, für die Rekonstruktion der Lebensgeschichte von Anni N. wichtige Quellen herangezogen. Diese sind vom Interviewtext unabhängig, aber die generierten Hypothesen sollen auch die lebensgeschichtlich bedeutsamen Ereignisse berücksichtigen, die von der Schwester von Anni N. nicht erwähnt wurden. Es sind Hypothesen über die Bedeutung des Erzählten. Sie werden in einem weiteren Schritt an den Aussagen im Interview überprüft, ggf. erweitert, ergänzt und widerlegt. Daher tauchen immer wieder Fragen und Deutungen auf, die nach dem Nichtthematisierten fragen. Hier werden die Perspektiven (Schwester, Anni N.s Körpersprache, Betreuerinnen, Mediziner etc.) wechseln, der die jeweiligen Verhaltens- und Handlungsweisen, die Lebensgeschichte von Anni N. in ein anderes Licht stellt. Es wird hier nicht davon ausgegangen, dass diese Perspektiven ‚nur' subjektiv sind: sie stellen die Dinge jeweils in ein anderes Licht, verändern Verhältnissetzungen, bestimmen den nächsten einzunehmenden Standort neu. Und natürlich ist das, was ich sehen kann, abhängig vom Ort, an dem ich mich befinde, von meiner (veränderten) Position. Daher ist das von Berger (2005) benutzte Sprachbild einer ‚Reise' durch Täler und über Höhen etc. nicht abwegig. Ähnliches formuliert Kastl:

> „Denken wir uns den Raum, durch den diese Bewegung ihren Weg nimmt, recht konkret: mit Landschaften und Orten, mit anderen Menschen, mit Bergen, Wäldern und Sümpfen, Städten, Straßen und Pfaden, mit Anstiegen und Abstiegen oder mit weiten Ebenen. Denken wir uns das Individuum in diesen Weg hinein, unterstellen wir eine recht lange sozusagen nomadische Wanderungszeit. Denken wir uns selbst als Wissenschaftler ruhig auch in diese Landschaft hinein: Wir begegnen dem Individuum an einer bestimmten Stelle mit dem Ansinnen, mit ihm gemeinsam seinen zurückgelegten Weg zu rekonstruieren und zu charakterisieren und es über seinen mutmaßlichen weiteren Weg zu befragen, (…) vielleicht sogar diejenigen zu befragen, die einen Teil seines Weges mit ihm zurück gelegt haben" (Kastl 2009, S. 69).

Als Wissenschaftler sind wir angehalten, die einzelnen Perspektiven der unterschiedlichen Menschen und Institutionen miteinander abzugleichen und als ein (durchaus auch brüchiges) Gesamtbild einer biografischen Analyse einzuordnen. Es gilt sich bewusst zu machen, dass man nie mit Gewissheit die Frage nach dem wirklichen Verlauf der Geschichte wird beantworten können; wenngleich wir auch nicht davon ausgehen, dass Vergangenheit eine „freischwebende, sich selbst tragende Konstruktion" (Schimank 1988, S. 65) ist. Stattdessen scheint es produktiver zu sein, sich darauf zu konzentrieren, was und wie etwas erzählt wird, so dass eine Art Struktur oder Residuum erkennbar wird. Dies gilt nicht nur für die erzählte Biografie, sondern, wie Kastl im Anschluss an ein Zitat Meads feststellt, ebenso für die vorliegenden Dokumente, Erinnerungen etc. Sie sind immer perspektivisch gebrochen wobei dies ihrer Objektivität keinen Abbruch tut. „Alle subjektiven Relationen sind ebenso gut in objektive Relationen (..) übersetzbar; (…) wir müssen uns nur von dem Gedanken trennen, Perspektiven seinen »Verzerrungen von irgendwelchen vollkommenen Strukturen oder Selektionen des Bewusstseins aus einer Gegenstandsmenge, deren Realität in einer Welt der Dinge an sich zu suchen sind«. Perspektiven sind vielmehr: wirklich, objektiv“ (Kastl 2009, S. 57).

- In der vorliegenden Studie wird nach der familiären Lebensgeschichte in ihrer Gesamtheit gefragt, daher wird kein Fragekatalog leitend sein, sondern lediglich darum gebeten, die Familiengeschichte zu berichten. Durch das Erzählenlassen können die Handlungsorientierungen innerhalb eines sozialhistorischen Kontextes besser verstanden werden:

  „Ich möchte Sie bitten, mir die Familiengeschichte zu erzählen. Berücksichtigen Sie bitte besonders die Situation Ihrer Schwester Anni N. Lassen Sie sich ruhig Zeit. Ich werde Sie nicht unterbrechen.“ (Regieanweisung).

- Es wird versucht, die Verhältnisse innerhalb und außerhalb der Familie, ihre Aufrechterhaltung und Veränderung in der Zeit zu verstehen (vgl. Rosenthal 2005b, S. 165). In einer phänomenologischen (gestalttheoretischen) Haltung legt Rosenthal den Zusammenhang von Erfahren und Erzählen dar. Die Selbstrepräsentation der Schwester, die über die Familie und Anni N. erzählt, ergibt die Grundlage um diese zu rekonstruieren und zu verstehen (vgl. Rosenthal 2005b, 166f.).
- Die Interviews wurden narrativ durchgeführt. Die Methode der narrativen Interviewführung wird hier nach Fritz Schütze (1983) vorgenommen. Es wird insgesamt deutlich werden, dass die gegenwärtige Situation der Familienmitglieder die Darstellung der vergangenen Situationen mitbestimmt (vgl. Rosenthal 2005b, S. 166).
- Dieses Vorgehen soll erlauben, die Positionen von Frau Anni N. zu verstehen. Die dafür zur Verfügung stehenden Quellen sind beschränkt, aber dennoch aussagekräftig genug, um eine Reihe von Arbeitshypothesen zu bilden, die ein vorläufiges – wenn auch bruch-

stückhaftes – Bild der Lebensgeschichte von Anni N. darstellen. Daraus ergeben sich zaghafte Linien für eine Begleitung von Frau Anni N.

- Die Phasen des narrativen Interviews sollen nur kurz verdeutlicht werden: Es fand ein telefonisches Vorgespräch mit Ida T. statt (Schwester von Frau Anni N.), in dem Fragen der Interviewpartnerin, Fragen zur Studie insgesamt, zum Forschungsinteresse und zur Anonymisierung gestellt wurden.
- Beim nächsten Analyseschritt werden alle Daten in eine zeitliche Abfolge der Ereignisse gestellt, also z. B. Geburt und Geburtsort, Anzahl der Geschwister, Herkunft und Arbeit der Eltern, Familiengründung, Wohnortwechsel, andere Ereignisse (bspw. Psychiatrieaufenthalte etc.) (vgl. Oevermann et al. 1980). Flankierend zu diesen Daten wird in einer Art von ‚Gedankenexperiment' assoziiert bzw. es werden Hypothesen gebildet, ohne direkt Bezug zu nehmen auf eine Theorie. Weitere Assoziationen/Hypothesen werden gebildet und diese dann mit den biografischen Ereignissen in Verbindung gebracht (Indiziensuche), wodurch eine zunehmende Plausibilität entsteht (vgl. Rosenthal 2005b). Beispiel: Was bedeutet es, in eine Familie hineingeboren zu sein, die versucht, Fuß zu fassen in einer kleinen Stadt? Was bedeutet es für die Familienmitglieder, einen Vater zu haben, der teilweise nicht anwesend ist und das verdiente Geld vertrinkt? Wie wirkt sich Behinderung auf Geschwister aus, etc.?
- Der vorliegende Interviewtext wurde zudem auf die Frage hin analysiert, wie die interviewte Person die Vergangenheit und Gegenwart präsentiert. Dazu wurde das Interview in Textsorten unterteilt und auf Themenwechsel, Unterbrechungen, Pausen etc. sowie auf die interviewte Person geachtet (vgl. Rosenthal 1995, S. 240f.). Textsorten sind: berichthaft (Belegerzählung), dramatisch, argumentierend, fremderlebt etc. (vgl. ebd.). Dies spielt insofern eine wichtige Rolle, als gefragt wird, warum die interviewte Person wie eine bestimmte Textsorte nutzt. Dabei zeigen sich vor allem latente Sinnstrukturen (vgl. dazu z. B. die Andeutung des Missbrauchs). Hier zeigt sich, ob und in welcher Weise ein Lebensthema zum Vorschein kommt.
- Bei der Rekonstruktion der Familiengeschichte (vgl. Oevermann 2000) werden die biografischen Daten mit den Aussagen der Interviewten verglichen und auf Plausibilität hin überprüft und unter Um-

ständen auch solche Informationen einbezogen, die nicht im erzählten Text zu finden sind.

Daher hat sich folgende Vorgehensweise im Durchschreiten von unterschiedlichen Perspektiven herausgebildet:

- Es wurden zwei Interviews mit der Schwester von Frau Anni N. transkribiert (Dauer: ca. 2 Stunden). Weitere Interviews wurden leider nicht erlaubt.
- Einsicht in die vorhandenen Akten über Frau Anni N.
- Dokumentation des Besuchs von Frau Anni N. und mir in ihrem ehemaligen Heimatdorf.
- Supervisionsorientierte Rückmeldungen aus dem Forscherteam zu einzelnen Sequenzen in den transkribierten Interviews, den Erfahrungen im Team des Emma-Lindner-Wohnheims und den Tagebuchnotizen.[10]

Besonders problematisch hat sich die biografische Anamnese erwiesen, da die angegebenen Daten in den Akten und durch die Schwester von Anni N. entweder lückenhaft waren, gänzlich fehlten oder sich widersprachen. Trotz einer genauen zeitlichen und örtlichen Analyse konnten die Daten nicht einheitlich wiedergegeben werden und auch die Abläufe identifizierbarer Lebensereignisse blieb vage. Auf Nachfragen konnte die Schwester von Frau N. nur ungenaue bzw. sich widersprechende Daten angeben. Weiter unten folgende biografische Daten haben sich einerseits aus den Akten, den gezielten Nachfragen bei der Schwester von Anni N. und dem transkribierten Interview ergeben.

Das Erstellen der biografischen Anamnese orientiert sich an Schmeiser (2003, S. 61): Eine biografische Anamnese komprimiert so umfassend als nötig einen perspektivisch vollständigen und in der Sprache des ‚Falles' gehaltenen, im Präsens und in der dritten Person verfassten, chronologisch geordneten Werdegang sowie Deutungen der inter-

[10] Transkribiert wurde wie gehört. Das Transkribierte wurde sensibel in den standarddeutschen Sprachgebrauch angepasst. Kurze Pausen im Gespräch sind mit (.), mittlere mit (..) und größere Pausen mit (...) gekennzeichnet. Paraprachliche Besonderheiten sind in Kursivdruck vermerkt (bspw. besonders emotionales Sprechen).

viewten Person. In unserem Fall *einer* interviewten Person *über* eine andere Person. Hinsichtlich der Interpretation habe ich mich an Schütze (1983) orientiert: Es interessieren die biografischen Deutungsmuster und Interpretationen des Biografie-Trägers bzw. ihrer ‚Stellvertreterin' (Schwester von Frau Anni N.). Die Frage, wie die Schwester von Anni N., Frau Ida T., die familiäre Lebensgeschichte mit Fokus auf ihre Schwester Anni deutet, interessiert hinsichtlich der Interpretation. Dazu werden die interpretierenden Anstrengungen von Ida T. vom Forscher in den Prozessablauf des familiären Lebens eingebettet. Erst dann können, wie Schmeiser (2003, S. 67) mit Verweis auf Schütze annimmt, Feststellungen über die familiären Strukturen etc. getroffen werden. Leitend bleibt eine Art chronologischer Ablauf der inneren und äußeren familiären Ereignisse und Zustände, so dass eine Art innerer Zusammenhang, eine innere Struktur erkennbar wird. Die Lebensgeschichte wird sequenziell, d. h. Schritt für Schritt bearbeitet: Ausgangslage (Beruf, Herkunft, etc.), Familienkonstellationen, die lebenspraktische und ökonomische Ausgangslage etc. Dazu Schmeiser (2003, S. 68):

> „Die soziale Welt ist ein historisch sozialer Raum, in dem der Bewegungsspielraum der in ihm handelnden Individuen entscheidend davon mitbestimmt wird, mit welchen materiellen, bildungsmäßigen und sozialen Erbe sie in ihn eingetreten sind. (…) die in einer Biografie berichteten Ereignisse und Bewegungen (sind; U. St.) als Platzierungen im sozialen Raum aufzufassen".

Aufgrund der vagen und zum Teil widersprüchlichen Äußerungen von Frau Ida T. habe ich mich für eine Darstellungsform in Spalten entschieden. Die Interpretation gilt als nicht abgeschlossen. Es sind andere und weiterführende Deutungen möglich.

1938	Heirat/Wohnort R./Geburt des Sohns Lothar
1939	Geburt der Tochter Ida/Umzug nach N.
1940	Einzug des Vaters als Soldat
1943	Geburt der Zwillinge Anni und Theodor
1945	Geburt der Tochter Olga
1957	Verheiratung der Tochter Ida/Auszug aus der Familie
1959	Auszug des Sohnes Lothar aus der Familie
1963	Tod der Mutter/Auszug des Sohnes Theodor

1963	Olga heiratet/Auszug aus der Familie
1964	Anni wird in die Psychiatrie Eidingen eingewiesen
1970	Tod des Vaters
1977	Anni wird in die Psychiatrie Eichenlaub/Much eingewiesen
1980	Anni wird erneut in die Psychiatrie Eidingen eingewiesen
1998	Anni wird in das Emma-Lindner-Wohnheim verbracht
2007	Anni wird in das Karlos-Wohnheim verbracht
2009	Tod von Anni

3 Familiäre biografische Anamnese

Familiensoziologische Facette

Eine verheiratete Schwester von Frau Anni N., Frau Ida T., nimmt die Bitte zu einem Interview an und erscheint mit ihrem Mann an einem von ihr ausgewählten, neutralen Ort. Vorausgegangen waren Telefonate, in denen Frau T. den Ort für die Interviews bestimmte. Zunächst schlug sie vor, dass sie und ihre Schwester Olga an dem Interviewgespräch teilnehmen; dann jedoch bestand sie darauf, allein an einem neutralen Ort die Interviews durchzuführen: „*Es ist uns nicht recht, wenn sie in unsere Wohnung oder ins Haus kommen*“. Insgesamt wurden zwei Interviews geführt.

Beim Interview erscheint Frau T. mit ihrem Mann, was nicht vereinbart worden war. Frau T, eine gut gekleidete Frau, wirkt in den Gesprächen wortgewandt. Ihre Erzählungen trägt sie eloquent und ohne Dialektverfärbung hochdeutsch vor. Gleichzeitig wirkt ihre Sprache, als müsse sie sich vor einer gerichtlichen Instanz verantworten. Es irritiert, dass ihre Erzählungen vielfach geprobt wirken. Mein Gesamteindruck ist der, dass Frau T. eine Art ‚familiärer Außenminister‘ ist, also die Familiengeschichte/den Familienmythos nach außen hin vertritt. Ihr Mann wirkt deutlich weniger eloquent und misstrauisch. Er ist die halbe Stunde ungefragt anwesend:

> „*Ich schaue mir das an und höre zu und wenn ich weiß, dass ich meine Frau allein lassen kann, dann gehe ich raus*“.

Um meine Sorgebereitschaft und Gastfreundlichkeit auszudrücken, habe ich Kaffee und Kuchen bereitet. Herr T. trinkt Kaffee, isst Kuchen und sagt:

> *„Na, dann kann ich ja jetzt gehen, scheint ja alles in Ordnung zu sein (..) Kaffee und Kuchen sind da.“*

Um sich von der Familienstruktur ein Bild machen zu können, ist diese kurze Episode nicht unwichtig, denn sie könnte ein Indiz für den Umgang der Herkunftsfamilie mit fremden Menschen sein.

1 Der Vater von Frau N. sei *„auf Wanderschaft“* gewesen, als er seine Frau Edith kennen lernte. Seine Frau wohnte im Nachbarort. Er und seine Frau lassen sich nach der Heirat in R. nieder, einem kleinen Ort. Die Familie N. lebt seit 1938 in R. Sie wohnt dort in einer Mietwohnung, die groß genug gewesen sei für die gesamte Familie. Seine Frau verdingt sich bei einer Bauernfamilie als Magd. Zunächst arbeitet er als Schweißer bei einer großen Automobilfirma. Die Familie sei nicht von den Schwiegereltern abhängig gewesen und hätte viel gemeinsam unternommen. In dieser Zeit kommt der erstgeborene Sohn Lothar (1938) auf die Welt: *„Wir waren nicht abhängig von niemand und wir konnten viel tun. Wer will denn nicht in dem Ort, in dem er lebt, gut gelitten sein? Da hat Mutter auch nach der Arbeit noch*	Der Vater als eine Art unsteter Reisender zwischen den Erfahrungswelten und dem Krieg. Die Familie entwirft das Bild eines innovativen Aufbruchs und den Wunsch nach sozialer Verortung.

für andere was getan. Aber es war eine gute Zeit.“	
2 Kurz vor Ausbruch des Krieges (1939) wird die Tochter Ida geboren. In diesem ersten Versuch der sozialen Verortung fällt die berufsbedingte Versetzung des Vaters nach Fingen. *„Na ja, das war sicher nicht leicht für Mutter und Vater (..) gerade mal heimisch geworden und dann wieder umziehen“.* Die Familie zieht in das Dorf Nissen im Harz. Zu diesem Zeitpunkt ist Ida 1 Jahr alt. Im Laufe von 7 Jahren (1938–1945) werden 5 Kinder geboren. Der Vater habe seine Tochter Ida und seinen Sohn Lothar mit aufgezogen. Die Kinder Theodor und Anni (Zwillinge) sowie die Tochter Olga werden während seiner „Urlaubsanwesenheit“ gezeugt, so dass er alle Kinder erst im Alter von 2 Jahren hätte mit aufziehen können. Der Vater ist als Mitglied der SA heimateingeteilt, und wird 1940 als Soldat eingezogen und nach Frankreich versetzt.	Man könnte sagen, dass von der Familie verlangt wird, innerlich mobil zu sein. Mobilität kann hier zweifach verstanden werden: Einerseits als Suche nach einem sozialen Ort. Andererseits verlangt das Zurechtkommen mit der ständigen Abwesenheit des Vaters und seiner sporadischen ‚Urlaubsanwesenheit‘ von der Ehefrau und den Kindern ein hohes Maß an innerer Beweglichkeit und schon früh, vor allem von Frau T., eine teilweise Übernahme der Pflichten der Hausfrau. Die Aufgaben verteilt die Mutter in der Zeit der Abwesenheit des Ehemannes genau.
3 Frau Anni N. ist nach Auffassung ihrer Schwester Ida (Frau T.) durch eine „schwierige Geburt“ beeinträchtigt worden. Sie hätte sich zwar später auch bruchstück-	Es ist bedeutsam, dass Frau T. durch den Krieg eine Fürsorgeverpflichtung übernommen hat als ältere Schwester für die jüngeren Geschwister zu sorgen.

haft sprachlich verständlich machen können, aber insgesamt sei ihre Schwester „verwirrt“ gewesen. Damit deutet Frau T. an, dass ihre Schwester (Frau Anni N. = N.) hinsichtlich Sprache, Zeit und Raum strukturelle Probleme gehabt habe. Dennoch hätte die Familie sich mit ihr gut verständigen können. Frau T. betont, dass ihre Mutter gesagt habe: „*Du (Frau T.) kümmerst dich um die Kinder und ich mache den Haushalt*“. Frau T. begreift die familiäre Struktur so: „*Vater war im Krieg. Mutti und ich haben die Kinder gehabt und Vater war in Frankreich. Also ich wäre gerne ohne diese Dinge aufgewachsen. Man will sich ja nicht immer nur kümmern (...), aber das war damals halt so.*“	Diese von den Eltern auferlegte moralische Verpflichtung könnte sie als ambivalent erlebt haben.
4 „*Wir waren eine schwierige Familie. Das war ein kleines Dorf, man war zugezogen, hat nicht in die Gemeinschaft gehört, mein Vater heimateingeteilt (...) und das Motto: hast du was, dann bist du was und hast du nichts, dann bist du nichts (...) und dann kam der Vater zu nichts (...)*“. *Er hat eine Tanzkappelle gehabt (...), und dann ist der Lothar mit dazu, dass hat der Vater gewollt, und der Lothar hat Saxophon gespielt und die sind dann auf die Dorf-*	Der Vater scheint mit der familiären und beruflichen Situation nicht zufrieden zu sein und gründet zwei Jahre nach Rückkehr aus dem Krieg eine „Tanzkappelle“. Dadurch verlässt er zum großen Teil den Handlungsraum Familie. Während Ida T. – von der Mutter aktiv aufgefordert und vom Vater stillschweigend gestützt – sich an der Mutterrolle orientiert, lernt der erstgeborene Sohn Lothar, vom Vater angeleitet, das Saxophon spielen und

feste (.). Und die Anni, der Theodor, waren dann bei mir und Mutter (...). Da wurde nicht gefragt, ob ich das auch so wollte. Das war so."	wird zu den Dorffesten mitgenommen. Frau N., ihre Schwester Ida und Frau N.s Zwillingsbruder Theodor bleiben unter der Obhut der Schwester und der Mutter zuhause und scheinen deutlich die Isolierung zu erleben.
5 *Er hat die Wohnung zerstört und wir Kinder haben Reißaus genommen. Aber geschlagen sind wir Kinder nicht worden (...). Aber es war trotzdem angenehm in der Familie. Der Vater hat ja den ganzen Tag gearbeitet und nur abends war das ein Problem. (...) Es war für uns alle schwierig, für uns Kinder und vor allem für unsere Mutter. Vater konnte schon richtig aggressiv sein. Ja, und dann auch noch, na ja (...), na ja, (..) Sex. Und die Annie – mochte er halt und dann auch nicht so. (...) Aber er war sehr korrekt, sehr konsequent. Besonders in seinem Beruf. Da hat er sich in keiner Weise etwas zu Schulden kommen lassen. Aber es hat nie gereicht (..). Leider war da noch die Tanzkappelle (...), er war ja oft weg. Das war auch nicht gut (...), na ja, so in dem kleinen Ort (...) "*	Diese Aussage ist umso bedeutsamer, als sie die kulturelle, soziale und ökonomische Randstellung der Familie verdeutlicht. Frau T. berichtet von der zunehmenden Alkoholsucht des Vaters und seinen aggressiven Ausfällen gegenüber der Familie. Der Mutter kommt die Rolle des „Abfederns" zu: hinsichtlich der Aggression des Ehemanns, seinen Launen, und vor allem seiner sexuellen Aktivität, sowie der Behinderung der Tochter (= Frau N.). Die Figur des Vaters schillert daher seltsam ambivalent in den Erzählungen von Frau T. Ob der Vater als Hoffnungsträger erlebt wird, kann nicht ausgemacht werden in den Erzählungen von Frau T., da er aufgrund seines Alkoholismus die Familie sicher nur minimal ökonomisch absichern konnte. Seine vor der Eheschließung aufgenommene ‚Wanderschaft' nimmt er im Grunde durch die Gründung einer Tanzkapelle wieder

	auf und unterstützt die Familie auch hier nicht in dem Bestreben, sich sozial zu verorten und neue Freundschaften zu schließen.
6 *„(...) ich denke, da Anni die Behinderung hatte, ist der Kontakt zwischen Theodor und Anni nicht so gut gewesen, wie das normalerweise bei Zwillingen üblich ist. Ich denke, Anni wurde von meinen Brüdern immer ein bisschen (...) als hinderlich, als störend empfunden, weil (...), na ja, sie kennen die Dinge doch, es gibt immer Kinder, die das ansprechen, also das Umfeld, wo die Kinder gehänselt worden sind... Also der Theodor kam so manches Mal bedrückt nach Hause und so (...), so war das halt für uns alle (...). Darunter haben wir gelitten. Und wir hatten ja nichts (...)“*	Ob die Familie sich binnendynamisch unmerklich durch die mangelnde soziale Verortung im Ort und durch die Behinderung eines Kindes schließt nach außen hin abschließt, bleibt offen. Die Existenz der behinderten Schwester wird jedoch vor allem von dem Zwillingsbruder Theodor als zusätzlicher Hinderungsgrund für eine soziale Verortung erlebt.
7 „(...) *ja, und dann haben wir ja zur Miete gewohnt. Das war mit ein Grund, warum ich später dann mit meinem Mann Eigentum wollte. Weil, als Mieter müssen sie sich viel anhören, und wir waren eine schwierige Familie, hatten ja nichts, und dann auch noch die Anni (...). Wir waren in Nissen wie ausgeschlossen, so haben wir das erlebt. Wir wurden viel*	Die Familie N. bezieht aus der dauernden Schwierigkeit, sich sozial zu verorten und tatsächlich ‚ansässig' zu werden im Sinne einer sozialen Anerkennung, vermutlich eine Stützung für das Aufrechterhalten und Stabilisieren ihrer innerfamilialen Beziehungen. Die Familie ist in Nissen nicht heimisch geworden, so dass angenommen wer-

gehänselt (...), und dann hat das in mir den Ehrgeiz geweckt, dass ich gesagt hab, denen zeig ich's' (...), dass auch die Kinder aus so einem Elternhaus zu etwas kommen können. Das hat mich dann einfach gestärkt, daraufhin zu sparen, und was Eigenes anzuschaffen. So ist das bei Geschwistern – na ja, bis auf die Anni (...).“	den kann, dass der Familienverbund den Kindern eine hohe Loyalität abverlangt hat. Gleichzeitig erlebten die Kinder vermutlich eine Art soziales Stigma, da sie als Kinder einer randständigen Familie zudem mit einer behinderten Schwester leben müssen. Sie erfahren, subjektiv gedeutet, eine Art ‚soziale Ächtung‘, werden jedoch – bis auf Frau Anni N. – in ihrer eigenen Lebensgeschichte nicht die Struktur einer selektiven und fragilen Sozialintegration fortsetzen.
8 *„Also ich würde sagen, es gibt Familien mit viel, viel, viel schlimmeren Zuständen. Das sagen wir uns so, das war also bei uns alles nicht der Fall. Wir haben wie Pech und Schwefel zusammengehalten wir Geschwister (...), und als Anni 9 Jahre alt war, ja, oder war sie 6 Jahre alt, also oder etwas später als 9 Jahre, das weiß ich nicht mehr so genau, da ist sie nach B. in die Anstalt gekommen. Und da war sie richtig glücklich. Da war es richtig schön. Aber leider hat unser Vater, na ja, also soist das eben, also leider muss ich sagen, ja, das muss ich sagen, hat er das Geld, na ja, er es in Alkohol umgesetzt. So ist das. Wir haben nicht darüber gesprochen und*	Das Faktum der sozialen Isolierung der Familie durch die mangelnden kulturellen, ökonomischen und sozialen Ressourcen kann ebenso wenig von der Hand gewiesen werden wie die Abschottung nach außen, die für die Binnendynamik der Familie von Bedeutung ist. Eine zunehmende individuelle Vereinsamung der Kinder findet – bis auf Frau Anni N. – aber nicht statt. Stattdessen konstelliert sich ein Geschwisterverbund, der hartnäckig dem Mythos einer „normalen Familie“ nachhängt und sich mit den problematischen Binnen-strukturen und Kommunikationsprozessen nicht auseinanderersetzt bzw. nicht auseinandersetzen kann.

wir sprechen nicht darüber. Warum sollte das auch so sein (...), meine ich mal, also (.) Das ging für uns *nicht, darüber reden. Und dann ist sie ja zurückgekommen, für eine Weile (...), und das ist mir eben wichtig, dass wir Geschwister wie Pech und Schwefel waren. Ja, wir haben zusammengehalten. Wir sind eine ganz normale Familie gewesen, ja. Das ist wichtig. Wir waren ganz normal.“*	
9 *„(...) Ja der Vater war schon für uns da, aber er war eben nicht so oft bei uns. Immer mal ist er gekommen. Es war schwierig für ihn, glaube ich (...) der Alkohol und die Tanzkapelle (.) Aber die Mutter war dann da, obwohl sie auch nicht da war (...) Sie hat ja arbeiten müssen.*	Der Familienverband hat die Gestalt einer Einheit, die geprägt ist durch eine lose, nicht ausgeprägte, affektiv begründete Solidarität zwischen der Mutter und den Kindern. Die Figur des Vaters bleibt die eines ‚Vagabunden, Fremden, Wanderers‘, der zwar präsent ist, aber immer wieder flieht (Alkohol; Tanzkapelle). Seine Anwesenheit ist als ‚sporadische Präsenz‘ zu begreifen. Signifikant ist also das zu Anteilen praktizierte physische Verlassen des Handlungsraumes des Vater Denn er sorgt zwar für die ökonomische Basis der Familie, aber gleichzeitig entfremdet er sich ihr, indem er das verdiente Geld weitgehend in Alkohol umsetzt und mit der ‚Tanzkapelle‘ an den Wochenenden über die Dörfer zieht. Man

	könnte sagen, dass der Vater ‚desertiert' und ‚vagabundiert': durch die Mittel des Alkohols und die Tanzkappelle.
10 *„Ich weiß, dass mein Vater sehr häufig diese sexuellen Wünsche hatte. Und er hat meine Mutter bis zu ihrem Tode belästigt, was für mich ganz, ganz furchtbar war, und ich gehe davon aus, es gibt also Anzeichen, dass er auch den Versuch bei der Anni unternommen hat. Inwieweit, da war ich schon nicht mehr daheim. Nicht, solange ich zu Hause war. Auf keinen Fall, denn das hätte ich gemerkt. (...) Ich weiß nur, dass mein Vater uns Mädchen alle drei bedrängt hat. Ja, auch mich. Ja. Das muss ich sagen. Nur: ich konnte mich wehren. Mit mir kam es nie zu einer geschlechtlichen Vereinigung. Bei meiner jüngsten Schwester denke ich auch nicht, denn sie konnte sich ja auch wehren. Also wir waren ja so stark, dass wir ihn abwehren konnten. Mit ihm reden, also auf ihn einreden. Aber die Anni war das nicht. Die Anni war ja eigentlich, das ist nun ein grober Ausdruck, ein willenloses Wesen – in dieser Beziehung. Sie war sein Lieblingskind. Es gibt da eindeutige Anzeichen (...) ja, (...) leider (...) ja also, dass er bei der Anni auch das unternom-*	In die Zeit nach der Verheiratung der Tochter Ida T. und nach dem Tod der Ehefrau fällt der (hier lediglich angedeutete) inzestuöse Kontakt zur behinderten Tochter Anni. Ob ein inzestuöser Kontakt überhaupt bzw. zur anderen Schwester stattgefunden hat, oder ob diese den Inzest mit ihrer Schwester Anni duldete oder gar Vorschub leistete, um selbst verschont zu bleiben – bleibt in den Aussagen von Ida T. seltsam in der Schwebe und eigentümlich ambivalent. Die subjektive Darstellung der Vergangenheit, wie sie die Schwester schildert, könnte geprägt sein von der Gegenwart, Phantasmen, Vorstellungen, Projektionen etc. Es könnte auch sein, dass Anni das „Lieblingskind" des Vaters war und Ida T. bis heute eine Eifersucht hegt, die sie nicht verarbeitet hat, und so die Zuneigung des Vaters zu Anni nur durch sexuelle Motive erklären kann. Ein sexueller Übergriff des Vaters auf Anni ist daher nur *eine* denkbare Wahrheit, solange von Seiten der Familie nur ambivalente Aussagen zur Vergangenheit geschildert werden. Es kann daher

men hat (...). Ja, er ist ja auch auf einen (...). (undeutlich) gegangen. (...) darum hat die Olga ja auch ganz jung geheiratet, mit 21 Jahren, ja (...)".	nur vermutet werden, dass sich hier möglicherweise ein Familiengeheimnis handelt, das auch auf Nachfragen hartnäckig und zäh ambivalent geschildert wird. Im Gesagten wird das Nichtzusagende beinahe zum Fassen nah, transparent, allerdings auf eine Art, die die innerfamilialen Solidaritätsverpflichtungen nicht Preis gibt. Es scheint, als seien die Beziehungen in der Familie zugleich bedrohlich und lebensnotwendig erlebt worden. Sie können als ambivalent bezeichnet werden und dies betrifft auch die ehelichen Beziehungen und die Beziehung zwischen den Eltern und den Kindern.
11 Als Ida T. 1957 heiratet und mit ihrem Mann in den Nachbarort zieht, wird Frau Anni N. von ihrer Schwester Olga und der Mutter betreut. Ida T., die ihre Schwester bis zu diesem Zeitpunkt betreute, hat nur noch punktuellen Kontakt zur Familie: *„(...) das hat meinen Mann belastet und der wollte nicht, wie wir jung waren, wir hatten unsere eigenen Probleme und Sorgen, da wollte er nicht, dass ich mich mit diesen Sorgen der Familie auch noch belaste und hat mich da (...) ja, er hat mich beeinflusst, dass ich von der Familie fernbleibe (...)".*	Zwischen dem Alter von 6 Jahren bis 9 Jahren muss es für Frau N. zu einer ersten schmerzlichen Trennung von der Schwester Ida und der Familie durch die Einweisung in die Anstalt gekommen sein. 1957 kam es zu einer weiteren Trennung, und zwar von der Schwester Ida durch deren Heirat. Diese Trennung war jedoch nicht endgültig, da Ida immer wieder die Familie besuchte. Als Olga heiratete (1964), kam es dann zur endgültigen Trennung Frau N.s von der Familie durch ihre Verbringung in die Psychiatrie. Die gesamte

	Familie verweigert bis heute den Kontakt mit ihr.
12 1963 stirbt die Mutter und Frau Anni N. bleibt mit ihrer Schwester Olga bei ihrem Vater. Olga hat mit der Verheiratung von Ida die Haushaltsführung und die Sorge um die ältere Schwester Anni übernommen. Als ein Jahr später auch Olga heiratet (1964), wird ihre Schwester in die Psychiatrie Eidingen in B. gebracht. Nähere Angaben dazu sind nicht vorhanden. Der Vater bleibt allein zurück und stirbt 1970.	Betrachtet man Frau N.s soziale Ressourcen, dann sind ihr diese im Laufe der Zeit zur Gänze genommen worden. Ihr sind allenfalls Erinnerungen geblieben an eine Bindung zu ihrer Schwester Ida, die ebenfalls den Kontakt zu ihr verweigert aufgrund der Ängste und Schuldgefühle, die für sie damit verbunden sind.

Die innerfamiliale Dynamik zeigt sich in den wesentlichen Strukturen als ambivalent, als gespannt, binnendynamisch teilweise nach außen abgeschottet. Das Mitleid der Kinder bezieht sich auf die Mutter, die zu ihren Lebzeiten die Kinder buchstäblich durch ihren Körper schützte und auf die sexuellen Forderungen des Ehemannes noch kurz vor ihrem Tod einging oder einzugehen hatte. Gleichzeitig hat sie womöglich einer partikularen Rollenumkehr Vorschubgeleistet, indem sie teilweise die Aufgabe der Haushaltsführung und fast zur Gänze die Sorge um die jüngeren Geschwister – insbesondere um die behinderte Tochter Anni – an ihre älteren Töchter überantwortet hat. Die Elternbeziehung könnte als asymmetrisch verschoben interpretiert werden, d. h. sie wäre auf eine asymmetrische Abhängigkeitsbeziehung reduziert, in der die Frau stets aufs Neue den Entscheidungen, moralischen Grundsätzen und Lebensgewohnheiten des Ehemannes gefolgt wäre. Möglich ist aber auch anderes: Der Ehemann ist mit seinen speziellen Mitteln ganz explizit seiner Frau gefolgt. Vielleicht hat sie die Führung übernommen, und er bekam von ihr wenig Chancen, sich deutlich mehr in die Familienbeziehung einzubringen. Folgerichtig ‚flieht' er aus diesem Grund aus der Familie. Das Spielen in der Tanzkapelle kann auch statt als Flucht eher als eine Möglichkeit gedeutet werden, die Beziehung mit seiner Frau auf unkonventionelle Weise aufrecht zu erhalten. Hat es in der Tat einen Missbrauch gegeben, könnte gefolgert werden, dass durch diese Praktik eine Funktionslücke vom Vater aufgegriffen wurde, die der Tod der Ehefrau aus der solidarischen Beziehung zu ihrem Mann hinterlassen hat. Dadurch wird den im Haus verbleibenden Familienmitgliedern eine neue Position zugewiesen. Den Familienmitgliedern ist gemeinsam, dass ihnen die Krisen und starken Ambivalenzen in der Familie als Mittel dienen, den Familienverband durch Heirat zu verlassen, hierin wird evt. eine Möglichkeit der Autonomisierung gesehen. Die Kinder machen sich sozialräumlich autonom, aber nicht innerlich, so dass die innerfamiliale Solidaritätsverpflichtung aufrecht erhalten bleibt und der ‚möglicherweise stattgefundene' Missbrauch zwar angedeutet, aber niemals bezeichnet und ausgesprochen wird. Daher bleibt die Figur des Vaters von den Kindern fast unangetastet, und eine Auseinandersetzung kann – getreu der innerfamilialen Solidaritätsverpflichtung – nicht wirklich stattfinden. Will man das Familiendrama verschärfen, so kann man sagen, dass die Familie N. auf Krisen mit Kommunikationsverweigerung geantwortet hat. Die Trennung der Kinder von der Mutter und dem Vater hat zwar räumlich stattgefunden – alle Kinder leben im Kontext sozialer Beziehungen –, aber die innerfamilialen Solidaritätsverpflichtungen sind geblieben. Diese verhindern eine Auseinandersetzung mit der Vergangenheit, zementieren eine gegenwärtige Isolierung der behinderten Schwester und verhindern eine innere Autonomisierung aller Kinder.

Was ist der Grund der innerfamilialen Solidaritätsverpflichtungen? Warum irritiert, dass kein Geschwisterteil Kontakt mit der behinderten Schwester Anni (= Frau N.) aufnimmt? Zumal Frau N. in ihren starken Affektionszuständen oftmals ununterbrochen den Namen ihrer Schwester ‚Ida' ruft? Bei der Beantwortung dieser Fragen bewegt man sich im Bereich der Vermutung auf der Basis einer rekonstruierten Familiengeschichte: Vom Vater wird die Tochter mit dem geringsten Widerstandspotential vermutlich sexuell instrumentalisiert. Voraussetzung für diesen vermuteten Missbrauch ist eine veränderte Zuneigung und das Aufgeben einer innerhalb der Familie bis dahin herrschende Moral. Frau N. wird vermutlich sexuell zur Stellvertreterin der Mutter und isoliert. Das Schweigen der Geschwister und ihre mangelnden Handlungsmöglichkeiten begünstigen den Zerfall innerfamilialer Grenzziehungen. In der Logik der Familie war es konsequent, dass statt einer Auseinandersetzung eine Flucht aus dem sozialen Raum der Familie stattfindet: Alle Kinder heiraten sehr früh und verlassen die Familie. Diese Flucht der Kinder ist eine

Abkehr von ökonomischen, sozialen und kulturellen Verhältnissen, die angelegt ist als Hoffnung auf eine optimistische Zukunft mit symmetrischen Beziehungsstrukturen. Hat es einen Missbrauch gegeben, dann lastet das Stigma des Inzestes und damit des Tabubruchs auf der behinderten Schwester. Aber auch Eifersucht auf das ‚Lieblingskind' des Vaters oder ein anderes Motiv können ebenso als Zerfall der Familie interpretiert werden. Aber vermutlich wiegt ebenso schwer für die Geschwister, dass sie ihre Schwester verlassen haben, es zuließen, dass sie in die Psychiatrie abgeschoben wurde. Nicht nur Kommunikation und Intimität, sondern der bloße Kontakt mit dieser Schwester führt für die Geschwister zu einem Kontakt mit belastenden Erinnerungen. Die Logik der Familie lässt auch hier nur eine Isolierung zu, ein aus dem Gesichtsfeld gebrachter Mensch, der das Stigma des Inzestes (oder eines Menschen, der stets die – vielleicht völlig asexuelle – Aufmerksamkeit des Vaters bekam, die man sich selber erhofft hatte), des eigenen Versagens und einer lebendig gehaltenen Vergangenheit mit sich trägt, denn Frau N. ist – anders als ihre Geschwister – sozial, kulturell und symbolisch lesbar als das Opfer der familialen Vergangenheit. Jede Berührung mit ihr führt zu einer Übertragung des Tabus, so dass die Geschwister ihre durch die Psychiatrie bedingte Isolation noch durch einen Entzug der Kommunikation verschärfen.

13 *„Ich weiß die Ursache nicht, warum wir keinen Kontakt mehr zu ihr haben. Ich persönlich muss sagen, also als ich mit meiner Schwester Olga die Anni ganz am Anfang besucht habe, da muss ich sagen, dass meine Schwester die Anni nicht berühren konnte und der Therapeut (...), also sie war depressiv und der Therapeut war der Meinung, ja also, dass ihre Depression eventuell etwas mit unserer Familiengeschichte, der Vergangenheit zu tun habe, und dass sie das doch bearbeiten*	Der Eindruck drängt sich geradezu auf, dass Frau N. als kommunikatives Subjekt von der Familie ‚ausgestrichen' wurde. Weit ausgedeutet könnte ihr partieller Verlust der Sprache zugleich von der ‚Sprachlosigkeit' ob ihrer Situation und dem ‚Schweigegebot' über ihre Situation ‚sprechen'. Frau N. ist als kommunikatives, affektives und soziales Subjekt von der Familie ‚ausgestrichen'. Dies sicher auch deshalb, weil sie eine Art ‚Sinnbild' für das Versagen der famili-

müsse und hat sie zum ersten Besuch bei Anni begleitet und sie ist

dann noch einmal dort gewesen, aber, man muss sagen, sie ist dann immer ganz fertig (...), also völlig fix und fertig (...). Nein, nein, nein, keiner von uns will Kontakt mit Anni. (...) Ich denke, wenn ich sie besuchte, falle ich in das gleiche Loch, also dass wir uns alle einfach große Vorwürfe machen, dass wir sie haben mit dem Vater allein gelassen und dann, dass wir sie in die Psychiatrie (undeutlich), na ja, also (...).“ – „Ja, aber wir Geschwister treffen uns oft, natürlich wir treffen uns als Geschwister. Und wenn das mal nicht so, na ja, also nicht so oft geht, dann also aber immer an allen Feiertagen und an Ostern und Weihnachten. Ja, natürlich sehen wir uns, wir verstehen uns alle gut!“

ären Beziehungsverantwortung ist. Das Ursprungstabu haftet an dem Vater in der Familie N.. Denn Grundlage des Tabus ist ein verbotenes Tun. Wer das Verbotene tut, das Tabu übertritt, wird selbst Tabu. In der Logik der Familie bewirkt die Übertretung des Tabus, selbst zu einem Tabu zu werden. Daher ist einsichtig, dass für die Geschwister eine kommunikative Berührung der Schwester bedeutet, dass sich etwas auf ihre Person überträgt, gerade so, als habe Frau N. eine gefährliche Ansteckung[11]. Die Vorstellung der Geschwister ist, dass bei kommunikativem Kontakt oder kommunikativer Berührung der Schwester die Erinnerung an die familiale Vergangenheit, an das individuelle Versagen und unter Umständen den Missbrauch deut-

11 Eine weitere Bedeutung des Tabus ist die Scheidung von heilig und unrein. Gerade für diese indifferente Bedeutung des Dämonischen, das auf keinen Fall berührt werden darf, ist der Ausdruck ‚Tabu' geeignet, da er ein Merkmal hervorhebt, das dem Heiligen wie dem Unreinen für alle Zeit anhaftet: die Scheu vor der Berührung. Das Tabu besitzt eine dämonische Macht, die dessen Berührung nicht erlaubt, weil sie den, der berührt, verzaubert. Personen, die sich solche Tabuverbote individuell oder gruppenspezifisch geschaffen haben und sie befolgen, versuchen zwanghaft, die Berührung zu vermeiden. Dabei erstreckt sich das Verbot nicht nur auf die direkte Berührung mit dem Körper, sondern nimmt den Umfang der übertragenen Redensart an: in Berührung kommen. Alles, was den Gedanken auf das Tabu lenkt, ist ebenso verboten wie der unmittelbare Kontakt. Zwanghaft wird die Berührung vermieden, und die Menschen benehmen sich so, als wären die ‚unmöglichen' Personen und Dinge Träger einer gefährlichen Ansteckung, die bereit ist, sich auf alles Benachbarte durch den geringsten Kontakt zu übertragen.

	lich wird. Es werden belastende familiale Erinnerungen wachgerufen durch Kontakt mit ihr. Die Geschwister vollziehen eine (bewusste) Zwangshandlung (Kommunikationsverbot). Dies ist verstehbar als eine Abwehr bzw. ein Schutz gegen die Erinnerung an den verbotenen Handlungen, an Versagen, aber sie ist eigentlich eine (unbewusste) Wiederholung des Verbotenen. In ihrer Logik haben sie die behinderte Schwester gleich mehrfach im Stich gelassen: Sie haben sie dem Vater ausgeliefert und der Psychiatrie anheimgegeben.
14 *„(...) Ich denke, wenn ich Anni besuchen würde, dass ich in das gleiche Loch falle, also wir machen uns Vorwürfe. Wir haben sie nicht bei uns behalten, wir haben sie nicht geschützt vor dem Vater (...), ja, das haben wir (...) und wir haben na ja, also (...). Ja, damals als sie bei uns war, da konnte man sie anstellen. Und dann habe ich sie einmal im Heim/der Psychiatrie gesehen. Sie lag ja nur noch. Das macht uns zu schaffen, das bedrückt uns und wir sagen uns, hätten wir doch auf sie aufgepasst, hätten wir sie können nehmen, dann wäre sie heil geblieben (...). Sie machen doch nichts anderes mit ihr, als mit Medikamenten ruhig zu stellen (...)*	Im Grunde erlaubt die Komplexempfindlichkeit der Geschwister keine produktive Auseinandersetzung mit der Vergangenheit, weil sie weder bestimmte Worte noch Sachverhalte aussprechen wollen. So erklärt sich, dass bereits das Benennen der vermuteten Verfehlung und der Schwächen des Vaters und vor allem das als ‚Abgeben' der Schwester durch die Geschwister in die Psychiatrie so erschreckt, dass sie nicht in Berührung damit kommen wollen. Daher wäre auch nicht verwunderlich, dass in den Interviews mit der Schwester das ‚Familiengeheimnis' (Missbrauch, Verlassen der Schwester – oder aber, es gab

und sie ist bei den Schwerstbehinderten (...). Ich darf das alles gar nicht denken, nicht sagen. Wissen Sie, nachher, heute Nacht oder morgen falle ich dann ins Loch (...), alles ist dann wie früher, alles wieder da. Wir müssen uns schützen und wir dürfen sie nicht besuchen und ich darf das nicht sagen (...).“	gar keinen Missbrauch und was nicht war, kann auch nicht ausgesprochen werden) nicht deutlich ausgesprochen wird. Man könnte also formulieren, dass Frau N. in früher Kindheit eine Zeit der Behütung, der Sicherheit spendenden Nähe, des Vertrauens durch ihre Schwester Ida und durch ihre Mutter erfahren hat. Welche Bedeutung ihr Vater für sie in dieser Zeit hatte, bleibt jedoch unklar. Mit Sicherheit hat die musikalische Vorliebe des Vaters in der Familie und für Frau N. eine Bedeutung gehabt. Auf dem einzigen Familienfoto erkennt man eine fröhliche Familie, der Vater spielt Ziehharmonika, alle lachen und Frau N. sitzt mitten zwischen den Geschwistern auf dem Sofa.
15 *„Nein, ich will sie nicht sehen. Als ich sie nach dem Abschieben in die Psychiatrie noch einmal in der Psychiatrie besucht habe, na, da, ja also da hat sie nur noch gelegen.* *Schrecklich. Und sie bekam nur Medikamente. Das war furchtbar. Aber ich kann sie einfach nicht halten. Ja, so. Und wir wollen auch nicht, dass Kontakt da ist, das letzte Mal hat man im Emma-Lindner-Wohnheim gewollt, dass wir Kontakt haben, aber am Ende wollen die, dass wir sie nehmen.*	An dieser Passage des Interviews wird deutlich, dass es zu einseitig wäre, die Kontaktverweigerung der Familie ausschließlich als Folge des (vermuteten) Missbrauchs zu verstehen. Denn die geäußerten Schuldgefühle aufgrund des ‚Abschiebens in die Psychiatrie‘ reichen im Grunde völlig aus, um den Kontakt in der Gegenwart mit der Schwester nicht zu suchen. Auch die These der Komplexempfindlichkeit der Familie würde zu kurz greifen. Es spielt ebenso eine große

Nein. Nein, das geht nicht wir haben doch unser eigenes Leben. Ja, wissen sie, das geht doch jetzt nicht mehr, das ist doch so, dass wir unser Leben haben und überhaupt (...) man hat doch Verpflichtungen gegenüber den Enkelkindern und dem eigenen Mann und der Familie gegenüber (...), also so, na ja, ...“	Rolle, dass die Geschwister – hier vor allem Ida und Olga – Erfahrungen mit dem Emma-Lindner-Wohnheim gemacht haben, die sie befürchten lassen, dass sie unter Umständen ihre Schwester bei sich wieder aufnehmen müssten. Die Befürchtungen der Geschwister beziehen sich auf eine teilweise oder gänzliche Aufgabe ihres Lebensstils, ihrer Lebenskonzepte.

4 Zerrüttung des Zuhauseseins in der Welt

Zur-Welt-sein

Betrachtet man die zeitlich-biografische Dynamik, so wird nachvollziehbar, dass das Problem der sozialen Verortung der Familie, der binnendynamische Abschluss, die unterschiedlichen Gewaltformen innerhalb der Familie zusammenwirken und sich u. U. wechselseitig verstärken (vgl. Abschnitte 4, 5 und 6). Die Zugehörigkeit der Familie als Ganzes zu einer Gemeinschaft wird von den Familienmitgliedern als äußerst fragil (Abschnitte 7 und 8) bzw. brüchig erfahren und steht immer wieder zur Disposition. Auf eine eigentümliche Weise korrespondiert diese artikulierte Nicht-Zugehörigkeit zur Gemeinde und Gemeinschaft mit der von einzelnen Familienmitgliedern empfundenen Zugehörigkeit zur Familie und zum binnendynamischen Abschluss der Familie nach Außen (Abschnitte 6 und 7). Die Schwächung der Positionierung der Familie beginnt mit einer Form des schleichenden Zusammenbruchs der innerfamiliären Beziehungen durch Rollenvermischungen (Abschnitte 8–11) sowie durch sozialräumliche und lebensweltliche Veränderungen (Abschnitte 1–4) – mitausgelöst durch den Vater. Hier beginnen sich langsam die Beziehungen zu destabilisieren, die Rollen und Positionen der Familienmitglieder zu verändern. Durch die Schilderung der Schwester von Frau N. entsteht ein höchst ambivalentes, instabiles Bild der Familie, dass Erfahrungen von Gewalt und Missbrauch sowie von Beginn an soziale Marginalisierung andeutet (Abschnitte 5, 8, 10). Die äußerst dürren Fakten, die vorhanden sind, können diese Ausdeutungen nur sehr holzschnitthaft unterstützen. Aber erkennbar ist doch, inwiefern die Positionierung der Familie und später des Vaters im sozialen Raum (hier: Gemeinschaft/Gemeinde) mit einem bestimmten Lebensempfinden und wiederum einer innerfamiliären Positionierung der einzelnen Familienmitglieder in Verbindung steht: Der durchaus positive Beginn der Ehe mit dem damit vermutlich verbundenen Lebensgefühl der sozialen Verortung und des Aufstiegs verändert sich sukzessive bis der innerfamiliäre Zusammenhalt endgültig zerbricht.

Während die Geschwister eigene Familien gründen und damit ein neues Lebensgefühl von Aufbruch und sozialer Verortung entwickelt wird (Abschnitte 11, 12, 13, 15), erfährt Anni N. eine dramatische biografische Verwerfung, indem sie aus dem Familienverbund endgültig ausgeschlossen wird: Sie wird in eine psychiatrische Einrichtung verbracht (Abschnitte 12, 14). Während die Geschwister in der Welt draußen versuchen Fuß zu fassen, wird sie eingesperrt. Diese Einsperrung in die Psychiatrie erfährt sie zeitlich später auch als Eingesperrt-Sein in sich selbst durch die Gabe von Neuroleptika (Abschnitt 14). Folgt man Lewin, dann ist der Lebensraum zentriert durch eine Person und ihren Leib. Es geht um Nähen und Distanzen, Erreichbarkeiten, um Territorien, Einflusssphären, um Verbote und Tabu. Der gelebte Raum hat spürbare Feldkräfte (Vektoren), die miteinander konkurrieren. Die Familie N. ist *dauerhaft* Fragen des Lebensraums, der Nähe und Distanz, der Positionen im Raum im Sinne von Rolleneinnahmen und -ablehnungen, des Kampfes um soziale und binnenfamiliäre Positionen etc. unterworfen. Analog einem physikalischen Feld treten Wirkungen auf, die auf die jeweiligen Positionen der Familienmitglieder einwirken. Dies wird sehr deutlich an der Tabuzone, die sich um Frau N. gelegt hat im Sinne einer durch die Geschwister aufrechterhaltenen Verweigerung der Kommunikation, der Berührung, der Näherung. Damit einher geht ein (unthematisches) Schweigegebot. Es ist eine Art ‚geschwisterlich auferlegtes' Verbot zu reden, die Geschichte der Familie an entscheidenden Punkten deutlich darzulegen (Abschnitt 10). Oder ist es weniger ein Verbot als eine traumatische Unmöglichkeit zu sagen, zu sprechen darüber, was in dieser Familie geschehen ist? Gehen wir dieser Frage nach, denn sie führt uns womöglich an einen zentralen Punkt der Amnesie und der Verfolgung durch eine Traumatisierung, die nicht nur Anni N., sondern zumindest auch der Schwester widerfahren ist.

An dieser Stelle sollte auf die Wirkung eines emotionalen Traumas Bezug genommen werden, welches vermutlich die Geschwister betrifft; wenngleich Anni N. in besonderer Weise durch die Gewalterfahrungen in der Familie und in der Psychiatrie betroffen ist (vgl. hierzu auch Jantzen 1999a, 1999c). Merleau-Ponty (1966/1974, S. 111ff.) schreibt, dass der Traumatisierte etwas verdrängt, dass in gewisser Hinsicht dem Phantomglied des Amputierten ähnlich sei, weil in diesem ein vergangenes leibliches Vermögen fortdauere, das nicht mit der Gegenwart übereinstimme. Es ist zwar eine Leerstelle, aber mit der Wirkung des Festhaltens des Traumatisierten an eine für sie/ihn unvergangene Vergangenheit:

> „Diese Fixierung hat nicht etwa nur die Bedeutung einer Erinnerung, sie schließt im Gegenteil die Erinnerung aus, insofern eine solche das einst Erfahrene einem Bilde gleich vor uns entfaltet, die Vergangenheit aber, die unsere eigentliche Gegenwart bleibt, gerade nicht von uns Abstand gewinnt, sich ständig gleichsam hinter unserem Blick verbirgt, anstatt sich vor ihm zu entfalten. Die Trauma-Erfahrung wahrt ihren Bestand nicht in einer Gestalt einer Vorstellung des objektiven Bewusstseins und als datierbares Vorkommnis, vielmehr ist es ihr wesentlich, nur fortzuleben in einem Stil des Seins und in einem gewissen Grade von Allgemeinheit" (Merleau-Ponty 1966/1974, S. 108).

Damit ist auch gemeint, dass die Trauma-Erfahrung sich nicht als konkret thematisierbare und damit erzählbare Erfahrung niedersetzt, sondern im leiblichen Gedächtnis als „Stil des Seins" fortlebt. Eine dauerhafte Abwehrbereitschaft, eine Art von ‚auf der Hut sein' vor anderen und anderem, eine Hypersensibilität gegenüber beschämenden, bedrohlichen Situationen, die auch nur entfernt an die traumaähnliche Situation erinnern können, bleibt bestehen. Der Person ist dies nicht bewusst, wenngleich sie versucht, die Situation zu umgehen:

> *„(...) Ich denke, wenn ich Anni besuchen würde, dass ich in das gleiche Loch falle, also wir machen uns Vorwürfe. Wir haben sie nicht bei uns behalten, wir haben sie nicht geschützt vor dem Vater*

(…), ja, das haben wir (…) und wir haben na ja, also (…). Ja, damals als sie bei uns war, da konnte man sie anstellen. Und dann habe ich sie einmal im Heim/der Psychiatrie gesehen. Sie lag ja nur noch. Das macht uns zu schaffen, das bedrückt uns und wir sagen uns, hätten wir doch auf sie aufgepasst, hätten wir sie können nehmen, dann wäre sie heil geblieben (…). Sie machen doch nichts anderes mit ihr als mit Medikamenten ruhigstellen (…) und sie ist bei den Schwerstbehinderten (…). Ich darf das alles gar nicht denken, nicht sagen. Wissen Sie, nachher, heute Nacht oder morgen falle ich dann ins Loch (…), alles ist dann wie früher, alles wieder da. Wir müssen uns schützen und wir dürfen sie nicht besuchen und ich darf das nicht sagen (…).“ (Interview mit Ida T.)

Das Motiv des Zuhauseseins bei sich und damit des Wohnverhältnisses zur Welt ist insofern von Bedeutung, als die Erzählung von Ida T. auch so gelesen werden könnte, dass mit zunehmender Dauer ein Art Zerfallsprozess dieses Verhältnisses bei den Mitgliedern der Familie (in je unterschiedlicher Form) eintritt: Die Problematik der sozialen Verortung oder des Sich-beheimatet-Fühlens in einer Gemeinde/Gemeinschaft korrespondiert mit dem Zerfall der Verortung an einer bestimmten Position im Raum der Familie sowie der Infragestellung bzw. der Selbstverständlichkeit der Situationsräumlichkeit der Personen. Alles kulminiert in dem von Ida T. angedeuteten Missbrauch des Vaters an Anni und der Schwester Olga und der/die angedeuteten Vergewaltigung/en der Mutter durch den Vater. Auch wenn diese Geschehnisse nur angedeutet werden und keinesfalls als gesichert gedeutet werden dürfen, so kann man doch in Ansätzen davon ausgehen, dass als Folge eine Ent-Beheimatung aus dem eigenen Körper für die Geschwister und die Mutter stattgefunden hat bzw. ein Ringen um die ständig in Bedrohung befindliche Körperlichkeit (=Zerfall der selbstverständlichen Situationsräumlichkeit). Dieser Zustand muss für Anni N. noch deutlicher erfolgen, da sie aus der familiären Gemeinschaft in die Psychiatrie verbracht wurde bzw. sie mit Neuroleptika behandelt wurde. Das schließt die Frage an, was unter einem Wohnverhältnis zur Welt und damit auch einem Zuhause sein bei sich verstanden werden könnte bzw. was es für einen Menschen bedeuten kann, wenn dieses Verhältnis zerfällt?

Der Begriff des ‚Zur-Welt-seins‘ betrifft die Frage nach der Subjektivität leiblicher Existenz. Anders gefragt, was bedeutet es, als Mensch der

Welt anzugehören und *zugleich* das Zentrum der erlebten Welt zu sein? Diese Frage soll hier nur in einem ersten Schritt kursorisch beantwortet werden, um in einem weiteren Schritt das ‚Zerrütten' des Wohnverhältnisses im Zusammenhang mit der Traumatisierung von Frau N. und den Geschwistern der Familie aufzuzeigen.

Als Lebewesen können wir uns nicht nur von innen erfahren, sondern wir sind zugleich von anderen erfahrbar. Wir sind stets Lebewesen-in-Beziehung-mit-anderen/anderem[12]. Und wenn wir einander begegnen, dann nehmen wir uns nicht zunächst in der Perspektive von Beobachtern wahr, sondern als ein lebendiges ‚Du'. Und das heißt, dass wir in der konkreten Interaktion den anderen so wahrnehmen, wie er/sie uns erscheint und sich uns ausdrückt; als eine Einheit von ‚innen' und ‚außen'. Wir, unser Körper, unser Bewusstsein sind verkörpert und eingebettet in die Umwelt, mit der wir sozial verflochten sind. Andere/Anderes ‚bewohnt' uns, ohne dass wir dazu einen privilegierten Zugang hätten (Fremdheit meiner selbst). Wir sind in der Lage, das Verhalten des Anderen unmittelbar wahrzunehmen. Wir erleben und erfahren uns und andere als ein gelebt-erlebtes Lebendiges und zugleich sind wir ein Körper-‚ding', das sich selbst und andere betrachten kann. Letzteres ist vor allem dann der Fall, wenn der gelebt-erlebte Leib ‚thematisch' wird durch eine Erkrankung, durch erfahrene Hindernisse, Verletzungen usw. Er tritt aus seiner ‚stillschweigenden', präreflexiven gelebt-erlebten Selbstverständlichkeit heraus oder hervor und wird plötzlich zu einem Objekt unserer Aufmerksamkeit. Der Leib hat damit einen ambivalenten Status, insofern er eine Art Umschlagstelle und Nullpunkt all unserer Erfahrungen ist.

Aus der Sicht der Phänomenologie ist das Bewusstsein nicht abgeschlossen, nicht ideell, sondern körperlich. Der Körper ist sozial, ein Ich-in-Beziehung-mit-anderen/m, der gerichtet ist auf Welt und verstrickt mit ihr, offen und in der Lage, sich ständig selbst zu überschreiten.

Das Bewusstsein ist körperlich (material); es ist keine ‚Wolke' reiner Immanenz, weshalb Merleau-Ponty von einem präreflexiven Zur-Welt-sein des Leibes spricht. Wir erfahren uns in Beziehung zur Welt, und zwar

[12] Sehr vereinfacht wird der komplexe philosophische Gehalt hier zusammengefasst. Er fußt auf Diskursen, die hier in ihrer Differenzierung nicht wiedergegeben werden sollen. Es sei zur Verfolgung dieser Diskurse lediglich beispielhaft verwiesen auf (eine Auswahl): Merleau-Ponty 1966/1974; Varela et al. 1992; Waldenfels 2000; Alloa et al. 2012; Meyer-Drawe 1984; Ricken 2000; Kastl 2001; Trevarthen 2012 u.v.m.

durch eine permanente Selbstüberschreitung, und das in einer Art präreflexiver Selbstverständlichkeit oder auch Selbstvertrautheit. Wir sind dauerhaft durch unseren Körper mit der Welt verbunden: gehen, laufen, sprechen, sich umdrehen, sich bewegen etc., in unterschiedlichen Situationen. Im Umgang mit der Welt, im Verhalten, Tun und Handeln konstituiert sich die Welt für uns.[13] Unsere Bewegungen sind ein Vollzug und werden nicht primär durch einen inneren Geist/das Gehirn ausgelöst. Die Auseinandersetzung mit anderen/anderem birgt eine *grundlegende Differenz:* Die Selbstvertrautheit ist ‚immer schon' von Fremdheit durchsetzt, weil diese nur durch den Dialog oder die Interaktion mit der Welt (dem anderen/das andere) erreicht werden kann.[14]

> „Fremdheit löscht all das, was in unserer neuzeitlichen Tradition ›Subjekt‹ und ›Rationalität‹ heißt, nicht aus, aber sie führt zu der Einsicht, dass niemand je völlig bei sich selbst und in seiner Welt zu Hause ist" (Waldenfels 2006, S. 126).

Diese sehr kursorischen und eher thesenhaften Ausführungen zeigen skizzenhaft auf, dass der Begriff des Zur-Welt-seins das Subjekt weder durch eine egologische Personalität noch durch eine deterministische Sozialität beschreibt. Merleau-Ponty hat für diesen Zusammenhang den Begriff der „intercorporéité" gebraucht. Meyer-Drawe (1984, S. 31) weist darauf hin, dass die Übernahme ins Deutsche im Sinne einer Zwischenleiblichkeit möglich ist, aber suggeriere, dass es um Pole und ihre Verhältnissetzung ginge. Sie schlägt daher den Begriff der Intersubjektivität (im Sinne von: inter nos amamus) vor:

> „Unsere Leiblichkeit ist der Prototyp dieser Dialektik. Indem wir leiblich existieren, sind wir weder nur Ausgedehntes noch nur Bewusstsein, weder nur Inneres noch nur Äußeres, weder nur Vergangenheit noch nur Zukünftiges, weder nur Individuelles noch nur Kollektives, weder nur notwendig noch nur kontingent, weder

13 Vgl. hierzu die Ausführungen von Trevarthen 2012; Stern 1995, 2020 für die kindliche Entwicklung der leiblichen Struktur im dialogischen Prozess sowie Schilder 1999.

14 Zur Bedeutung der Fremdheit sei an dieser Stelle verwiesen auf: Waldenfels 1990, 2006; Därmann 2005; Ricken 2007; Singer 2021; Stinkes 1998; Liebsch 2005; Levinas 1983 u.a.

> nur natürlich noch nur geschichtlich, weder nur objektiv- dinglich noch nur subjektiv-geistig, weder nur aktiv noch nur passiv. Selbst in Grenzfällen unserer Existenz, wie etwa in der Krankheit, zerbrechen diese Spannungen nicht, sie gewinnen dadurch an Gewicht, dass sie einseitig in das Zentrum unseres Existierens geraten" (Meyer-Drawe 1984, S. 31).

Belassen wir es bei diesen ersten kursorischen und thesenhaften Ausführungen, deren Gehalt uns bei der Kategorie der Responsivität (vgl. B. 1.) erneut begegnen wird, und fragen uns, ob es Indizien, Hinweise etc. dafür gibt, dass Anni N. das Zuhause-Sein in der Welt weggenommen worden ist?

In der Phänomenologie wird mit Merleau-Ponty von „Situationsräumlichkeit" gesprochen, wenn das Zur-Welt-sein näher betrachtet werden soll. Damit wäre eine Art von Umgang mit etwas gemeint (vgl. Waldenfels 2000, S. 115). Situationsräumlichkeit hat mit einem Hier zu tun, was nicht nur eine Stelle im Raum meint, sondern einen Ort, von dem aus etwas erlebt, erfahren, wahrgenommen, getan etc. wird. Die Situation eröffnet zudem ein Raum-Feld, indem wir bestimmte Möglichkeiten spontan realisieren können. Insofern ist unser Leib ein ‚ich kann' (vgl. Merleau-Ponty 1966/1974, S. 166) oder ein Vermögen zu sehen, berühren, zu empfinden, mit Dingen umzugehen etc. Im *Handeln* findet sich ein Unthematisches, eine nicht explizit gebliebene Erfahrung als Beitrag von Vergangenheit und Gegenwart, eine ‚sedimentierte Geschichte', die die Genese unseres Denkens und den Sinn des Verhaltens und Denkens festsetzt. Kastl (2004, S. 220) führt dazu aus:

> „Wenn wir in ein Gespräch verwickelt sind, eine Melodie wahrnehmen, einen Arbeitsablauf absolvieren, bewegen wir uns nicht in einer reinen punktuellen Gegenwärtigkeit, sondern in einer *voll*-dimensionierten Zeitstruktur, in der (eben) Vergangenes, Aktuelles und (gleich) erwartbares Geschehendes aufeinander bezogen sind. Dies geschieht eben, ohne dass wir eigens Erinnerungen abrufen oder explizite Erwartungen formulieren müssten."

In ähnlicher Weise hat dies Wilhelm Pfeffer (1988) für die Behindertenpädagogik bereits unter Bezug auf Leibphänomenologie formuliert, um den Rahmen durch diese Sicht gleichsam zu ‚sprengen', der nämlich dem modernen Subjekt zumutet, für alle Konstitutionsleistungen selbst aufzukommen. Buytendijk (1948, S. 29) schreibt, dass der Leib keine ‚chose' sei, sondern ‚acces aux chose', d. h. er *tut* etwas und *bemerkt* etwas, wodurch unser persönliches Handeln und Wahrnehmen erst realisiert wird. Buytendijk spricht deshalb von einem ‚kennenden Leib', der vor jeder bewussten Objektivierung von der Außenwelt weiß (ebd., S. 35). So ‚kennt' man beispielsweise einen holprigen Boden und nimmt ihn in Bezug auf sein Gleichgewicht entsprechend wahr. So kennt Anni N. ihren Schaukelkorb und nimmt diesen entsprechend in *ihre* Nutzung auf.

An diesem Punkt berühren sich das Habitus-Konzept von Bourdieu und das leibphänomenologische Konzept von Merleau-Ponty, weil sie auf je unterschiedliche Weise akzentuieren, dass Menschen über Verhalten verfügen, das habituell zu nennen ist, welches also *nicht unbedingt reflexiv, aber in jedem Fall leiblich-sozial begründet sein muss:*

> „Sich an einen Hut, an ein Automobil oder an einen Stock gewöhnen heißt, sich in ihnen einrichten, oder umgekehrt, sie an der Voluminösität des eigenen Leibes teilhaben lassen. Die Gewohnheit ist der Ausdruck unseres Vermögens, unser Sein zur Welt zu erweitern oder unsere Existenz durch Einbeziehung neuer Werkzeuge in sie zu verwandeln. Man kann Schreibmaschine schreiben können, ohne anzugeben zu wissen, wo sich auf der Klaviatur die Buchstaben befinden, aus denen man die Worte zusammensetzt, (…) Ein Wissen, das in den Händen ist, das allein der leiblichen Betätigung zur Verfügung steht, ohne sich in objektive Bezeichnung übertragen zu lassen" (Merleau-Ponty 1966/1974, 173 f.).[15]

Eingespielte Bewegungsabläufe und andere wiederkehrende Wahrnehmungs-, Verhaltens- und Handlungsformen habitualisieren sich und werden zu einem leiblichen Können. Wenn wir beispielsweise durch eine Tür gehen, dann berechnen wir nicht vorab, wie hoch und breit die Türöffnung ist, wir gehen mit großer Selbstverständlichkeit durch die Tür. Dieses leibliche Wissen vermittelt etwas Vertrautes, Wiederkehrendes im Wechsel von Situationen und es ist zugleich aus der Situation heraus (Umgang) entstanden. Man könnte daher davon sprechen, dass das leibliche Ver-

[15] In diesen Zusammenhang gebracht, erhalten die Ausführungen von Papoušek (1994) über die Entwicklung der kindlichen Sprache und die Bedeutung der frühen Mutter-Kind-Interaktionen eine weitere Akzentuierung.

trautsein im Umgang mit Dingen, Handlungen etc. ein biografisches Vergessen bedeutet, eine Art Absinken des Getanen und Erlebten wie ein Sediment. Wir müssen uns beispielsweise nicht bewusst jeden Schritt vor Augen führen, um zu gehen – solange nicht etwas Ungewohntes oder eine Erkrankung uns dazu nötigt. Wenn wir uns beispielsweise an etwas stoßen im Raum, der uns bekannt ist und den wir durchschreiten, dann ist etwas ungewohnt. Leibliche Erfahrungen sind daher situiert, an Situationen gebunden, an Räumen, weshalb der Begriff der Situationsräumlichkeit durchaus zutrifft.

Was mit Waldenfels (2000, S. 115) unter Bezug auf Merleau-Ponty als Situationsräumlichkeit beschreibbar ist, wird von Fuchs (2000, 2008, 2011) als Leibgedächtnis, von Squire und Kandel (1999) als non-deklaratives Gedächtnis und bei Kastl (2004, 2021) im Sinne des Konzeptes Körperschema als „Bewegungs-Gedächtnis" sowie von Bourdieu (1997) als Habitus bezeichnet. Trotz markanter Unterschiede zwischen den Begriffen/Konzepten und dem innewohnenden Gehalt wird damit stets eine Art *selbstverständliches Vermögen des Leibes* angedeutet, in dem der Leib sich auf etwas bezieht, ohne dass es explizit thematisiert werden müsste, d. h. das menschliche Verhalten ist responsiv. Vor allem in unseren Beziehungen zu anderen Menschen sind wir in zwischenleibliche (s. o.) Situationen eingebunden. In unseren Dialogen und Interaktionen sind wir auf die Vorerfahrungen von Interaktion und Dialog mit anderen angewiesen.

Die Ausführungen versuchen zu belegen, dass ein Zuhause-Sein in der Welt mit einem selbstverständlichen leiblichen Vermögen zu tun hat, das uns dabei hilft, uns in Situationen, in Interaktionen mit anderen, bei unseren Handlungen und im Umgang mit den Dingen zurechtzufinden. Wenn kumulative traumatische Erfahrungen (vgl. Keilson 1998) vorliegen wie bei Anni N., die vermutlich einen gewaltvollen Übergriff durch eine vertraute Bezugsperson, die Exposition aus der Familie, die Verbringung in eine Psychiatrie und den radikalen Abbruch der Kommunikation durch vertraute Bezugspersonen erlitten hat, dann ist davon auszugehen, dass sie als *Verletzungen in den Leib eingeschrieben* werden. Der Prozess der Einschreibung der realen, aktuellen Beziehungserfahrung (Missbrauch, Kommunikationsabbruch, massive Verlusterfahrung) bewirkt eine Konfrontation mit bisherigen verinnerlichten Erfahrungen (innerpsychische Objekte). Es ist davon auszugehen, dass sich diese unbewältigten leidvollen Erfahrungen unbemerkt vor jede neue Beziehungssituation schieben und damit Anni N. an eine nicht vergehende Vergangenheit binden. Das Körpergedächtnis bewahrt diese Erfahrungen und setzt sie (teilweise) an die Stelle eines Vermögens des Umgangs mit anderen Menschen:

> *„Anni N. dreht sich heftig und abrupt von der Bezugsbetreuerin weg, als diese ihr anbietet, ihr beim Anziehen des Anoraks zu helfen. Sie schreit laut und dreht trotz intensiver und nach meinem Eindruck auf sie freundlich eingehendem Tun der Bezugsbetreuerin immer wieder weg. Ihr lautes Schreien steigert sich und gewinnt an Dauer (eine Viertelstunde). Ganz erschöpft sitzt sie auf dem Stuhl." (Tagebuchnotiz Stinkes)*

> *„Seit geraumer Zeit versuche ich, mit Anni gemeinsam einen weiteren Spaziergang in die Stadt zu unternehmen. Anni hatte den letzten Spaziergang relativ still genossen und sich aufmerksam im Café umgesehen. Sie ist heute motorisch sehr aktiv und geht unruhig durch den Wohnraum des Emma-Lindner-Heims. Immer wieder stößt sie Schreie aus, die abgelöst werden von einem deutlichen I—da (Ruf nach ihrer Schwester). Das langgezogene I---da-Rufen klingt für mich wie eine Art Hilferuf. Daher schaue ich, ob es irgendeine für sie wahrnehmbare Bedrohung in den Räumen des Emma-Lindner-Heimes gibt. Während ich durch die (leeren) Räume gehe, bleibt Anni bei ihrem Verhalten. Freundlich gehe ich auf sie zu, um ihr (sie wirkt schon erschöpft) anzubieten, in ihren vertrauten Wohnraum zu gehen. Als sie mich wahrnimmt, schreit sie noch lauter und wendet sich abrupt von mir ab. Es hat für mich den Eindruck, als würde sie sich extrem vor mir fürchten." (Tagebuchnotiz Stinkes)*

Die Beispiele sind lesbar in dem Sinn, dass Annis Körper für sie bedrohliche Situationen, Absichten, die sie erkennt, Handlungen und Verhaltensweisen der Bezugsbetreuerin und von mir, zu vermeiden sucht. Ihr Körper antwortet auf die Situationen, als seien diese bedrohend und sie ist diesen Situationen ausgeliefert. Es könnte sein, dass allein die Gegenwart der Bezugsbetreuerin und meine Gegenwart eine Art Kaskade der Erinnerungen freisetzt, als würde eine in Schach gehaltene, vergessene Welt erneut aufwachen. Für Peter Levine sind solche leiblichen Erinnerungen eine Art Knotenpunkte leiblicher Erinnerung (vgl. Levine 2011), die dann einen eigenen subjektiven Sinn entfalten. In ihnen ist die Breite der Gefühle, Stimmungen, Atmosphären, der Ahnungen und Befürchtungen enthalten, die etwas mit einem Verborgenen/Verdrängten zu tun haben. Wichtig erscheint hier, dass die Dimension des subjektiven Sinns der (biografisch kontextualisierten) Verhaltensweisen als eine Sichtweise des aktuellen Verhaltens in den Fokus rückt. Alles, was wir wahrnehmen, was wir tun, wie wir uns verhalten, mit Menschen und Dingen umgehen, Atmosphären, Blicke, Gerüche etc. bleibt (sedimenthaft) gegenwärtig in vertrauten oder anderen Situationen. Mit diesem Verständnis wird Anni N.s Verhalten für andere Menschen nicht zu einer unvordenklichen Rätselfigur, sondern zu einem menschlichen Verhalten, das aus den biografischen Situationen her begründbar ist. Das Entscheidende ist, dass eine Zeugenschaft für ihr Leiden, ein mögliches Verstehen ihrer Schmerzen, damit möglich ist. Vor allem das Leid will mitgeteilt werden, beglaubigt werden, braucht Zeugen, die leiblich bestätigen: „Ja, du hast gelitten und leidest noch". Die ‚Stimme' der leidenden Person wird damit beglaubigt und ihr eine personale Kontinuität zugestanden.

5 Traumatisches Zwischenreich

Gefangenschaft im Pathos

Anni N. hat den Verlust der vertrauten Umgebung erfahren müssen und den Verlust ihrer Geschwister. Sie wurde in eine Institution katapultiert ohne Möglichkeit dem zu widersprechen. Worauf kann sich ein Mensch stützen, um zu überleben, wenn mit der Traumatisierung die Vorstellung von sich zerbricht? Anni N. ist vermutlich als sehr junges Mädchen einem sexuellen Missbrauch ausgesetzt gewesen und wurde mit einem für sie absolut Unerklärlichem, völlig Fremden, Gewaltvollem, konfrontiert. Die Begegnung mit einem völligen Fremden ergibt sich aus der viel zu frühen und auch gewaltvollen Konfrontation mit Sexualität. Zeitlich zu früh, als dass das Ereignis in irgendeiner Weise einzuordnen wäre. Selbst der Begriff des ‚Ereignisses' verharmlost noch die Gewalt des Widerfahrnisses, das unauslöschliche Spuren in ihr (Anni N.) hinterlassen wird. Das traumatische Widerfahrnis, das Anni N. erfahren hat, gehört zu ihr, wie es ihr auf eine spezifische Weise zugleich nicht zugehört, weil es Anni N. in ihrer Intimität betrifft und *zugleich* eine Art Fremdkörper darstellt. Das traumatische Widerfahrnis kann nicht angeeignet werden, verstanden, in der Ordnung des Wissens versprachlicht werden, weil es verworfen wurde, um sich selbst zu retten. Freud hat diesen Vorgang als ‚Verdrängung' bezeichnet, als etwas, das weder erinnert noch vergessen werden kann (vgl. Bernet 2001, S. 228). Das Subjekt selbst, so vermerkt Bernet unter Rückgriff auf psychoanalytische Interpretationen der Traumatisierung (ebd.), könne das stumme Leiden und die Ohnmacht, die es erfahren habe, nicht aus eigenen Mitteln bewältigen. Es bedarf weiterer Ereignisse (Trigger), die dem traumatischen Widerfahrnis im Leben von Anni N. seine Bedeutung geben. Und zwar über eine *Verknüpfung* zwischen einem zweiten, belanglosen Ereignis (Trigger) und dem ersten, traumatischen Ereignis als einer ‚Spur', hänge sich (zeitlich betrachtet) nachträglich das zweite an das erste (traumatisierende) Ereignis und gebe ihm, jenseits seiner schockartigen Struktur, eine Bedeutung. „Erst in dem Moment, wo das erste Ereignis – welches für das Kind ein Schock ist, aber keine Bedeutung beinhaltet – sich mit dem zweiten Ereignis – Bedeutung, aber ohne Schock – verknüpft, betritt das Subjekt den Schauplatz" (Bernet 2001, S. 229). Bei der Verdrängung, die hier geschieht, wird eine Bedeutung durch eine andere Bedeutung ersetzt. Diese äußert sich deutlich als Angst, Panik, die Anni N. so oft ergreift und sie unfähig macht, in einer Situation zu sprechen, ihren Willen zu äußern bzw. im Realen zu verbleiben. Im Grunde kann Anni N. nicht auf das traumatische Ereignis antworten und auch nicht nicht antworten. Das Trauma verhindert seine Vergegenwärtigung, sein Gesagt-werden-können und an diese Stelle tritt ein Schweigen und eine Wiederholung von Symptomen, die sich für andere als unerklärlich motiviert darstellen (Pillendrehen, plötzliches, lautes Schreien, Abwehrhaltungen etc.), aber sie verhindern, dass Anni N. des Traumas gewahr wird. Sie sind also eine Art von Schutz, der sie vor dem Gewahrsein des traumatisierenden Ereignisses bewahrt: Ein aneignendes Verhalten jedoch im Sinne einer Verwerfung, Verdrängung oder Verneinung dessen, was ihr geschehen ist. Der Preis, den sie dafür zahlt, ist gewaltig, denn die Symptome beherrschen ihr gesamtes Leben und Zerrütten das Zuhause-Sein in der Welt. Paul Celan schrieb von einem vergessenen Wort: „(…) Dies ist ein Wort, das neben den Worten einherging, ein Wort nach dem Bilde des Schweigens (…)" (Celan 1983, S. 92). Die komplexen Symptomatiken, die Anni N. ausgebildet hat, könnten so verstanden werden, als würde die Grenze zwischen symbolischer Repräsentation des Traumas (Symptom) und der Realität derart verwischt, dass

Anni die Bedeutung der Symptome nicht erkennen kann. Wenn Wolfgang Jantzen von Gewalt als „verborgener Kern der geistigen Behinderung" (Jantzen 2003) und Valerie Sinason von einem „Vertäubtsein vor Gram" (Sinason 2000) sprechen, dann deuten sie etwas Unbegreifbares und zutiefst Betreffendes an, das unmöglich angeeignet werden kann bzw. nur als Form von Symptomen existiert. Nichts kann den behinderten Menschen darauf vorbereiten, in der Tiefe seiner Sensibilität traumatisiert zu werden durch den gewaltvollen Einbruch der Empathielosigkeit, der personalen Gewalt oder, den Exzessen von Exklusionsformen, denen er ausgesetzt ist bzw. ausgesetzt sein kann. Gerade die empathielose Verdinglichung der Behinderung, das Verstehen der Behinderung als ‚reiner Natur', versperrt dem traumatisierten Menschen ein Überleben, weil im Grunde damit auch das Empfinden von Verwundbarkeit verhindert wird, welches sich durch eine antwortende Beziehung einstellen könnte. Denn eine antwortende Beziehung geht auf (Körper)Rhythmen ein, akzentuiert ein Zwischenreich zwischen Pathos und Response, das sich prozesshaft entfaltet und weniger initiiert als vernommen wird. Es können in einem hauchfeinen Spalt der Sensibilitäten zwischen einem freundlichen Begleiter bzw. einer freundlichen Begleiterin und dem traumatisierten Menschen responsive Geschichten über Rituale, körperliche und sprachliche Ausdrucksformen, Verhalten und Handeln entstehen (vgl. Trevarthen 2012; Stinkes 2018). Es bleibt aber deutlich festzuhalten, dass dies für den traumatisierten Menschen wie ein Sprung in den Brunnen gleichkäme, denn sie/er muss zu seiner/ihrer Rettung wagen, sich auf dieses Angebot, die leibliche(n) Sensibilität(en) zu vernehmen, einlassen, und das heißt: sich verwundbar zu fühlen.

> *„Ich halte Anni meine ausgestreckte Hand hin, nachdem wir unsere Mäntel und Mützen angezogen haben. Sie schaut mich kurz an, dann wieder zur Seite – mehrere Male geschieht dies und ich muss lächeln, aber ich empfinde diesen Moment als bedeutsam. Gerade so, als würde sich etwas Wichtiges in diesem Moment entscheiden. Eher instinktiv halte ich die ganze Weile, während Anni mich anschaut und wieder zur Seite sieht, ihr meine ausgestreckte Hand ihr. Wir stehen beide scheinbar regungslos gegenüber. Gerade so weit entfernt voneinander, dass Anni ihre Hand in meine legen könnte. Als ich meine Hand nicht mehr ausgestreckt halten kann, bewege ich meinen Arm langsam und geräuschlos nah an*

mich heran. Ich bleibe weiterhin still vor Anni stehen und habe meinen Blick gesenkt. Die Situation bleibt still und angespannt. Es ist kein Licht an in der Wohngruppe und die anderen Bewohnerinnen sind noch nicht da. Es ist dämmrig, ohne dunkel zu sein. Nach einer stillen Dauer geht Anni kleine Schritte auf mich zu und stellt sich zu meiner Verwunderung neben mich. Wir berühren uns nicht, aber wir schauen uns an. Sie blickt mir direkt in die Augen, ohne diese abzuwenden. „Komm", sage ich, „lass uns zusammen raus in den Schnee gehen. Wir gehen zusammen spazieren." (Tagebuchnotiz Stinkes)

Um das Schweigen und eine Wunde sprechen zu machen, muss man fremde Gesetze nachvollziehen im Sinne eines Empfänglich-Werdens für Fremdes, Dissonantes, Störendes, Andere Es geht um traumatische Erfahrungen, die sich nicht in ein Denken vergegenwärtigen oder zu gemachten Erfahrungen verwandeln lassen. Ein traumatisches Ereignis verfolgt, ist eine zugefügte Wunde, eine Obsession der Wiederholung der immergleichen Symptome, die auf die Unmöglichkeit einer Antwort ebenso warten wie auf die Unmöglichkeit einer Nicht-Antwort. Sich der Obsession, dem Strudel der traumatischen Ereignisse nähern zu wollen, bedeutet auch, sich einer Diachronie zu nähern. Der Begriff der Diachronie bezeichnet zwei Zeiten, die nicht überführbar ineinander sind, aber einen Riss im Bewusstsein des traumatisierten Menschen markieren. Wie soll (Traumatisierung) gedacht werden können, wenn sie nicht gedacht, nicht repräsentiert, also vergegenwärtigt und damit angeeignet werden kann? Denn in der Traumatisierung hat etwas die Kontinuität des Bewusstseins zerbrochen:

> „Passivität des Traumas, aber des Traumas, das seine eigene Vergegenwärtigung verhindert, des betäubenden Traumas, das den Faden des Bewusstseins, das es in seine Gegenwart hätte aufnehmen sollen, durchschneidet; Passivität der Verfolgung" (Levinas 1983, S. 141).

Bernet (2001) macht auf die Beschreibung des traumatischen Ereignisses bei Levinas aufmerksam und akzentuiert die schiere Unmöglichkeit, sich dem Ruf des Anderen zu entziehen, der in die Verantwortung stellt. Das Subjekt werde von einem Fremden, der nurmehr eine Spur und weniger ein konkretes Gesicht darstellt, als Geisel genommen. Diesem Subjekt werde ‚befohlen', Verantwortung zu übernehmen. Der Befehl komme aus einer „unvordenklichen Vergangenheit" (Bernet 2001, S. 233), die niemals Gegenwart war. Hier sieht Bernet eine Ähnlichkeit zwischen der Freud'schen Auffassung von Zeitlichkeit insofern, als der Ausdruck ‚unvordenkliche Vergangenheit' auf das erste Moment des Traumas verweise als etwas, an das sich das Subjekt weder erinnern noch es vergessen könne (Bernet 2001). Deutlich betont er, dass bei Freud ein persönliches Erlebnis der Traumatisierung im Mittelpunkt stehe, während bei Levinas die Andersheit des Anderen und damit die Schutzlosigkeit und Verwundbarkeit zentral sei (vgl. Bernet 2001).

Pathos und Response sind verstehbar als ein aneinandergekettetes Doppelereignis (Waldenfels 2019, S. 163). Im ‚Fall' von Anni N. kann von einer Verformung oder Deformation des Pathischen und Responsiven gesprochen werden, weil ein *Pathos ohne Response* vorliegt. Pathos steht für ein Widerfahrnis, für eine tiefe Erschütterung oder Verletzung, für ein gewaltvolles Affiziert-werden. Es ist eine Form der Überwältigung, die sie in Panik versetzt, eventuell begleitet von ‚Wahnvorstellungen', Blicken und Stimmen, die sie ‚verfolgen'. Aber genauer betrachtet, geht es nicht um eine rein ‚pathologische' Struktur, sondern um eine Entfremdung des Eigenen durch Andere und zwar als ein Erleiden, eine Verfolgung durch Traumatisierung. Warum ist hier das Ereignis der Responsivität abgeschwächt? Natürlich widerfährt uns nichts, worauf wir nicht (leiblich) antworten. Uns widerfährt Freude, Lust, Schmerz, und wir sind es, die dies spüren. Kurt Goldstein (1934/2014) bezeichnete das verfehlte Antworten als ‚mangelnde Responsivität' oder Irresponsivität, wodurch eine zunehmende Verflüchtigung der Antwortlichkeit einsetze. Eine leibliche Sprachlosigkeit bei Anni N., obzwar sie der Sprache fähig ist:

> „*Es ist ein heißer Sommertag. Ich fahre Anni im Rollstuhl und wir kommen an einem Eissalon vorbei. Einige Menschen stehen vor dem Eissalon und halten ihre Eistüten in der Hand. Ich bemerke, wie Anni ihren Kopf zur Seite dreht und auf die Eistheke mit ihren einladenden Eissorten, die sich wie kleine Berge türmen, schaut. ‚Anni, möchtest du ein Eis?' frage ich sie. Sie schaut weiter auf die Eistheke und ich wiederhole meine Frage. Dann schaut sie mich an, aber wie durch mich hindurch und ich wiederhole meine Frage. Es kommt von ihr weder eine sprachliche noch eine andere*

Reaktion. Sie schaut mich an, als würde ich nicht existieren. Kurzerhand kaufe ich eine Eiswaffel, setze mich auf einen nahegelegenen Stein und halte ihr das Eis so nahe als möglich vor ihr Gesicht, wobei ich einen Finger hineintauche und ihn mit einem lauten ‚hmmmm' dann in meinen Mund führe. Sie schaut mich ungerührt an. Ich nehme erneut die Eiswaffel und stupse vorsichtig das Eis an ihre Lippen. Jetzt scheint sie die Kühle des Eises zu bemerken, leckt sich die Lippen und schaut mich wirklich an, wobei sie lächelt. ‚Na klar, sagte ich, jetzt kaufen wir dir auch noch eine Eiswaffel, was meinst du? '. Wir kaufen die Eiswaffel für Anni und ich gebe sie ihr in die Hand. Sie leckt genüsslich das Eis" (Tagebuchnotiz Stinkes)

Auf eine spezifische Weise kann Irresponsivität auch das Verflüchtigen des ‚Eigenen' und des Anderen anzeigen. Traumatisierung als Fixierung auf das Vergangene, zieht mit Waldenfels eine Art von Entleerung der Zukunft nach sich (Waldenfels 2019, S. 80). Vielleicht ist das, was Waldenfels mit ‚Entleerung der Zukunft' andeutet, verstehbar als lebe der traumatisierte Mensch wie in einer Art Luftblase, neben der Zeit schwebend während ihr/sein Leben auf seltsame Weise wie innehielte? Das sich Ändernde, das Offene der Zukunft ist dahin. Bei der Traumatisierung wird die Vergegenwärtigung des Traumas verhindert; der traumatisierte Mensch ist in einer Art Wiederholung des Unwiederholbaren gefangen, und damit ein Weg wie versperrt, Gegenwart und Zukunft als ein präsentisches und lebendiges Geflecht von Eigenem und Fremden zu (er)leben. Ich bin Anni N. nicht gleichgültig, ebenso wenig wie die Eisberge in der Auslage der Eisdiele, die Kühle und der Geschmack des Eises (s. o.). Aber es brauchte eines Impulses von anderswo für sie und für mich, um ein Antworten aufzeigen zu können (vgl. Sacks 1990).

6 Traumatisierung durch maßloses Elend?

Ambiguität der Verwundbarkeit

Mit den Ausführungen von Bernet als eine Anknüpfung an eine ‚Ethik als Optik' mit Emmanuel Levinas, geht es um die Andersheit des Anderen als einer radikalen und uneinholbaren Fremdheit, die sich jeder Form der

Aneignung, der Repräsentation entzieht. Elisabeth Weber (1990) und Rudolf Bernet (2001) fragen bzw. zeigen auf, inwiefern das Subjekt, das sein Leben genießt, *per se* ein ‚traumatisierbares' Subjekt sein soll. Mit Levinas ist *jedweder Andere* ein Widerfahrnis im Sinne eines Einbruchs in mein Denken, Vorstellen, Repräsentieren. Durch eine existentielle und ethische Verwundbarkeit, Sensibilität, Leiblichkeit, werde ich berührt, *ohne* dass dieser andere Mensch als radikal Anderer, Fremder, von meinem Verstehen, Denken und Sprechen je eingeholt, angeeignet werden könnte: Wie eine Spur im Sand, deren Hohlform von der Anwesenheit einer Abwesenheit kündet und die ich zu lesen nur im Sinne eines Stammelns im Stande sein soll. Und dennoch nehme ich die absolute Ausgesetztheit des Anderen wahr, die sich im Vorübergehen, in der Spur seiner Anwesenheit einer Abwesenheit, nur an den Rändern einer auf seltsame Weise ‚unmöglichen' Erfahrung, aufhält. Dass ein Anderer, der nicht erscheint, sondern nur als Spur vorübergeht, mich berührt, dies kann nur geschehen aufgrund einer *ethischen Sensibilität* für die Nacktheit, die Armut, die Verwundbarkeit des Anderen (vgl. Levinas 1978/1992, 203 f.). Der Andere verpflichtet mich nach Levinas daher, auf diese Verwundbarkeit zu antworten. Damit ist gemeint, dass er in all seiner Verwundbarkeit in einem asymmetrischen, ethischen Verhältnis zu mir steht. Dieses ethische Verhältnis verpflichtet mich ohne den Anderen gleichzeitig mit zu verpflichten. Daher sind wir – ethisch betrachtet – *nicht gleich* und werden niemals gleich sein.

> „Es gibt also Traumatisierung, das heißt das Scheitern jedes Versuchs, eine Beziehung der Gegenseitigkeit mit dem Anderen herzustellen: ‚[D]as durch den Anderen befallene Subjekt kann nicht denken, dass dieses Befallen-Sein reziprok sei, denn auch von der Besessenheit, die es auf denjenigen ausüben könnte, der es besessen macht, ist es selbst noch besessen.'" (Levinas 1978, 106/188 nach Bernet 2001, 235f).

Es ist eine ethische Beziehung ohne Gegenseitigkeit, ein Befallen-Sein vom Anderen wie eine Verfolgung wider Willen, eine Heimsuchung durch den Anderen, die sich selbst im Kern des Genießens des Lebens, und noch in der tiefsten Intimität des eigenen Lebens, eingenistet hat. Der Andere ist nicht anderswo, er hat sich wie ein Fremdkörper in meinem Fleisch eingenistet, ohne dass ich ihn aneignen oder ausstoßen könnte.

Ähnlich wie in der psychoanalytischen Deutung des Traumas gibt es auch bei Levinas diesen Moment der Überraschung, die Plötzlichkeit: Der Begriff der ‚Widerfahrnis' drückt dies sehr deutlich aus: Widerfahrnis im Sinne der Ankunft des Anderen als etwas, dass das Subjekt nicht erwartet hat und auf das es sich nicht vorbereiten kann. Die Ankunft des Anderen ist traumatisch und das Subjekt reagiert zu spät. Der Andere sei wie ein „Loch in der Welt" (Levinas 1983, S. 227), er entziehe dem Subjekt jede Anerkennung, jede Verbindung, jeden Anhaltspunkt und dieses erfahre *sich* nicht mehr – die Gewalt wäre absolut. Das traumatische Ereignis geschieht dem Subjekt, aber der Ursprung der Traumatisierung liegt in einem Außerhalb, einem absolut Fremden. Bernet fragt zu Recht, inwiefern das Subjekt, das sein Leben genießt, per se ein ‚traumatisierbares' Subjekt sein soll? Er antwortet mit Levinas und Freud zugleich und verweist darauf, dass derjenige, der sich schütze, sich auch verwundbar fühle und davon wisse, dass ihn jederzeit anonyme Mächte aus der sicheren Position seines Genusses des Lebens herauskatapultieren könnten (vgl. Bernet 2001, S. 242). Zugleich sei das Genießen ‚verwundbar', weil es durch das Leiden des Anderen aus der Bahn geworfen werden könne. Zu genießen, zu ‚baden' in dem Dahinleben, bedeutet auch, das Leiden des Anderen zu vergessen – aber es bedeutet auch, wie Bernet (2001, S. 243) mit Bezug auf Levinas (1978/1992, S. 167) feststellt, dass, nur wer das Genießen ‚kennt', das Leiden des Anderen empfinden kann. „In Levinas´ Sichtweise bedeutet dies, dass die Begegnung mit dem Leiden des Anderen uns allein in dem Maße traumatisiert, in dem sie uns in der Einzigartigkeit unseres Genießens erreicht und wir in unserem Fleisch verspüren, woran es dem anderen mangelt" (Bernet 2001, S. 244). Die *Ambiguität* besteht darin, dass wir als leibliche Wesen auch eine Passivität und Entsagung leiblich erfahren: Wir sind *zugleich* Offenheit für den Genuss, die sich in der Verschwendung und dem Genuss gefallen kann. Die *Bedingung der Möglichkeit für Verwundbarkeit* ist die Leiblichkeit und Sensibilität. Daher ist das Subjekt mit Levinas in seiner und aufgrund seiner Sensibilität, Leiblichkeit, traumatisierbar. Dieser Befund von Bernet (2001) bedarf einer genaueren Betrachtung. Für Levinas sind die physischsten Regungen die des Für-den-Anderen – und zwar durch die Passivität der Leiblichkeit. Sinnlichkeit und Leiblichkeit erhalten ihre volle Bedeutung in der Verbindung mit der Sterblichkeit. Diese Trias: Sinnlichkeit-Leiblichkeit-Sterblichkeit zeigen die Situation der Zeitlichkeit an. So können wir z. B. die Falten im Gesicht lesen als Verbindung von Präsenz und Absenz. Eine äußerste Ausgesetztheit und zugleich Immer-schon-Entzogenheit, denn ich kann in keiner Weise sagen, dass dies eine Art von ‚Akt' ist, den *ich* vollziehe: Das Altern als Vollzug ist athematisch, d. h. es entzieht sich mir und setzt mich aus und stellt zugleich ein Zeichen dar eines vergehenden Daseins. Leiblichkeit bedeutet daher Ausgesetztheit, Verwundbarkeit, Empfänglichkeit für Genuss und für Schmerz. „Der entblößte, atmende, alternde, schwangere Körper inkarniert jeweils eine Passivität, der keine Aktivität mehr entspricht und der die Subjekt-Objekt-Korrelation der traditionellen Philosophie radikal in Frage stellt" (Wiemer 1988, S. 106 f.). Insofern kann Bernet sehr zu Recht sagen, dass das Subjekt immer in seiner Sensibilität traumatisierbar ist; wobei Sensibilität die Ambiguität von Verwundbarkeit *und* Genuss ausdrückt (vgl. Bernet 2001, S. 245).

Das Subjekt, das unter einem unerträglichen Erlebnis leidet und das Subjekt, das von der Andersheit des Anderen und dessen Ausgesetztheit und Leiden getroffen wird, *repräsentieren zwei unterschiedliche Perspektiven:* Im ersten Fall ist es ein *persönliches Ereignis*, im zweiten Fall ein Ereignis auf der *ethischen Ebene*. Die Optik, mit der man hier sieht, ist die Ethik. In diesen Zusammenhang einer Ethik als Optik gehört die Frage:

> „Wie kann man durch das traumatische Ereignis einer Konfrontation mit der unverstehbaren Not des Anderen hindurch einen persönlichen Befehl anerkennen, der sich an mich, und zwar in meiner unersetzbaren Singularität richtet?" (Bernet 2001, S. 250).

Es geht also nicht nur darum, das Leid des Anderen als ein Leid zu vernehmen, das auch das Meine hätte sein können und *darum* antworte ich auf die Not des Anderen. Die Schwierigkeit besteht darin, zu einer *Abwesenheit in Beziehung* zu treten. Worin besteht aber diese seltsame, unvordenkliche Beziehung? Eine Beziehung, in der ich mich betroffen finde, zu einer Verantwortlichkeit zitiert, die nicht mit meiner freien Entscheidung beginnt? Diese Verantwortlichkeit übersteigt Logik, das Bewusstsein, ist maßlos und zeigt die Idee des Unendlichen im Endlichen an. Von einem Begehren nach dem Anderen wachgehalten werden, dessen ‚Antlitz' ich nicht eingemeinden oder gar erkennen kann. Das Unendliche im Endlichen ist ein ethischer Anspruch, eine Verpflichtung und dies bedeutet, dass ich mich als verpflichtet *vorfinde*: In einer gewissen Weise bedeutet die Begegnung mit dem Anderen daher, sich in einer sprachlichen

Beziehung zum Antlitz des Anderen vorzufinden, von welcher eine Bitte, ein Gebot ausgeht. Das hat nichts mit Interaktionen oder mit produzierbarer Sprache zu tun, die sich nur in einer sprachlich formulierten Bittstellung des Anderen äußert, sondern mit einem Empfangen, das über ein Verstehen hinausreicht (vgl. Wiemer 1988, S. 45) und eine Erschütterung meines Für-sich-seins darstellt. Die Begriffe des Ausgesetzt-Seins oder der Passivität, welche Levinas in „Jenseits des Seins oder anders als Sein geschieht" (1978/1992) nutzt, könnten die Zeit des Anderen meinen, die man nicht übernehmen, aneignen sondern nur ‚erleiden' kann. Die Leiblichkeit und Sinnlichkeit ist hier die extreme Form der Passivität – eine Ausgesetztheit an einen immer bevorstehenden Tod und den absoluten Appell, in menschlicher Nähe beizustehen. Wir kennen die Not des Anderen, das Leiden, das maßlose Elend. Aber der Andere kann mich fühlen lassen, dass ich fühle, weil es einen minimalen Spalt in der eigenen leiblichen Sensibilität gäbe (vgl. Bernet 2001, S. 252). Dieser Spalt bestehe nach Bernet darin, dass das Subjekt sich verwundbar fühle und zwar ‚wider Willen'. Wir nehmen den fliehenden Menschen, den obdachlosen Menschen, die konkrete Armut etc. wahr: Vor diesem ‚Einbruch des Anderen' kann ich mich nicht bewahren, auch wenn dieser Einbruch wider Willen geschieht; der von Strasser (1978) unter Bezug auf Levinas genutzte Begriff der Geiselschaft drückt diesen Umstand sehr gut aus. Einzig meine Antwort kann als Antwort, die das Leiden des Anderen sieht, verweigert werden. Aber dann habe ich *trotzdem* ein leibliches Bewusstsein der erlittenen Prüfung. Bernet schreibt dazu:

> „Diese dem Empfundenen mit leichter Verspätung nachfolgende Empfindung, dieser minimale Spalt in der eigenen leiblichen Sensibilität ist das einzige, worauf sich das Überleben des Subjekts stützen kann. Ohne dieses Empfinden gäbe es weder Narzissmus noch Hingabe seiner selbst, weder überwundenes Trauma noch aus Liebe zum anderen bejahtes Trauma, weder Ruf noch Antwort. (…) Das traumatisierte Subjekt über-lebt, indem es sich »wider Willen« verwundbar fühlt" (Bernet 2001, S. 252).

Ist die Schwester von Anni N. mit verantwortlich für das maßlose Elend von Anni N.? Für das Zerrütten ihres Zuhauseseins? Zum Menschen als Anderem nicht in Differenz gehen zu können, bedeutet mit Levinas und einer Ethik als Optik, dass sich diese Differenz nicht unter einem Gemeinsamen fassen lässt wie z. B. als eine Kategorie, eine Thematisierung oder Aussagbarkeit. In der Begegnung mit Anni N., in der konkreten Erfahrung, die ihre Schwester mit ihr gemacht hat bzw. von ihr hat, entzieht sich etwas, das diese Erfahrung übersteigt, transzendiert. Es ist ein Entzug im Bezug, eine ethische Differenz, die jedoch auch ihre Schwester in die Verantwortung ruft. Aus dieser Perspektive einer Optik der Ethik ist die Schwester von Anni N. nicht für sie verantwortlich, *weil* ihr maßloses Leid widerfahren ist, sondern weil sie diese auf unhintergehbare Weise als Andere angeht[16]. Und dennoch: Konfrontiert mit Elend und ihrer Biografie, die von Formen der Gewalt spricht, kann die Schwester nicht teilnahmslos bleiben. Gewalt beginnt dort, wo das eigene Leben in keinem Verhältnis zum anderen steht, man so tut, als sei man allein. Gewalt widerfährt jemandem – und hier Anni N. und ihrer Familie – als eine Gemengelage von Absichten und Folgen, wo sich zuweilen jeder gegen jeden kehrt. Gleichgültigkeit, (Ver-)Schweigen von Ansprüchen, die Anni N. zustehen oder ein Verschweigen von Formen der Gewalt, wie das Zusperren der Zimmertür, die an sie gewandte, gewaltsame Rede und der Umgang mit ihr gleich einem Gegenstand; eine Vergleichgültigung jeglicher ihrer Ansprüche und ein Über-Hören ihrer Stimme. „In der repressiven Gesellschaft ist der Begriff des Menschen selber die Parodie der Ebenbildlichkeit. Es liegt im Mechanismus der ‚pathischen Projektion', dass die Gewalthaber als Menschen nur ihr eigenes Spiegelbild wahrnehmen, anstatt das Menschliche gerade als das Verschiedene zurück zu spiegeln. Der Mord ist dann der Versuch, den Wahnsinn immer wieder in Vernunft zu verstellen: was nicht als Mensch gesehen wurde und doch Mensch ist, wird zum Ding gemacht, damit es durch keine Regung den manischen Blick mehr widerlegen kann" (Adorno 1951/1979, S. 134). Bernet fragt zurecht, ob die Traumatisierung, wie sie Freud bspw. thematisiert hat, eine Wiederholung desselben Traumas sei, wie sie Levinas beschrieben hat? Gibt es eine Form der Traumatisierung durch den Anderen, der mich in die Verantwortung ruft, die weder ihn noch mich zunichtemacht oder aufhebt? (vgl. Bernet 2001, S. 251) Die Schwester von Anni N. *leidet* an den Geschehnissen in der Familie; ihre rekonstruierte Erinnerung ist voller Brüche, eine zerrissene Geschichte, die an einigen Stellen so nachvollziehbar wie unmöglich als eine zusammenhängende Ge-

[16] Levinas hat in diesem unhintergehbaren Angehen des Anderen das sozietäre Moment mit hineingenommen als mich in den Augen des Anderen zugleich der ‚Dritte' ansieht (vgl. Levinas 1965/1987, S. 397 f.).

schichte zu erkennen ist. Ihre rekonstruktive Erzählung ist zugleich eine Erzählung über *ihr Leiden* an dieser Familiengeschichte. Sie setzt sich ‚wider Willen' dem traumatischen Ruf, der von ihrer Schwester ausgeht, aus. Sie kann sich – nimmt man diese Sichtweise zur Grundlage – im Grunde nicht dem Trauma durch das Leid ihrer Schwester ergeben noch sich vor ihm wirklich bewahren. Sie (und vermutlich die gesamten Überlebenden der Familie) fühlt sich wider Willen verwundbar bis ins Mark hinein. Die Verwundung des Subjekts – hier der gesamten Familie – besteht im kollektiven Schweigen und der Unmöglichkeit zu sagen, was genau wem wann widerfahren ist. Das Schweigen und die Unmöglichkeit des Sagens haben die Familienmitglieder traumatisch getroffen. Jede Begegnung mit Anderen wiederholt das Trauma, indem es die Familienmitglieder mit einem Gefühl, ohne Worte für Geschehenes zu sein, zurücklässt. Daher könnte man sagen, dass die Begegnung mit mir und damit mit Anni N. als Familienmitglied, die Schwester (und alle Mitglieder der Familie) an ein Unerinnerbares ‚erinnert'. Aber für die Schwester von Anni gibt es Worte und weil es sie gibt, erinnern diese Worte auch an eine Wortlosigkeit angesichts von Lebensgenuss und Gewalt in der Familie.

Die Begegnung mit mir berührt die traumatische Erinnerung der Schwester von Anni N.. Und indem dies geschieht, erfährt die Schwester die extreme Verwundbarkeit und für sie wird ein kleiner Spalt, die anscheinend bodenlose Trauer, geöffnet.

Pathos der Antwort

1 Antwortverhältnisse

Bruchstücke

(Beispiel a) „*Während eines gemeinsamen Spaziergangs machen wir Pause bei einem Kiosk, wo ich uns beiden jeweils ein Glas Cola bestelle. Anni N. ergreift den Becher nicht von sich aus. Ich muss ihn ihr in die Hand geben. Sie hält ihn zwar fest, scheint aber nicht in der Lage zu sein, daraus auch zu trinken. Ich hebe ihn an, damit sie einen Schluck daraus nehmen kann. Anschließend setzt sie den Becher nicht von selbst ab, sondern hält ihn, wie eine Statue, mit leicht abgewinkeltem Arm weiterhin in ihrer Hand. Diese bizarre Körperhaltung wird dadurch möglich, dass ihre Muskeln insgesamt (Agonisten wie Antagonisten) sehr stark angespannt sind. Abgesehen davon, dass sie ohnehin nur wenig isst, könnte die ständige Erhöhung des Muskeltonus und der dadurch bedingte höhere Energieverbrauch auch ein Grund dafür sein, dass Frau N. unterernährt wirkt.*“ (*Tagebuchnotiz Hoffmann)*

(Beispiel b) „*Anni geht in sehr kleinen Schritten, wobei sie sich leicht vornüberbeugt beim Gehen wie bei einem alten Menschen. Sie steht vor einer Schwelle (Bordsteinkante) und hat große Schwierigkeiten, diese zu überschreiten. Sie sieht die Schwelle, schaut dorthin, aber scheint nicht die Bewegung, also das Bein zu heben ‚selbstverständlich‘ aufnehmen zu können. Sie bleibt wie eingefroren und sehr angespannt stehen, wobei sie die Luft laut einsaugt und sich ihre Zunge ein wenig nach innen wölbt von den Rändern her. Als sie die Schwelle nach einer längeren Zeit endlich überschreitet, indem ich ihre Hose auf der Höhe des Knies ergreife und ein wenig nach vorne ziehe, schafft sie es, über die Schwelle zu gehen. Plötzlich verschwindet ihre Bewegungsstarre, wenngleich sie zwar flüssig, aber doch unsicher und wie immer in kleinen Schritten, die Schwelle überschreitet und weitergeht. Ähnliches hatte ich beobachtet, als sie bei uns zuhause zu Besuch war und unseren Hund an der Leine führte: sie konnte flüssig gehen." (Tagebuchnotiz Stinkes)*

(Beispiel c) *„Anni schreit ständig gleiche Lautfolgen: I—da, I—da, I—da (...). Sie ist extrem unruhig und geht in einem auf mich ‚flüssigen, aber wackligen' Gangbild durch die Wohnung. Das klingt, als wäre sie in Not und ruft ihre Schwester Ida." (Tagebuchnotiz Stinkes)*

Im *Beispiel a* scheint Anni N. die Reize oder Aufforderungskomplexe, die vom Getränk ausgehen, wahrzunehmen, aber sie kann oder will diesen nicht (regelgerecht) antworten, indem sie das Getränk trinkt. Thomas Hoffmann gewinnt den Eindruck, dass sie nicht in der Lage zu sein scheint, die Bewegung auszuführen, die notwendig wäre, um den Becher zum Mund zu führen und auch zu trinken. Nachdem er jedoch den Becher angehoben hat, kann Anni daraus trinken, wobei das Trinken selbst für ihn ‚keiner Rede wert' zu sein scheint: Anni kann trinken. Was danach geschieht, wird wieder beschrieben und kommentiert. Anni N. nimmt eine für ihn „bizarre" Körperhaltung ein, indem sie den Trinkbecher nicht abstellt, sondern diesen mit abgewinkeltem Arm festhält „wie eine Statue". Nun, eine Statue ist ein Standbild, etwas, das eine Person darstellt. Als Objekt ist sie vergleichbar mit der Fotografie, da beide ästhetischen Ausdrucksmittel die Zeit gleichsam ‚einfrieren' und damit etwas Zentrales eliminieren: die *Bewegung* der je abgebildeten oder skulpturierten Personen. Wenn etwas ‚gefriert', dann wird ihm die Beweglichkeit genommen und es erstarrt. Damit ändert sich die Eigenschaft (bspw. Wasser) grundlegend. Ein anderer Aggregatzustand erfolgt und zugleich auch eine andere Formgestalt. Für Thomas Hoffmann ist das Trinken kein weiteres Wort wert, insofern er es als regelgerecht wahrnimmt. Aber das Bizarre der Körperhaltung von Anni N. vergleicht er mit einer „Statue". In der Beschreibung ist es, als würde sein Blick von diesem Zustand wie angezogen. Roland Barthes (1989) führt in seinem Buch „Die helle Kammer" aus, wie der Blick beim Betrachten eines Fotos angezogen wird (ein ‚punctum') von etwas, das in den Blick fällt und hervorsticht. Etwas fällt auf, sticht hervor, indem man davon angesprochen oder affiziert wird. Anni N. wird so unterstützt, dass sie die Bewegung (hier: zum Mund führen des Bechers) ausführen kann, indem ihr von außen kleine *Bewegungs*impulse gegeben werden. Diese Impulse ermöglichen es ihr, die Bewegungsdurchführung alleine vorzunehmen. Anni N. ist es nicht möglich, den gefüllten Trinkbecher als Impuls zu verstehen, sondern sie benötigt einen Bewegungsimpuls aus ihrer ‚eigenen' Körperlichkeit heraus mit Hilfe der Unterstützung von anderen: Wenn sich der eigene Arm einmal bewegt, d. h. wenn ein Bewegungs*fluss* angedeutet wird, dann reicht dieser als Affizierung und führt zur Handlungsausführung.

Im *Beispiel b* beschreibe ich die Körperhaltung von Anni. Mir fällt das Vornüber-gebeugt-sein auf, das mich an einen alten Menschen erinnert, vermutlich weil ich Bilder von (alten) Menschen mit Osteoporose kenne. Mir fällt zudem ihr Gangbild auf, das nicht flüssig, sondern nichtflüssig ist. Außerdem eine Anspannung ihres Körpers. Anni scheint deutlich die Bordsteinkante wahrzunehmen, d. h. sie nimmt diesen Aufforderungskomplex wahr, aber sie scheint nicht in der Lage zu sein, den motorischen Vorgang durchzuführen. Erst als ich die Hose oberhalb des Knies ergreife und die Bewegung quasi ‚anstoße', gelingt ihr das Übersteigen der Bordsteinkannte. Sie benötigt einen Bewegungsimpuls aus ihrer eigenen Körperlichkeit, der durch Unterstützung zustande kommt, um in einen Bewegungsfluss zu geraten – gerade so, als ‚erinnere' sich der Körper erst dann an das Fließen von Bewegung. Mir fallen ihre Instabilität und die Kleinschrittigkeit der Bewegungen auf. Auch saugt sie die Luft mit an den Rändern gewölbter Zunge ein. Im Yoga wirkt das Zungenrollen entspannend und kühlt den Körper.

Im *Beispiel c* beschreibe ich die Wiederholung von vorwiegenden Engelauten (I—da) in Kombination mit Expressivität (Bewegungsunruhe). Die Bewegungen sind flüssig von Anni N., aber zugleich wird ein instabiles Gangbild beschrieben („flüssig, aber wacklig").

Unter einer *medizinischen Perspektive* kann die Bewegungsstarre oder -hemmung unter dem Begriff der Akinese (von griech. a- = nicht, kinesis = Bewegung; Eakinesis, akinesia) subsummiert werden (*Beispiele a* und *b*) und taucht als eine Schädigung des Stirnhirns (präfrontaler Cortex) und der schwarzen Substanz (substantia Nigra) im Mesencephalon auf. Schwierigkeiten beim Bewegungsstart und Verlangsamung der Bewegung seien dann äußere Zeichen. Die Anspannung der Muskulatur von Anni N., die im *Beispiel a* von Thomas Hoffmann als Rigor wahrgenommen wird (auch im *Beispiel b*) und mangelnde Stabilität der aufrechten Haltung (posturale Instabilität) ist in den Erfahrungsberichten zu finden. Ebenso die Wiederholung von Wörtern und Lauten in der immergleichen

Reihenfolge (Palilalie) (*Beispiel c*). Betrachtet man diese körperlichen Phänomene zusammengenommen, dann könnten sie ein Bild ergeben, dass (medizinisch betrachtet) dem des Parkinson-Syndroms nahekommt. Parkinson war der erste Arzt, der die einzelnen Merkmale und Aspekte der Krankheit (Schüttellähmung, Tremor, Hast beim Gehen und Sprechen usw.) als einen Zustand des Menschen, als spezifische Verhaltensweise verstanden hat. Wichtig ist, dass die Parkinsonsche Erkrankung mit dem Ausbruch der großen europäischen Schlafkrankheit-Epidemie (encephalitis lethargica) im ersten Viertel des letzten Jahrhunderts als neue Form auftrat, neben dem medikamentös bedingten und dem idiopathischen Parkinsonismus. Schütteln und Tremor sind keine notwendigen Symptome des Parkinsonismus, treten nie isoliert auf und werden von Patienten (vgl. Sacks 2002) als geringstes Problem erlebt. Bleibt der Tremor auf die Hände beschränkt, erscheint er als dauerhaftes ‚Pillen-Drehen'. Aber das häufigste Symptom ist die Steifheit bzw. Rigor. Oliver Sacks (2002, S. 48) beschreibt deutlich, dass diese Ausprägung der Bewegung mit dem Willen in Verbindung steht:

> „So kann man solche Patienten rigide, bewegungslos, scheinbar leblos wie Statuen antreffen; doch angesichts einer plötzlich auftretenden Notsituation, die ihre Aufmerksamkeit weckt, kehren sie abrupt zu normalem Leben und Handeln zurück (…). Unter solchen Umständen vollzieht sich die Rückkehr des Parkinsonschen Zustandes oft ebenso unmittelbar und dramatisch wie sein Verschwinden: Der plötzlich ‚normale' und ‚erwachte' Patient kann leblos wie eine Puppe in die Arme seiner Pfleger sinken, sobald der Anreiz zum Handeln wegfällt".

Die beschriebenen Symptome waren Bewegungsdrang, ungesteuerte Hast und Fortbewegung, eine damit verbundene Verkürzung der Schritte, der ‚Bewegungen' des Sprechens. Mit der Bewegung und dem Drang zur Bewegung verbunden ist Schnelligkeit, Abruptheit und Kürze. Sie werden oft als motorische Unruhe (Akathisie) beschrieben. Schließlich gibt es das andere Extrem, die Ruhelosigkeit, die einen expansiven und explosiven Aspekt hat. Wichtig ist, dass auch Verlangsamung und Hemmung beim Bewegungsablauf bedeutsam sind. Verzögerung, Widerstand der Bewegungen und Gedanken kann diese völlig zum Stillstand bringen. Nach Oliver Sacks sind diese Menschen in einem ständigen Kampf oder Konflikt, der sie handlungsunfähig mache, weil in ihnen Kraft und Gegenkraft, Wille und Gegenwille kämpften. Bei einigen Menschen gehe dieses Symptom mit ständiger Wiederholung bzw. Perseveration einher.

Es war schwierig zu erkennen, dass Affekte, Widerstand, Perseveration (Palilalie, ‚Pillen-Drehen') und Tics (flüchtiges Um-sich-Blicken, lautes Schreien) die Symptome des Parkinsonismus von Anni N. darstellten, d. h. dass diese Symptome austauschbar waren und in unterschiedlichen Phasen und Formen in ihrem Leben auftauchen, aber alle eine Form des Parkinsonismus sein sollten.

Oliver Sacks beschreibt in „Awakenings – Zeit des Erwachens" (2002) eine ähnliche Symptomvielfalt als die Signatur des Parkinsonismus. Ermüdung, Stumpfheit, eine Energielosigkeit, eine Verengung des Gefühlslebens gingen mit diesen Symptomen einher. Gleichzeitig gab es bei Anni N. Phasen extremer Expressivität, die vom genauen Gegenteil gekennzeichnet waren. Sacks beschreibt diesen Wechsel der Verhaltensweisen als einen Zustand von „pathologischem Zuwenig und pathologischem Zuviel" (Sacks 2002, S. 48). Miterlebbar sind Annis wiederkehrende Phasen der Erschöpfung, der Wachheit und der Expressivität. Erschöpfung und Expressivität kosten sie sehr viel leibliche Kraft, wobei zu vermuten ist, dass sie Phase um Phase in großer Einsamkeit durchlitten hat. Eingeschlossen in das Wohnheim, in ihr Zimmer und in ihre Krankheit, ist sie kaum in der Lage zu arbeiten, ihre Bedürfnisse zu erkennen, sie ist angewiesen auf umfassende Hilfe und sie kann sich kaum mitteilen, es sei denn, man bemüht sich um eine intensive Beziehung mit ihr, um das ganze System der Differenzierungen in ihrem Sprachverhalten und ihrem Blickverhalten als ihr Verhaltensrepertoire kennen zu lernen, als ihre *Art* ‚Zur-Welt-zu-sein' leiblich zu leben.

Man könnte die Symptome von Anni N. auch in den Kontext der jahrzehntelangen Verabreichung von Neuroleptika wie Diazepam, Haloperidol, Melperon, Truxal und Ciatyl-Z setzen und darauf hinweisen, dass sie durch diese spezifische Form eine institutionelle Antwort auf ihr Verhalten erhalten hat. Die Gabe der Medikamente (Neuroleptika) als institutionelle Antwort auf Annis Verhaltensstil und vor allem auf ihre expressiven und ständig wiederkehrenden Phasen nötigt zu einer Reihe von Fragen. Denn es muss darauf hingewiesen werden, dass zwischen physiologischen Ursachen und dem beobachteten Verhalten, das Anni N. in Reaktion auf die Erkrankung entwickelte, kein unmittelbarer Zusammenhang besteht.

Es ist immer der *konkrete Mensch in konkreten Situationen*, der dem Verlauf einer Krankheit oder eines Syndroms dieser eine *eigene Dynamik* gibt und deren Richtung zumindest mitbestimmt.[1]

Eine mögliche Sichtweise von Annis leiblichem Ausdrucksverhalten ist, dass sich durch die jahrzehntelange Verabreichung von Neuroleptika Symptome entwickelt haben, die dem Krankheitsbild des Parkinsonismus ähneln. Dabei darf nicht vergessen werden, dass aus phänomenologischer Sicht neurologische Symptome einen Bezug zur Situation haben: In der Zeit von 1964 bis 1977 wird Anni N. in der Psychiatrie Eidingen untergebracht; von 1977 bis 1998 im Emma-Lindner-Wohnheim. Als Anlass ihrer ‚Unterbringungen' findet sich eine Aktennotiz, die von ‚motorischer Unruhe und Schwachsinn' spricht. Aus nicht rekonstruierbaren Gründen wechselt sie zwischenzeitlich von 1977 bis 1979 in die Psychiatrie ‚Haus Eichenlaub' in Much. Über diesen immerhin zweijährigen Aufenthalt gibt es keine Unterlagen, sondern nur eine spärliche Aktennotiz: „Unterbringung in der Zelle; sprach nur wenig auf medikamentöse Behandlung an." 1980 erfolgt dann wieder ein Wechsel der ‚Unterbringung': Frau N. wird erneut in die Psychiatrie Eidingen verbracht aufgrund „motorischer Unruhe und fremd-aggressivem Verhaltens, Schreianfällen, unerträglich laut". Die Aktennotiz verzeichnet weiter:

> „Unterbringung in Zelle, Behandlung mit Benzodiazepinen, Haldol und anderen Neuroleptika" (…) Auch hoch- wie niederpotente Neuroleptika lässt sie zeitweise aggressiv und laut sein. Sie spricht nur auf Valium an. Durch die Behandlung mit trizyklischen Neuroleptika ist sie (ist es?) zu einer Thrombozytopenie gekommen. (…) Psychiatrischer Befund: keine Orientierung in Zeit, Ort, Situationen und Personen, kein inhaltliches und formales Denken, nicht lesen, schreiben, rechnen, keine Kritik- und Urteilsfähigkeit, erhebliche soziale Interaktionsbeeinträchtigungen, kein Kontakt zu Mitpatienten, inkontinent, in allen Bereichen hilfebedürftig, keinen Überblick über Situationen, keinen Verwandtenkontakt

[1] Oliver Sacks stellt fest, „(…) dass eine Krankheit nie lediglich ein Überschuss oder eine Einbuße ist, sondern dass es immer eine Reaktion des betroffenen Organismus oder des Individuums gibt, die darauf abzielt, etwas wiederherzustellen, zu ersetzen, auszugleichen und die eigene Identität zu bewahren, ganz gleich, wie seltsam die Mittel zu diesem Zwecke auch sein mögen" (Sacks 1989, S. 21).

oder -besuch“ (Abschrift einer Aktennotiz aus dem Emma-Lindner-Heim; Ursula Stinkes).

Nachdem Anni N. 1998 von der Psychiatrie Eidingen in eine Wohngruppe der Emma-Lindner-Heime ‚verlegt‘ worden ist und auch hier immer wieder starke Unruhephasen auftreten, taucht in den Berichten aus der Psychiatrie Eidingen plötzlich der Ausdruck „psychotische Schübe“ auf, so z. B. in einem ärztlichen Bericht vom Februar 2000. Die Diagnose kommt dadurch zustande, dass bestimmte Medikamente, von denen man annimmt, sie hätten eine antipsychotische Wirkung, bei Anni N. ein Vermindern der Erregungsphasen ausgelöst. Da es sich bei diesen Medikamenten um Antipsychotika handelt, lässt sich für die Ärzte im Umkehrschluss folgern, dass das Verhalten Ausdruck einer Psychose sei.[2] Durch die Etikettierung ihres Verhaltens als ‚psychotisch‘ erfolgt eine weitere Psychiatrisierung, die stets Aufenthalte von ihr in der Psychiatrie nach sich ziehen.[3] 1998 erhält sie erstmalig ein eigenes Zimmer, eigene Möbel, Wäsche und persönliche Dinge, indem sie in eine Wohngruppe des Emma-Lindner-Heims wechselt. Anni N. erhält einen Teil der Würde zurück, die ihr vor ca. 30 Jahren durch den Wechsel in die Psychiatrie genommen wurde. Allerdings entsteht eine Art von ‚innerer Internierung‘ durch die Gabe von Neuroleptika aufgrund eines nicht-hinterfragten Etikettierungsprozesses und einem situations- wie kontextlosem Verstehen ihres Verhaltens: „Schwerste Intelligenzminderung mit Verhaltensstörung, psychotische Schübe mit Fremdaggression, Schreie, LGL-Syndrom, Hyperthyreose, Pseudothrombozytopen.“ Der zuständige Heim-Arzt ordnet am 22.01.2001 eine Erhöhung der Bedarfsmedikation wegen „massiver Unruhe“ an. Als Frau N. immer wieder in ihre Unruhephasen fällt, ordnet der Heim-Arzt telefonisch an, „bei Unruhe Melperon erhöhen

[2] Ich beziehe mich hier auf ein Gespräch, das 2002 mit dem diensthabenden Arzt der Psychiatrie Eidingen geführt wurde.

[3] Das pädagogische Tagebuch der Wohngruppe verzeichnet etwa zeitgleich: „Anregung in passiven Phasen, Beruhigung in aktiven Phasen, Krisenintervention bei Bedarf (Bedarfsmedikamente); ein stationärer Aufenthalt in der Psychiatrie Eidingen ist zu vermeiden; Aufgabe des Fachdienstes: Prätherapie, Wasserbett, die Helferkonferenz bespricht, wann Medikamente gegeben werden können; Physiotherapie: Entstauung der Füße, Anregung der Darmtätigkeit, Verbesserung der Ausdauer, Gleichgewichts- und Koordinationsübungen, leichte Massagen, Gangbildverbesserung, Körperwahrnehmung.“

auf 20-20-20-20. Sie erhält dauerhaft Truxal." (Abschrift eines Akteneintrages des Emma-Lindner-Heimes; Ursula Stinkes)

Lediglich um die Wirkung von Neuroleptika auf den Organismus zu verdeutlichen, werden hier knapp die Zusammenhänge dargelegt: Die Substanzen, denen Anni N. im Zeitraum von 1964 bis zum jetzigen Zeitpunkt ausgesetzt war, sind unter einer Vielzahl von Begriffen bekannt, z. B. ‚Antipsychotika' oder ‚Neuroleptika'. Diese Begriffe sind Synonyme für ursprüngliche Präparate wie Chlorpromazin und Thioridazin oder Phenothiazine. In der Psychiatrie wird heute der Begriff ‚Neuroleptika' vorgezogen. Der Begriff bedeutet ‚sich an das Neuron bindend'. Jean Delay und Pierre Deniker verwenden diese Bezeichnung, um die toxische Wirkung der Substanz auf die Nervenzellen zu unterstreichen (Bangen 1992, S. 92). Es sind Substanzen, die durch Beeinflussung des Stoffwechsels von Transmittersubstanzen Funktionsänderungen bestimmter Hirnareale und dadurch eine Dämpfung bzw. Affektion bewirken können sollen. Durch die Blockade von Dopamin-Rezeptoren im mesolimbischen System werde eine ‚antipsychotische' Wirkung erzielt. Hierbei komme es zu sogenannten ‚paradoxen Wirkungen', d. h. zu einem Ungleichgewicht zwischen der Blockade der prä- und postsynaptischen Dopamin-Rezeptoren. Es würden u. U. sogenannte okulogyre Krisen, Dyskinesien und Akinesie ausgelöst, die eine Art von innerem Stressor darstellen könnten, der psychische Symptome wie Ängstlichkeit, pseudohysterische Verhaltensweisen und psychotische Verhaltensweisen hervorbringe. Vergleichbar der Pathophysiologie des Parkinsonsyndroms, bei dem es zum Zelluntergang dopaminhaltiger Neurone im Bereich der nigrostriatalen Bahnen käme, riefe die Blockade von Dopamin-Rezeptoren durch Neuroleptika eine Art künstliche ‚Bremsung' der dopaminergen Übertragung hervor. Dadurch entstünde ein ‚Ungleichgewicht' zwischen der durch Acetylcholin und Dopamin vermittelten Feinabstimmung der Bewegungsabläufe: Die cholinerge Übertragung bekäme ein ‚Übergewicht', was sich in Symptomen des Parkinsonismus in der ganzen Spannbreite äußern würde: Pallilalie, Akinesie, tardive Dyskenesie, posturale Instabilität. Als Hypothese zur Entstehung dieses *Erkrankungsbildes* wird angenommen, dass es durch die länger anhaltende Blockade postsynaptischer Dopamin-Rezeptoren zu einer zweifachen ‚Gegenregulation' kommt: Die postsynaptische Zelle steigere die Syntheserate für Dopamin-Rezeptoren, d. h. die Dichte der postsynaptischen Rezeptoren nähme zu. Außerdem würden die unter neuroleptischer Dauerblockade synthetisierten Rezeptoren empfindlicher gegenüber Dopamin, sie entwickelten sozusagen eine Überempfindlichkeit (Hyper- und Supersensitivität). Aus dieser Konstellation (Überangebot von Dopamin bei überempfindlichen Rezeptoren) könnte dann ein Affektionszustand resultieren, der wiederum nach einem Schlaf- und Aufwachzyklus auftauchen würde und mit Neuroleptika erneut behandelbar sei: Ein Teufelskreislauf, der insofern problematisch ist, als das Aufgeben der Gabe von Neuroleptika vermutlich zu einem Zusammenbruch des Systems führen könnte.[4]

> *„Frau N. sitzt bewegungslos auf einem Stuhl im Essraum der Wohngruppe. Sie ist erschreckend blass, ihre Augenlider sind halb gesenkt, sie ist still. Ich sage ihr, dass wir spazieren gehen. Ich helfe ihr beim Aufstehen vom Stuhl, sie geht mit meiner Hilfe durch den Flur. Ich habe den Eindruck, einen Roboter am Arm zu halten, so willenlos wirkt sie auf mich. Ich gehe nach rechts, dann nach links und schließlich zielgenau bis vor die Wand und sage: „Bleib stehen!“ Frau N. bleibt stehen, obzwar es ihr psychomotorisch schwerfällt (Einknicken der Knie). Ich bin erschüttert ob ihrer Willenlosigkeit, die umso erschreckender ist, als ich sie im Affektionszustand erlebt habe als eine Frau mit einem großen Potential anschreiendem, bewegungsaktivem, gestenreichem Widerstand.“ (Tagebuchnotiz Stinkes)*

Es ist daher nicht verwunderlich, wenn in den Akten verzeichnet wird, dass die Medikamente bei Frau Anni N. ‚wirken würden‘.[5] Die Behaup-

[4] Eindrücklich wird dies von Oliver Sacks in seinem Buch ‚Awakening – Zeit des Erwachens‘ anhand von Fallbeispielen zum Parkinsonismus geschildert (Sacks 2002). Vgl. dazu auch: Dose 1997; Bernkert und Hippius 1996; Kapfhammer und Rüther 1988; Defren 1988; Möller 1993a, 1993b; Hackenberg und Hinterhuber 1986; Breggin 1997; Gerlek 2020; Arieti 1959; u. v. m.

[5] Breggin (1997, S. 26) schreibt dazu: „Das Prinzip besteht darin, dass alle größeren psychiatrischen Behandlungsmethoden ihre primäre oder bezweckte Wirkung dadurch erreichen, dass sie normale Gehirnfunktionen behindern. Die neuroleptische Lobotomie ist zum Beispiel kein Nebeneffekt, sondern die gesuchte klinische Wirkung. Sie spiegelt die Schädigung normaler Gehirnfunktionen. Wenn relativ niedrige Dosen keine offensichtlichen Gehirndysfunktionen erzeugen, hat die Medikation vielleicht keine Wirkung oder sie

tung, dass die Behandlung mit Neuroleptika eine Verringerung der psychiatrischen Symptome bei Anni N. erzeugt, ist nur insofern ‚nachweisbar', als ihr Bewegungsdrang, ihr Schreien und ihre Affektion nachlassen, da sie sich wie antriebslos, willenlos, emotional stumpf verhält. Ob ihre angsterzeugenden Vorstellungen, die als Derealisationsphänomene bezeichnet werden, durch die Medikamentengabe vorübergehen, kann nicht bestätigt werden. Es kann vielmehr mit mindestens ebensolcher Sicherheit davon ausgegangen werden, dass durch die Gabe von Neuroleptika weitere neurologische Schäden und ein medikamenteninduzierter Parkinsonismus ausgebildet wurde.[6]

2 Essayistische Fußnote: Widerspruch

Nichtung von Welt und Leiblichkeit

Was verstehen wir eigentlich darunter, wenn wir davon sprechen, dass Frau N. depressiv, manisch oder psychotisch sei aufgrund eines Ungleichgewichtes von Neurotransmittern im Gehirn? Die bisherigen Ausführungen (s. o.) zu neurobiologischen und hirnphysiologischen Konstruktionen können verdeutlichen, was geschieht, wenn das leibliche Verhalten eines Menschen a-situativ und a-kontextuell ausschließlich als Erkrankung verstanden wird, wobei (unthematisch) von einer erfahrungsunabhängigen Wahrnehmungsleistung ausgegangen wird. Felix Hasler (2012, S. 61)

erzeugt einen Placeboeffekt. Oder, wie es häufig passiert, dem Patienten ist die Wirkung nicht bewusst, obwohl sie signifikant sein mag".

6 „Tardive Dyskinesie wird durch permanente Hyperreaktivität im Dopamin-Neurotransmittersystem dieses Gebietes verursacht. Aber Dopamin ist auch der Hauptneurotransmitter, der in das emotionsregulierende limbische System und die Frontallappen aufsteigt. Wenn diese Region andauernd als Antwort auf die Neuroleptika hyperreaktiv wird, richtet das unvermeidlich in höheren Hirnregionen Schaden an" (Breggin 1997, S. 128). Und einige Seiten weiter schreibt er: „Sollten wir, weil die Neuroleptika die Dopamin-Nervenübertragung in den Stirnlappen hemmen, annehmen, dass irgendetwas mit diesen Gebieten des Gehirns nicht stimmt? Ganz und gar nicht! Wir haben gesehen, dass diese Medikamente die gleiche Wirkung auf alle Menschen haben, ungeachtet ihrer Diagnose oder ihrer geistigen Verfassung. Sie hemmen immer die Leidenschaft und die Willenskraft. Sie haben diese Wirkung sogar auf Tiere." (Breggin 1997, S. 169).

fragt, wie es dazu komme, dass z. B. eine ‚Sorge' als generalisierte Angststörung verstanden wird, die durch ein chemisches Ungleichgewicht ausgelöst wäre, welches mit Medikamenten korrigierbar sei? Aus seiner Sicht stehe dies mit der modernen Selbstdeutung des Menschen in Bezug: Der Mensch beschreibe sich als homo neurobiologicus, als eine Art ontologische Gehirnlichkeit und begreife Erfahrung daher nur noch als „user illusion" (Hasler 2012, S. 62), weil das Eigentliche jene neuronalen Prozesse seien, die entschlüsselt und optimiert werden könnten. Ein (neuro)-konstruktivistisches Paradigma suche den Geist zu naturalisieren. Die Orientierung am ‚Gehirn' als einem sich selbst-strukturierenden, sich wandelnden Organismus, lege die Selbstauslegung als neurobiochemisches Konstrukt nahe. Nun könnte man die von Hasler dargelegte veränderte Selbstbeschreibung des Menschen als eine erfreuliche Entwicklung auslegen und als weitere Stimme im Chor der Selbstbeschreibungen des Menschen beschreiben und begreifen. Dem ist aber ganz und gar nicht so, weil damit in eins eine Politik auf das Feld tritt, die Wissenschaft als situationsbefreites, objektives Wissen auslegt und Fragen nach Verantwortung in den Raum der Praxis/Praktiken verbannen muss. Denn Nervenzellen interessieren sich nicht für Politik. Nur ein situiertes Wissen, welches aus einer leiblichen Korrelation oder Intersubjektivität herrührt, kann bestimmte Handlungen nahelegen und andere nicht. Es beinhaltet sozusagen bereits Verantwortung. Begreift der Mensch sich selbst als ein ‚Resultat' physikalischer und chemischer Prozesse des Gehirns, kann dies einerseits eine Pathologisierung psychischer Phänomene zur Folge haben, weil jegliches Unbehagen auf das Körperorgan ‚Gehirn' abgebildet wird. Andererseits ermöglicht dies, neuro-typische und neuro-atypische Gehirnprozesse zu verstehen, die von einer besonderen Vulnerabilität des Menschen sprechen (Neuro-Diversitäts-Bewegung). Dem liegt (auch) die Idee (neuro-)konstruktivistischer Ansätze zugrunde, dass sich das Gehirn selber strukturiere und permanenten, dynamischen Veränderungsprozessen unterliege.[7] In diesem Zusammenhang sollte nicht nur die Begeisterung für eine mögliche Entstigmatisierung von ‚Gruppen' (bspw. Autismus-Spektrum), sondern vor allem auch die „Biologie des Geistes", die damit einhergeht, benannt werden (Hasler 2012, S. 73). (Neuro)-konstruktivistischen Ansätzen sei es darum zu tun, den Geist als eine Chimäre philosophischer Diskurse zu brandmarken und stattdessen vom Bewusst-

[7] Ich verdanke diesen Hinweis u.a. meinem Kollegen Dr. Stephan Kehl.

sein als einer neurobiologischen Konstruktion zu sprechen: „Alles, was wir in dualistischen Leib-Seele-Modellen gern dem Geistigen zuschreiben, ist rein biologisch bedingt“ (Hasler 2012, S. 73).[8] Mit Foucault könnte es sich hier um eine spezifische Unterwerfungsstrategie handeln:

> „Doch täusche man sich nicht: man hat an die Stelle der Seele, der Illusion der Theologen, nicht einen wirklichen Menschen, einen Gegenstand des Wissens, der philosophischen Reflexion oder technischen Intervention, gesetzt. Der Mensch, von dem man uns spricht und zu dessen Befreiung man einlädt, ist bereits in sich das Resultat einer Unterwerfung, die viel tiefer ist als er“ (Foucault 1976/2020, S. 42).

Bereits Husserl hat in seiner Arbeit „Krisis der europäischen Wissenschaften und die transzendentale Phänomenologie“ (1954) eine umfassende Krise der Wissenschaften konstatiert. Sein Ziel war es, metaphysische Weltanschauungen, die von ihm als Positivismus, Objektivismus und physikalischer Naturalismus gebrandmarkt wurden, als Ursache dieser umfassenden Krise auszumachen. Die Krise betrifft das Selbst- und Weltverhältnis des Menschen und damit zugleich die Vernunft. Denn die mathematische[n] und damit positivistischen Naturwissenschaft[en] gäben ein Paradigma vor, welches sich auf das Grundverständnis der Wissenschaften und auf die Lebenswelt der Menschen auswirkten (vgl. Husserl 1954, §§ 8-9). Kern der Ausführungen ist, dass es nur die Erfahrungswelt sein kann, die eine methodische Richtlinie für sachgemäße, wissenschaftliche Interessen darstellt:

> „Liegt hier der Ursprungsquell aller weltbezogenen Wissenschaft, so muss sich … jede ursprungsklare Scheidung der Wissenschaft vollziehen durch Rückgang auf die Erfahrungswelt (…)“ (Husserl 1962, S. 64).

[8] Das Diagnostische und Statistische Manual (DSM-V) weitet Diagnosekategorien aus durch den Begriff ‚Formenkreis‘. Aus Autismus wird so bspw. ‚Autismus-Formenkreis‘. Ineins werden Kriterien zur Diagnosestellung erweitert, die bis hin zu sog. ‚Risiko-Syndromen‘ gehen – eine Goldgrube für die pharmazeutische Industrie tut sich hier auf (vgl. hierzu Hasler 2012, S. 84–176).

Die Welt unserer Erfahrungen geht für Husserl nicht nur allem Denken über Erfahrungen voraus (doxa), sondern sie begründet das Verständnis von Wissenschaft (vgl. Husserl 1962, S. 69). Die objektive Wissenschaft hat für Husserl ihren tragenden Grund in der Lebenswelt (vgl. Bernet et al. 1996). Zu ihr gehören damit die Dinge und wie sie aussehen, schmecken, riechen, sich anhören unter unterschiedlichen Perspektiven und in unterschiedlichen Situationen. Sie sind nicht primär und nur Idealisierungen. Aus einer lebensweltlichen oder erfahrungsbasierten Sicht ist das Sehen von Farben nicht auf physikalische Eigenschaften (spektrale Verteilung der Lichtstrahlung; Farbreize), also auf psychologische Sinnesdaten oder auf bloß subjektivistische Sinnesempfindungen reduzierbar. Im Grunde übernimmt die Neurobiologie die idealistische Vorstellung, dass die Welt nur Repräsentation einer sogenannten ‚äußeren Welt' in neuronale, innere Bilder sei. Petra Gehring (2006) beschreibt eindrücklich, wie sich die aktuellen Neuro-Theoriebildungen mit dem Konstruktivismus verbinden:

> „Das, was die Gehirne der anderen konstruieren, ist für mich nur ein Konstrukt, während hinter dem, was mein eigenes Gehirn konstruiert, ein ‚reales' Gehirn steckt, und zwar das Gehirn einer objektiven Realität – objektiv allerdings nur dann, wenn ich Hirnforscher bin. Denn einzig die Hirnforschung hat ja Zugang zur objektiven Realität der Gehirne" (Gehring 2006, S. 190).

In der Folge werde die Lebensweltorientierung durch eine Dritte-Person-Perspektive (distanzierte Außenperspektive, Wiederholung, Voraussagbarkeit) in den empirischen Wissenschaften ersetzt. Eine *Nichtung* der Welt sei damit verbunden, die jedwede Beteiligung der Welt, also des und der Anderen, an den ‚Konstitutionsleistungen eines Bewusstseins' abspreche und die Erfahrung der Lebenswelt in die Schmuddelecke eines bloß subjektivistischen Geplärres verbanne.

Angelehnt und abgesetzt von Husserls transzendentalem Idealismus hat sich Merleau-Ponty. Er hat die Leiblichkeit und damit Sozialität in den Fundamenten der Lebenswelt verankert und damit keinesfalls einem Rückgang auf Innerlichkeit oder Ursprünglichkeit das Wort geredet. Es ging ihm vielmehr darum aufzuzeigen, dass das Subjekt in einem Geflecht aus lebensweltlich-sozialen Vermittlungen steht und ein Rückgang auf ein sich selbst transparentes Bewusstsein wie auch auf einen ‚authentischen' Leibkörper versagt bleibt. Für eine phänomenologische Optik ist daher entscheidend, dass eine Reduktion die (widernatürliche) Aufgabe übernimmt, mit dem Seins-Glauben vorübergehend zu brechen. Die Reduktion hat den Sinn, dass die Welt so aufgefasst wird, wie sie uns *als* etwas Bestimmtes in unserer Erfahrung erscheint. „Es gilt zu beschreiben, nicht zu analysieren und zu erklären: diese von Husserl der anfangenden Phänomenologie gegebene erste Losung, ‚deskriptive Psychologie' zu sein, zurückzugehen auf ‚die Sachen selbst', ist zunächst eine Absage an ‚die' Wissenschaft" (Merleau-Ponty 1966/1974, S. 4). Diese Aussage, dass etwas mir *als* etwas erscheint, weist darauf hin, dass es um eine Korrelation von Lebenswelt, leiblichem Subjekt und anderen/m geht. Diese Korrelation oder Verschränkung bezeichnet Merleau-Ponty als Chiasmus, um anzuzeigen, dass es nicht um Identität, sondern um ein Innen-Außen geht, die sich umeinanderdrehen (vgl. Merleau-Ponty 1986, S. 176). Wir betrachten Frau N.s Verhalten als eine *Einheit in der Differenz* – ein Inneres veräußerlicht sich und ein Äußeres (Verhältnisse) verinnerlichen sich *ohne* sich zu vermengen. Diesen leiblichen Zugang als Nullpunkt aller Orientierung (Husserl 1973, S. 302) definiert die Position und die (intersubjektive) Situation, von der aus ein dezentrisches Ich die Welt erfährt. Dieser *Chiasmus der leiblichen Existenz* kann eine (neuro-)konstruktivistische und hirnphysiologische Sichtweise nicht sehen, weil sie den Körper als Konstruktion des Gehirns begreift und ihn letztlich ‚vernichtet': Jegliches leibliche Erleben wird als vom Gehirn konstruiert verstanden. Dadurch geschieht es, dass das Erleben und Erfahren in eine Sphäre der Immanenz verbannt wird, in eine vom Gehirn konstruierte Bewusstseinswelt. Aber durch die strahlende Anziehungskraft meines alten Teddys, der ich ausgesetzt und von dem ich gleichermaßen angezogen bin, der meinen Sessel im Arbeitszimmer so hartnäckig wie freundlich besetzt, erfahre ich, dass sich die Wirklichkeit anders zeigen kann, als ich meine: Für meinen Mann ist dieser Teddy nichts als ein zauseliges Ding. Die Welt, hier der Teddy, existiert als intersubjektiv erfahrene und von mir und meinem Mann erlebte Welt. Wir erleben unsere Perspektiven auf den Teddy verkettet miteinander, und zugleich überschreiten sich unsere Perspektiven. Wir sind der Welt zugeneigt oder situiert. Meine vergangenen Erfahrungen mit dem Teddy bilden den ‚Horizont' vor dem und in dem sich meine Gerichtetheit auf diesen Gegenstand zeitlich ausrichtet. Auch wenn mein Mann diese spezifische vergangene Erfahrung mit diesem Teddy nicht hat, so bleibt die Horizontstruktur doch bestehen, denn auch er sieht und hantiert mit diesem Gegenstand vor einem Horizont der Erfahrung. Dank dieser Struktur ist es möglich, einen situierten Gesichtspunkt oder eine Perspektive zu haben. Das ist aber ganz und gar kein Mangel, denn ich erfahre buchstäblich in dem Moment, indem jemand anderes auf meinen Teddy ‚ausgreift', mit diesem Gegenstand ‚hantiert' etc., dass und wie mein Gesichtspunkt erweitert wird durch den des anderen Menschen. Gerichtet zu sein auf etwas (fungierende Intentionalität) bedeutet, dass wir etwas, das wir wahrnehmen, erleben, erfahren, immer *als* etwas Bestimmtes wahrnehmen und ihm einen bestimmten Sinn geben. Es gibt also eine Verbindung zwischen dem etwas und dem *als etwas* und zugleich auch eine Art Entzug (etwas *als etwas* Bestimmtes). Für diesen Zusammenhang kann der Begriff der signifikativen Differenz herangezogen werden. Waldenfels betont das Verständnis des Verhältnisses, dass das ‚als' anzeigt:

> „...es markiert ein dynamisches Gefüge, ohne welches es buchstäblich nichts gäbe, was sich zeigt, und somit auch niemanden, dem sich etwas zeigt" (Waldenfels 2006, S. 35).

Da der andere Mensch und ich denselben Gegenstand wahrnehmen und damit hantieren könnten, kann es gar nicht sein, dass die von mir erlebte Welt, mein Körper, der Raum um uns ein Konstrukt des Gehirns ist und die Welt damit gar nicht erst das Gehirn verlässt. Das Eigentümliche der Wahrnehmung, die Dinge unserer Welt trotz ihrer Perspektivität als eine Art von Einheit oder Ganzheit zu begreifen, verleitet den wissenschaftlichen Zugriff dazu, sie kurzerhand von ihrer Perspektivität zu lösen und sie primär in einer vermeintlich ideell-objektiven Weise zu verstehen. Dadurch wird nicht nur der Leib ein Ding unter Dingen, sondern auch das Bewusstsein einseitig intellektualistisch (kognitivistisch) ausgelegt. Wir verlieren in diesem Verständnis von Wissenschaft buchstäblich unsere existentielle Situiertheit – und das wiederum ist alles andere als eine harmlose Verschiebung wissenschaftlicher Optik, denn wir verlieren den Sinn, der an leibliche Existenz gebunden bleibt.

Leiblich zu sein bedeutet, dass der Sinn verzeitlicht, verräumlicht und situiert ist und dass dieser Sinn daher keinen endgültigen, letzten Sinn meinen kann. Sinn überlagert sich, kreuzt sich, verschränkt sich und lässt sich nicht als einen letzten Sinn fassen, sondern nur als Pluralität. Zur-Welt-sein bedeutet daher bereits mit einem Sinnhaften verwoben zu sein.

Dieser seltsam anmutende Begriff des Zur-Welt-seins ließe sich übersetzen als ein Verhältnis, das eine Pluralität von Sinn ausdrückt, weil wir in sozialen Beziehungen sind mit Anderem/n; es gäbe demnach kein prä-soziales Sein und damit auch kein ‚prä-soziales, einsames Gehirn', das einen Sinn aus sich entlässt.

Situiertheit als ein Fundament einer Optik bedeutet, dass etwas von einer bestimmten Perspektive und in einer bestimmten Situation beschrieben werden kann. Wir werden also mit einer Untersuchung dessen, wie etwas als etwas erscheint, nicht fertig. Wir bleiben ständig ‚in Bewegung', sind in Situationen verstrickt, sind ein Vollzugsgeschehen. Die Situation ist ein Zugang zur Welt im Sinne eines ‚Wie' ich mich auf etwas oder jemanden beziehe. Wichtig erscheint mir zu betonen, dass dieses ‚Wie' des Vollzugs und Bezugs auf etwas als etwas, sich nicht in den Dichotomien von Subjekt und Objekt bewegt, weil eine Perspektive einnehmen, in einer Situation zu sein, nicht Ausdruck einer Stellungnahme ist, sondern einer *fungierenden Intentionalität*. Der Unterschied liegt darin, dass bei der Stellungnahme ein Ich etwas bestimmt und bei der fungierenden Intentionalität zeigt sich *etwas als etwas in einer bestimmten Situation* und in einem bestimmten Feld; das heißt, wir haben es mit der Beteiligung dessen zu tun, das sich zeigt und mit einer Entdeckung zugleich als Verdeckung – Offenheit und Verdeckung oder Entzug einer Situation in einem Feld. Insofern sind wir ständig in neuen Situationen, wir Menschen als Unbestimmte, die wir uns nicht selbst setzen können, und auch an kein Ende kommen über das Wissen über uns. Wir sind daher beständig in sich entfaltenden Situationen. Und da wir mit anderen leben und Leben vollziehen, durchdringen sich die Situationen, hängen unsere Situationen voneinander ab und ist es uns möglich, anderen in Situationen beizustehen oder sie zu verlassen. Für Emmanuel Levinas ist aufgrund der leiblichen Existenz des Menschen auch die Ausgesetztheit und Schutzlosigkeit gegeben. Ohne Leiblichkeit ist die Situation, in der wir uns je befinden, die uns existentiell treffen kann, nicht vorstellbar. So können wir in einer schwierigen Situation sein und diese Situation ‚hat' uns und wir ‚haben' sie zugleich, weil sie uns betrifft. Als situierte leibliche Wesen sind wir ausgesetzt und zwar uns und dem Anderen. Für Levinas ergibt sich daraus eine Ausgesetztheit an den Anderen, die einer Geiselschaft bzw. einer Besessenheit und einem Begehren nahekommt (s. o.). Hier gibt es nichts zu übernehmen, zu konstituieren – daher spricht er von Passivität. Passivität meint hier nicht eine passive Haltung, sondern eine Form der Bescheidenheit, die bis an Scham grenzt. Scham als ein ethischer Grundzug der Situation oder als Offenheit und Verletzlichkeit. Passivität ist daher die erste Situation, die mich (vorreflexiv und transitiv) in Frage stellt und mich in eine Verantwortung vor den Anderen stellt. Das Ich-in-der-Situation ist ein durch Passivität an den Anderen gekettetes Ich, das mich dem Anderen gegenüber nicht indifferent lässt (vgl. Levinas 2005).

Wenn wir uns diesen hier nur rudimentär beschriebenen Zusammenhang vor Augen führen, wird bereits deutlich, dass sich eine *situierte Erfahrungswissenschaft* von einer objektiven Wissenschaft unterscheidet. Verantwortlichkeit ist Strukturmerkmal der Situiertheit bzw. einer situierten Erfahrungswissenschaft, die sich in einem bestimmten Feld bewegt und auf/in dieses/m Feld respondiert, d. h. aus diesem erwächst eine Verantwortung, die ergriffen oder verfehlt werden kann.

Aus diesem hier nur skizzierten Gründen kann man davon sprechen, dass die phänomenologische Optik auch eine Politik darstellt,[9] und keine wissenschaftliche Auffassung, die sich als Nebelfeld im Vorraum einer objektiven Wissenschaft befindet. Es ist vielmehr so, dass die objektive Herangehensweise den Mythos verbreitet, etwas von einem ‚Außen' sehen zu können als eine Art ‚entkörperte Vision', als reine Beobachtung (ein Sehen von nirgendwoher und damit von überall) ohne Einfluss auf das Phänomen (vgl. Haraway 1995, S. 81 ff.)[10] Und ich möchte ergänzen: Ohne responsive, verantwortete Praktik, denn diese kann sich nur abkünf-

9 Ich verdanke diesen Hinweis einem Vortrag und Gespräch mit Thomas Bedorf: „Bodenlos situiert. Präliminarien zu einer politischen Phänomenologie" (Online geführter Vortrag am 11.02.2021 am Forschungsinstitut für Philosophie in Hannover)

10 Die US-amerikanische feministische Wissenschaftshistorikerin Donna Haraway hat sich mit der Frage, wie objektives Wissen hergestellt wird, auseinandergesetzt und ein alternatives Konzept von Objektivität vorgeschlagen. Sie bezeichnet es als Konzept ‚situierten Wissens' (vgl. Haraway 1995). Sie beschreibt einen hegemonialen Blick der Erkenntnis von einem mythischen Blick aus dem Nirgendwo (oder dem Überall), der auf die Objekte der Forschung herabblicke, sich distanziere. Dieser Blick unterliege einer Illusion (‚Gottestrick'), da wir alle immer schon verortet, verkörpert, situiert seien. Sie teilt Prämissen der marxistischen Standpunkttheorie (vgl. Hartsock 1983), der Phänomenologie und des Dekonstruktivismus. So weiterführend diese feministische Position ist, so ließen sich u. U. doch Anfragen nach einer (unthematischen) Autorität des Authentischen ebenso stellen wie an eine Relativierung der Erfahrung (vgl. Mendel 2015; Bailey 1998).

tig ergeben und delegiert an eine praktische Ethik. Nun wird deutlich, dass der Mensch Anni N. als erkrankt betrachtet wurde, wobei die ‚Erkrankung' individuumtheoretisch, ontologisierend, a-historisch und a-situativ ausgedeutet wurde und die Praktiken des Umgangs sich in der Folge daran ausrichteten (u. a. Gabe von Neuroleptika). Die institutionelle Antwort auf Frau N.s leibliches Ausdrucksverhalten könnte als Konkretion einer Pastoralmacht (Foucault) verstanden werden: Das Subjekt wird hervorgebracht, indem es den institutionellen (und gesellschaftlichen) Verhältnissen unterworfen wird. Wobei diese Machttechnik für Frau N. zugleich eine ‚innere' (Neuroleptikafolgen) und ‚äußere' Kasernierung (Verbringung in eine Anstalt/Wohnheim) bedeutete. Ich denke jedoch, dass die institutionellen Dominanzstrukturen Frau N. wie ein ‚Ding unter Dingen' haben betrachten lassen: Als leibliches Wesen wurde sie ‚unsichtbar' gemacht.

3 Antwortverhältnisse

Affekt

In den Akten befinden sich immer wieder Hinweise auf ‚Erregungszustände' von Anni N. bzw. seit 1990 der Hinweis auf eine ‚Psychose'. Als ich Anni N. im Emma-Lindner-Heim kennen lerne, wird mir mitgeteilt, dass sie von „seltsamen heftigen Attacken" heimgesucht werde und sich ihr keiner verständlich machen könne. Mir wurde von den Betreuerinnen berichtet, dass Anni N. zyklisch deutlich erregt wäre:

> *„Sie schlägt um sich, sie schlägt sich selbst, sie schreit und läuft ziellos durch die Wohnung" (Aussage Bezugsbetreuerin; Tagebuchnotiz Stinkes)*

Aus den Akten entnehme ich, dass Anni N. aus diesen Gründen immer wieder kurzzeitig (4–6 Wochen) in die Psychiatrie Eidingen verbracht wird. Damit der zeitliche Verlauf der wahrgenommenen und beschriebenen Eindrücke des Verhaltens von Frau N. durch die Betreuerinnen deutlich wird, wurden über einem Zeitraum von ca. 200 Tagen die Aufzeichnungen in dem pädagogischen Tagebuch der Wohngruppe ausgewertet. Dazu werden die Einträge, die sich auf ihr Verhalten beziehen, fünf Kategorien zugeordnet: von 0 („sehr ruhig und kaum aktiv") bis 4 („Äußerst erregt und laut") und auf einer Zeitachse eingetragen. Zusätzlich notierte Thomas Hoffmann am oberen Rand des so entstandenen Diagramms die Zeitpunkte der Verabreichung von Neuroleptika (5).

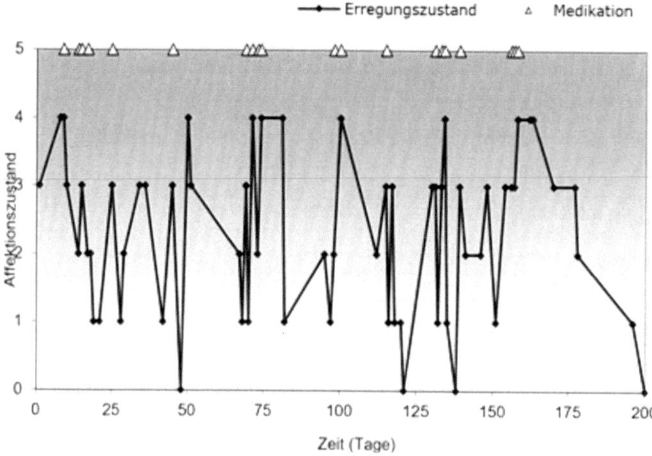

Tab. 1. Wahrgenommene und beschriebene Eindrücke von Frau N. über einen Zeitraum von 200 Tagen nach Aufzeichnungen von den Wohngruppen-Mitarbeiter/innen/Betreuerinnen; mit Hinweisen auf die Gabe so genannter „Bedarfsmedikation" (im Einzelnen: 1 x 2,5 mg Lorazepam, 6 x 2,0 mg Haloperidol, 15 x 10 ml Melperon). Überprüft wurde die Autokorrelation. Keine erkennbare Struktur, die ins Gewicht fällt.

Die den einzelnen Kategorien zugeordneten Aussagen lassen erkennen, wie Anni N.s Verhalten von den Betreuerinnen der Wohngruppe wahrgenommen und beschrieben wurde (vgl. Tab. 1).[11] Die Kurve vermittelt ei-

[11] Es muss betont werden, dass die Reliabilität und Validität der aufgestellten Kategorien in mindestens dreifacher Hinsicht gewissen Einschränkungen unterliegen: Zum einen konnte Anni N. nicht selbst befragt werden, wie sie ihre jeweilige Stimmungslage und Situation einschätzt, sondern hier wird der Umweg über die Deutungen anderer eingenommen. Zweitens liegen den Deutungen der Betreuerinnen sicherlich jeweils unterschiedliche Bewertungsmaßstäbe zugrunde: Was dem einen Mitarbeiter als aufgeregtes, lautes Schreien erscheint, mag für eine andere Mitarbeiterin Ausdruck aktiver Lebensfreude sein. Auch hier wird es Verzerrungen gegeben haben. Drittens ist auch die

nen Eindruck von dem durch die Betreuerinnen wahrgenommenen und beschriebenen Auf und Ab der Stimmungsschwankungen, in denen sich nur schwer ein Muster erkennen lässt. Die einzige Regelmäßigkeit besteht in der Gabe der Bedarfsmedikation. Es wird nicht ersichtlich, dass sich durch die Gabe der Bedarfsmedikation eine Normalisierung des Verhaltens von Anni N. festmachen lässt. Die Anzahl der sprachlichen Ausdrücke, die die Mitarbeiterinnen für die Charakterisierung ihrer Verhaltensweisen gebrauchen, nimmt mit steigendem Affektionsniveau zu. Dies bestätigt die Beobachtung, dass den Phasen der Ruhe, der Apathie und Gleichgültigkeit, die sowohl aus pädagogischer Sicht wie auch im Hinblick auf ihr Wohlbefinden und die Möglichkeit einer Partizipation am Leben in der Wohngruppe mindestens ebenso problematisch erscheinen müssen wie die Phasen des Schreiens und der Unruhe, eine vergleichsweise geringere Bedeutung beigemessen wird. Besondere Aufmerksamkeit und Zuwendung, so könnte man daraus schließen, erfährt Anni vor allem dann, wenn ihr Verhalten für die alltäglichen Verrichtungen innerhalb der Wohngruppe als störend empfunden wird.

Kategorie	Aussage-Beispiele
0 = sehr ruhig und kaum aktiv	»sehr ruhig«, »ruhig und müde«, »teilweise apathisch«, »wirkt müde«, »reagiert auf nichts«
1 = ruhig und aktiv	»gut gelaunt«, »viel gelacht«, »läuft umher und sucht Kontakt«, »ruhig und wach«, »isst und trinkt selbständig«, »sehr gut gelaunt«, »läuft fröhlich umher«, »lacht viel und freundlich«, »entspannt«, »zufrieden«, »vergnügt«, »lustig bei Ansprache«, »super gelaunt«

eigene Kategorienbildung ein höchst subjektiver Interpretationsakt, durch den unter Umständen ganz verschieden gemeinten Aussagen ein- und denselben Wert zugewiesen bekommen. Außerdem wurde für jeden Tag nur ein Wert an Affektionsstärke berücksichtigt. Es lässt sich also aus dem Diagramm nicht korrekt ablesen, ob Frau N. zunächst ruhig und ausgeglichen wirkte und erst am Nachmittag oder Abend anfing, zu schreien oder sich beunruhigt zeigte.

Kategorie	Aussage-Beispiele
2 = unruhig und aktiv	»mäßig laut«, »unruhig«, »gelegentliche Schreie«, »läuft überall nach«, »wird lauter, wenn Türen verschlossen«, »läuft hin und her«, »setzt sich, steht auf, dreht sich hin und her«, »schreit auf«, »laut und lebendig«, »lacht und redet viel („hysterische Komponente")«, »lacht viel, läuft herum, spricht sehr schnell«, »gestikuliert, bei Ansprache: Schreien«, »spricht viel«, »läuft herum«, »wird manchmal laut«, »sehr aktiv«, »Gegenstände geworfen«, »unruhig, gelacht«
3 = sehr unruhig und laut	»laut und aktiv«, »wirft Sachen zu Boden und Stühle um«, »sehr laut, schreit, gestikuliert«, »laut, schreit, verrenkt sich«, »sehr unruhig«, »läuft hin und her«, »schreit auf«, »schreit und zappelt«, »beruhigt sich gegen Abend«, »nachmittags geschrieen«, »sehr laut und sehr aktiv«, »sehr laut und sehr unruhig«, »viel geschrien«, »morgens Ch. geschlagen«, »sehr laut und lebendig«, »läuft auf und ab«, »lacht und schreit«, »läuft umher«, »legt sich zweimal auf den Boden«, »lautes, schrilles Schreien nach dem Frühstück«
4 = äußerst erregt und laut	»kreischt«, »schreit wie am Spieß«, »Mitarbeiter zweimal geschlagen«, »total laut, schreit, verkrampft sich«, »wirft zweimal Tisch um«, »muss unter Protest gefüttert werden«, »schrilles Schreien«, »sehr umtriebig, morgens total laut«, »lässt sich auf den Boden fallen«, »mittags sehr laut, schrillt am laufenden Band«, »sehr laut, hohe Schrilllaute«, »im Garten randaliert«, »laut, unruhig, wirft Sachen zu Boden und schreit«, »sehr unruhig«, »verweigert Essen und Trinken«, »lautes, schrilles Schreien nach dem Frühstück«

Tab. 2. Kategorien zu den unterschiedlichen Affektionsphasen von Frau N. (Hoffmann)

Beschreibung der Phasen/Zyklen
Nachfolgend beschriebene Phasen/Zyklen treten in einem unregelmäßigen Turnus immer wieder bei Anni N. auf.

Phase 1
Als ich Anni N. kennenlernte, konnte sie stundenlang bewegungslos auf einem Stuhl in der Wohngruppe sitzen, anscheinend ohne Willen, apathisch. Wenn sie mit Hilfe (Unterstützung durch das Halten ihres rechten Armes) durch die Wohnung ging, dann in kleinen, raschen und höchst unsicheren Schritten. Ohne erkennbaren Grund wurde sie manchmal dann doch immer schneller, um wieder abrupt abzubrechen. Ließ man sie im Raum stehen, so blieb sie dort stehen. Sie ließ ihre Zunge seitlich im Mundraum hängen und vollführte gelegentliches Schnalzen bzw. heftiges, geräuschvolles Einatmen der Luft, wobei sie die Zungenränder einrollte. Sie vermied es, mich anzublicken. Sie wirkte wie erschöpft, schläfrig und war in einem Zustand, der mich zunächst an eine Puppe erinnerte. Ich fragte sie Fragen des Typs wie:

> *„Was möchten Sie jetzt tun?" oder „Haben Sie das...?" oder „Sollen wir...?"*

Ich bekam weder lautliche oder sprachliche Antworten noch irgendeinen gestischen Hinweis auf ihre Wünsche. Wenn ich mit ihr gemeinsam aß, indem ich ihr das Essen gab, öffnete sie den Mund anscheinend mechanisch, sobald ich die Gabel oder den Löffel in die Nähe ihres Gesichtsfeldes brachte. Ihr Kauen und Schlucken erfolgten langsam, fast kraftlos. Die Einnahme kleiner Mahlzeiten dauerte fast eine Stunde. Alle Bewegungen wirkten langsam und ihr ganzer, fast ausgezehrter Körper wirkte schwach. Es bestand immer die Tendenz zur Unterbrechung der Bewegung. Weder lautierte noch sprach sie irgendein Wort. Sie war sehr müde und lag häufig in ihrem Zimmer im Bett. Insgesamt machte Frau N. auf mich den Eindruck eines erschöpften Menschen. Gleichzeitig wollte ich verhindern, mich ihr ausschließlich anzupassen und suchte nach gemeinsamen Handlungen, die für sie (vermutlich) einen Anreiz boten. Ich ging mit ihr spazieren jenseits des Wohnheims, ich fuhr in den Tierpark, stellte mit ihr gemeinsame Mahlzeiten her, wobei ihre Handlungen darin bestanden, zuzusehen. In dieser ganzen Zeit (ca. 3–4 Wochen) blieb ihr Zustand unverändert.

Phase 2

Nach ca. 4–5 Wochen begann eine Art ‚Verwandlung': Gegenläufig zu ihrem bisherigen Verhalten empfand ich sie zunehmend lebendiger, aufmerksamer der Welt gegenüber. Ich bekam den Eindruck von einer Frau, die mir bis dahin unbekannt schien. Es war so, als würde etwas, das nicht stimmte, sich in Richtung einer Stimmigkeit verändern. Auf Fragen konnte sie jedoch weder lautlich, sprachlich oder gestisch antworten. Frau N. begann jedoch, rege die Aktivitäten um sie herum zu beobachteten und fand aus ihrer bewegungsarmen Haltung heraus. In dieser Phase wollte sie allein essen, konnte die Gabel oder den Löffel handhaben und aß mit Vorliebe die unterschiedlichen Speisen gleichzeitig. Dieses Aufmerksam-Werden der Welt gegenüber zog sich mehrere Tage bis zu zwei Wochen hin. Ihre Bewegungen wirkten nicht mehr wie ‚eingefroren', sie benötigte nur noch wenig Unterstützung, um eine flüssige Bewegung auszuführen. Sie wirkte aktiv, wach, aufmerksam, der Welt zugewandt. Es war davon auszugehen, dass sich ihr Verhältnis zu sich und zur Welt grundlegend verändert hatte. Sie wirkte ‚lebendig', d. h. ihrem Mienenspiel war Freude oder Trauer zu entnehmen. Auf Spaziergängen in den Parks zeigte sie mit der Hand auf verschiedene Kinder, die sie nur zu gern beobachtete. Es hatte den Anschein, als wandele sich in der Tat das gesamte Dasein und Verhalten von Frau Anni N. in der Welt.

Phase 3

Aber nach ca. einer Woche begann sich ihr Verhalten erneut zu verändern. Ich hatte das deutliche Gefühl, dass irgendetwas an ihrem Verhalten nicht ‚stimmt'. Anni N. zeigte zwar immer noch diese wundervolle Freiheit und Aufmerksamkeit sich selbst und der Welt gegenüber. Aber alles machte den Eindruck eines nuancierten ‚Überschießens'. Es schien mir so, als würde ihre freie und glückliche Welt plötzlich Risse erhalten, würde ihr zunehmend entgleiten und zusammenbrechen. Ihre Bewegungen wurden allgemein hastiger, überschießender, lebhafter und schwungvoller. Sie lachte laut und heftig, wobei es kein auf eine bestimmte Situation bezogenes Lachen war. Ihr Bewegungsdrang stieg ebenso an wie ihre Lust, Dinge zu verneinen, den rechten Arm über ihre linke Schulter zu legen und dann zurückschnellen zu lassen, als wolle sie jemanden schlagen, wobei sie sich jedoch mit kleinen, abgehackten Schritten vorwärts bewegte. Das Überschießen nahm zunehmend den Eindruck einer Maßlosigkeit an, eine Art überschießender Bewegung, Freude, Aktivität etc.

Phase 4
Anni N.s Bewegungen wurden immer hastiger, ihr dauerndes Lachen steigerte sich zu einem Dauer-Ruf nach ihrer Schwester Ida und zu langanhaltendem Schreien. Sie warf mit Gegenständen um sich, wurde ruheloser, von Tics und heftiger Palilalie heimgesucht. In der Regel war ihre Krise gekennzeichnet durch hochgradige Palilalie, wobei das gleiche Wort oder die gleiche Lautfolge zuweilen Hunderte von Malen hintereinander wiederholt wurde. Ihre Lautäußerungen variierten zwischen Schreien und wortähnlichen Äußerungen. Begleitet wurde dieses Verhalten von starken Affekten, von Angetrieben-Sein, von Zwängen und Blockierungen. Sie begann, mit dem rechten Daumen und dem Zeigefinger ‚Pillen zu drehen', schnalzte mit der Zunge und sog die Luft lautstark ein, sie zuckte mit den Schultern, grimassierte und war in ständiger Bewegungshast. Sie wollte nicht mehr essen, schlug gegen die Gabel oder den Löffel und konnte nicht am Tisch sitzen bleiben. Ihre Reaktionen waren so laut und permanent, dass sie begann, das Leben in der Wohngruppe empfindlich zu bestimmen.[12] Sprach man Anni N. mit normaler Lautstärke an, so reagierte sie nicht darauf. Dieser Zustand konnte sich über Tage, meist über mehr als eine Woche hinziehen, ohne dass eine Veränderung im Verhalten sichtbar gewesen wäre. Ihr Affektionszustand nahm eine so akute Form an, dass ihr Körper von der Anstrengung des Schreiens erhitzt und verschwitzt wurde. Sie entwickelte eine Reihe von Instabilitäten, brüllte in die Wohngruppe, wobei sie stets bereit war, jede Betreuerin zu schlagen, die sich ihr in den Weg stellte oder die in ihre Nähe kam. Ihre dauerhafte Palilalie, ihre ungeheure Erregtheit, das Schreien, die Bewegungshast dauerten unvermindert vierundzwanzig Stunden am Tag und in der Nacht an. Kurzzeitig (minutenlang) verfiel sie in einen stuporösen Zustand, der auf mich wirkte, als würde ihr hagerer Körper wieder neue Kraft für den nächsten Affektionszustand sammeln. Ich hatte den Eindruck, dass ‚etwas' mit ihr dies anstellte, was sie dazu brachte, sich innerlich regelrecht zu verzehren. In diesen Phasen erhielt sie auf Anweisung des Wohnheimmediziners als Bedarfsmedikation Neuroleptika (Truxal bzw. Haldol bzw. Ciatyl-Z bzw. Melperon) bzw. wurde ‚zusätzlich' in die Psychiatrie nach Eidingen verbracht.

12 Sacks (2002) spricht beim Parkinsonismus, der mit L-Dopa behandelt wurde, von Maßlosigkeit als Anzeichen für eine Krise und deutet dies als Vorhandensein eins nicht zu befriedigenden Bedürfnisses.

„Anni hat nach einem ihrer lang andauernden und scheinbar nicht von selbst endenden Schreianfällen Bedarfsmedikation (Haldol) erhalten. Sie sitzt scheinbar völlig willenlos und in sich gesunken auf einem Stuhl allein in der Küche. Die Jalousien sind aufgrund der Hitze, die von draußen hereinströmt, heruntergelassen. Mir drängt sich das Bild auf ‚wie nach einem großen Sturm'. Nur friedlich ist die Atmosphäre nicht, sondern bedrückend. Denn so, wie ich sie vorfinde, scheint sie mir ihres Willens radikal beraubt. Radikaler hätte der Gegensatz zwischen unserer letzten Begegnung, als sie mit Gegenständen um sich schmiss, laut schreiend artikulierte und den Tisch in ihrem Zimmer mit Leichtigkeit umwarf, nicht sein können: eine kleine, völlig gebrochene Frau sitzt vor mir. Sie steht mit meiner Hilfe langsam auf. Sie schaut mich nicht an, sondern hält ihre Augenlider und ihren Kopf gesenkt, bzw. wendet den Kopf zur Seite, als wolle sie nicht gesehen werden. Ihre Körperhaltung lässt sie noch kleiner als sonst erscheinen, in sich geradezu versunken und ihre Bewegungsform wirkt aufs äußerste fragil, kleinschrittig, vorsichtig, als dürfe sie keinen Fuß mehr in die Welt setzen". (Tagebuchnotiz Stinkes)

Betrachtet man diese Phasen als einen Zyklus, der sich im Laufe der Jahre stabilisierte und immer wieder von neuem durchlaufen wurde, so ergaben die einzelnen Symptome einen Sinn, indem sie als Folge der dauerhaften Gabe von Neuroleptika auftraten, als Folge biografisch erlebter kumulativer Traumata und als Folge des Lebens im Wohnheim des Emma-Lindner-Heims.[13] Die einzelnen Symptome wirken für sich genommen wie bizarre Verhaltensfragmente, ohne dass sie in einem inneren Zusammenhang stünden. Versteht man sie als Ausdruck eines leiblichen Zur-Welt-seins, dann stellen sie einen spezifischen leiblichen Verhaltensstil dar. Könnte Anni N.s leibliches Zur-Welt-sein auf den Verlust eines einheitlichen Lebensflusses, auf ein Fragmentieren von Raum und Zeit, eine Zerrüttung hindeuten?

Während die Betreuerinnen und ich im Emma-Lindner-Heim nach immer neuen Variablen für ihre sprunghaften Verhaltensänderungen suchten, mussten wir uns eingestehen, dass wir den Wert der Variablen (Be-

[13] Die Symptome als medikamenteninduzierten Parkinsonismus zu interpretieren ist eine Arbeitshypothese.

ziehungsintensität, Rituale, Stimmung, Ernährung, Öffnung nach außen, attraktive Angebote usw.) für ihr zukünftiges Verhalten nicht bestimmen konnten. Die Phasen schienen aus dem Nichts zu kommen, lediglich ihr jeweiliger Stil blieb annähernd gleich. Das Bild, das entstand, war das einer bestimmten Ordnung gehorchenden Verhaltens, das sich im Grunde jeder Vorherbestimmung entzog, wie etwa die Unbestimmtheit der Dauer oder der Länge der einzelnen Zustandsphasen. Lediglich der periodische Ablauf der Zustände war gesichert.

Die These von Oliver Sacks (2002) ist nachvollziehbar, dass es sich bei den gezeigten Zuständen um eine dynamische Struktur handelt, die nicht ohne Ordnung, aber chaotisch ist. Sacks (2002, 421) schreibt:

> „All dies kommt mir so vor, als ob man sich den Parkinsonismus selbst als eine Art Fläche vorstellen kann, als eine gebogene Fläche mit zwei Krümmungszentren, z. B. wie die Figur einer Acht. Die Umwandlungen in der Erscheinungsweise, die wir unter L-DOPA zu Gesicht bekommen, liegen schon im Parkinsonismus selbst begründet; das L-DOPA scheint nur eine Tendenz freizusetzen, die bereits in der topologischen Gestalt des Parkinsonismus eingearbeitet ist, oder, noch wahrscheinlicher, das L-DOPA scheint die Form des Parkinson-Attraktors zu verändern, es scheint ihn steiler zu machen, so dass sich höhere Grate und tiefere Täler ergeben. Ein Parkinson-Patient sieht sich, um im Bild zu sprechen, auf dieser Fläche festgekettet. Und da die Bahn seines Verhaltens auf dieser Fläche dynamisch ist, führt sie ihn im Verlauf der Zeit immer wieder um den Attraktor herum. Jeder Umlauf bringt ihn – allerdings nur für eine kurze Zeit – durch einige Sekunden der Normalität oder schleudert ihn sogar in den entgegengesetzten Zustand der Hyperkinesie hinauf, nur um ihn kurz darauf wieder nahe an den Attraktor mit seiner immensen Anziehung zu bringen; und dieser kraftvolle Attraktor ist dann, um in der Sprache der Theorie dynamischer Systeme zu sprechen, die ‚Ursache ‘ des Parkinsonismus“.

Lewin (1969) spricht vom *Aufforderungs- oder auch Herausforderungscharakter* der Dinge. Damit sind nicht etwa Dinge als einzelne Tatsächlichkeiten gemeint, sondern die Welt in ihrem Auftauchen im Kontext von spezifischen Konstellationen. Bei Lewin tauchen ‚Dinge‘ als Feldkräfte auf: „Der Aufbau der Situation in dem Falle, wo ein Kind aus Interesse an einer Aufgabe oder einer Beschäftigung, etwa einem Spiel mit der Puppe, sich dieser Beschäftigung zuwendet, ist in dynamischer Hinsicht relativ einfach. Die Situation ist beherrscht von einer Lockung, oder, wie wir sagen, einem positiven Aufforderungscharakter" (Lewin 1969, S. 6). Man könnte, bezogen auf die *Beispiele a–c*, also sagen, dass das Kommunikationsfeld sich organisiert, je nachdem in welchem dynamischen Verhältnis Anni N. und ich und die Dinge stehen. Die Ursache ist definitiv weder nur bei Frau Anni N. noch nur beim Hund Moritz/Hundeleine (siehe Beispiel Seite 137) oder dem Zuwerfen einer Zitrone (siehe Beispiel Seite 137), etc. zu suchen.[14]

> *„‚Anni, komm, nimm den Löffel noch mal in die Hand'. Sie nimmt den Löffel langsam noch mal in die Hand und führt die Nahrung zum Mund. Das gelingt ihr heute dreimal. Aber mit jedem Mal habe ich den Eindruck, dass ihre Möglichkeit, diese Handlung auszuführen, nachlässt. Schließlich lässt sie den Löffel nach dem dritten Mal regelrecht fallen." (Tagebuchnotiz Stinkes)*

Eltern helfen ihren Kleinstkindern beim Essen, indem sie rhythmische Melodien singen. Ich versuche, mir Anni N.s Vorliebe für Rhythmik und Melodie zunutze zu machen und knüpfe an diese Alltagsstrategie an.

> *„(...) Frau N. nimmt den Löffel, und ich fordere sie auf, ihn noch einmal in die Hand zu nehmen. Wieder führt sie die Nahrung mit dem Löffel in den Mund und wieder habe ich den Eindruck, dass die Wiederholung sie ‚erschlaffen' lässt. Ich beginne den Walzer:*

[14] Lewin weist darauf hin, dass die monotone Wiederholung einer Handlung durch eine andere Spannung gekennzeichnet ist, als eine Handlung, die auf ein spezifisches Handlungsziel gerichtet ist. Während der erste Handlungstyp an jeder beliebigen Stelle unterbrochen werden kann, ohne dass sich irgendeine Veränderung der Spannung zeigt, ist der zweite Handlungstyp durch eine Spannung gekennzeichnet, die dazu tendiert, sich beim Erreichen des Ziels zu entladen und sich gegen Ende der Ausführung einer Handlung besonders zu steigern. Das Problem beim medikamenteninduzierten Parkinsonismus könnte u. a. darin bestehen, dass bei Festlegen des Handlungsziels die Spannung so gesteigert wird, dass die fehlende Kontrolle der (Wahrnehmungs-, Bewegungs-, Handlungs-) Affekte kompensiert werden muss.

‚An der schönen blauen Donau' zu singen, wobei ich rhythmisch mit dem Knöchel auf den Tisch klopfe. In der Tat: Frau N. gelingt es, jedes Mal auf den Begriff/die Melodie/das Klopfen (‚blau') hin, den Löffel ein Stück weiter anzuheben. Ihr bereitet diese Form der Nahrungsaufnahme größtes Vergnügen und sie kann ganz alleine (!) ihr Essen zu Ende essen (...)". (Tagebuchnotiz Stinkes)

Aufforderungskomplexe, die den (fehlenden ‚eigenen') Bewegungs*fluss* kompensieren, indem sie der Person für eine kurze Dauer ihre Bewegung ‚leihen' (Anhalt an der Welt) helfen ihr, ihre Bewegungsbeeinträchtigung zu überwinden. Ähnliche Beobachtungen hat auch Wygotski aufgezeigt[15]: Er beschreibt einen Patienten, der von sich aus keinem Schritt gehen kann, diesen aber ausführt, wenn man ihm sagt „Gehen Sie einen Schritt" oder vor ihm auf dem Fußboden ein Stück Papier auslegt. Der Patient will gehen, doch die Handlungsaufforderung vermag nicht auf seine Motorik einzuwirken. Eine Erklärung könnte lauten, dass die Handlungsaufforderung allein zu schwach ist und daher einer zusätzlichen Aufforderung bedarf (äußeres Zeichen wie Punkte etc. auf dem Boden), um eine Wirkung zu erzielen.

4 Antwortverhältnisse

Zwischen Responsivität und Irresponsivität

Es geht darum, Anni N. eine Stimme zu geben. Damit ist gemeint, leibliche Antwortmöglichkeiten (Bewegung, Stimme, Blicke, Handlungen etc.) zu finden, die ein Zuhause-Sein in der Welt ermöglichen – unter der Bedingung eines ‚falschen Lebens' in einem Wohnheim. So paradox die Situation erscheint, bleibt das Emma-Lindner-Wohnheim für einen noch nicht abzusehenden Zeitraum Anni N.s Lebensrealität und vorläufige Lebensperspektive.[16] Anni N. benötigt bei wiederholten Handlungsabläufen

[15] Ich verdanke diesen Hinweis meinem Kollegen Thomas Hoffmann vgl. ausführlich: Hoffmann 2013.

[16] Auch aufgrund des Forschungsprojektes, unserer gemeinsamen Arbeit mit Anni und dem Betreuungsteam, vielen aufreibenden Gesprächen mit der Wohnheimleitung, wird Anni N. zwei Jahre später ein betreutes Wohnen angeboten, das sie auch annimmt.

häufiger einen Anstoß von außen, um nicht in ihre Bewegungsstarre zu verfallen. Eine kleine Weile kommt der Bewegungsfluss in Gang, erlahmt aber bald wieder oder wird durch irgendein ablenkendes Ereignis unterbrochen:

> *„Die Betreuerin Lisa hält mit ihrer rechten Hand unterstützend ihren linken Unterarm. Allein durch diese Geste gelingt es Frau N., einen kleinen Schritt vorwärts zu gehen. Als Lisa ihre Hand wegnimmt, geht Frau N. noch zwei weitere Schritte vorwärts, hält aber dann inne, ohne dass sie sich weiterbewegt. Lisa fordert sie sprachlich und gestisch auf, mit ihr weiter zu gehen, aber Frau N. rührt sich nicht von der Stelle. Erst als Lisa wieder mit ihrer Hand ihren Unterarm umgreift und Frau N. ein wenig nach vorne zieht, reicht dieser Bewegungsimpuls für Frau N., um weiter zu gehen.“*

Oliver Sacks (2002) vermutet, dass sich Personen mit Parkinson den Willen von Objekten *leihen*, um dadurch ihren zeitweise nicht vorhandenen Bewegungsfluss zu kompensieren. Eine mögliche Sichtweise oder Arbeitshypothese ist, dass auch Anni N. sich Bewegungsimpulse von (beweglichen) Objekten ‚*leiht*‘. Er bezeichnet dies als ‚Kinesie-Paradox‘:

> „So kann man solche Patienten rigide, bewegungslos, scheinbar leblos wie Statuen antreffen; doch angesichts einer plötzlich auftretenden Notsituation, die ihre Aufmerksamkeit weckt, kehren sie abrupt zu normalem Leben und Handeln zurück. (Erinnert sei an einen berühmten Fall:
> Ein Parkinson-Patient, der an einen Rollstuhl gefesselt war, sprang ins Wasser, um einen Ertrinkenden zu retten. Unter solchen Umständen vollzieht sich die Rückkehr des Parkinson'schen Zustands oft ebenso unmittelbar und dramatisch wie sein Verschwinden: Der plötzlich ‚normale‘ und ‚erwachte‘ Patient kann leblos wie eine Puppe in die Arme seiner Pfleger sinken, sobald der Anreiz zum Handeln wegfällt (Sacks 2002, S. 48).“

Entgegen dem Anschein der Teilnahmslosigkeit und Passivität nimmt Anni N. genau wahr, was um sie herum geschieht:

„Ich bereite mit Anni einen Salat für das Abendbrot in der Wohngruppe vor. Sie sitzt auf einem Stuhl in der Küche, bewegt ihren Körper nicht, schaut mir aber bei meinen Tätigkeiten zu. Als ich ihr eine Zitrone in die Handfläche drücke, damit sie diese hält, bewegen sich ihre Finger nicht. Einige Zeit später werfe ich ihr absichtlich eine Zitrone zu und zu meiner Verblüffung fängt Anni diese auf." (Tagebuchnotiz Stinkes).

Man könnte also sagen, dass es weniger auf ein Beruhigen/Anregen in aktiven/passiven Phasen von Anni ankommt, sondern auf ein Achten auf Situationen, in denen Anni durch äußere Aufforderungskomplexe, wie bewegte Dinge oder Rhythmus etc. ihr Verhalten kontrollierter einsetzen und stabilisieren kann.[17]

Diese sind dadurch gekennzeichnet, dass überraschende Variationen vorkommen und an biografisch bedingte Lieblingssituationen anbinden: Musik laut oder leise, Ansprache laut oder geflüstert, unterschiedliche Formen von Musik in Kombination mit bestimmten Handlungen wie Aufstehen, Pflegen, Anziehen, Essen usw., bildliche und gegenständliche bewegliche Signale, die routinierte und rhythmisierte Handlungs- und Bewegungsabläufe ermöglichen, Spaziergänge mit einem Hund an der Leine als ‚Antrieb' für Bewegungsabläufe, Schaukeln im Schaukelkorb, auf der Schaukel, auf dem Gymnastikball, schwimmen im Bad usw.:

„Wir fahren in meinem PKW zu mir nach Hause, und ich lege eine CD mit klassischer Musik ein. Anni, die bislang eher still war und mehrere Male deutlich gegähnt hat, dreht sich zum ersten Mal zu mir um, schaut mir direkt ins Gesicht und ihr bis dahin teilnahmslos wirkendes Gesicht lächelt mich direkt an. Sie wirkt von einem Moment zum anderen äußerst wach und entspannt. Bei mir daheim legt sich Anni direkt in die Sonnenliege. Sie wirkt sehr entspannt und wach. Sie schaut sich um, und als ich die Musik einschalte (Klassik), lacht sie übers ganze Gesicht." (Tagebuchnotiz Stinkes)

„Ich gebe Anni die Leine des Hundes in die Hand, und sofort beginnt sie, mit dem Hund an der Leine, der den Bewegungsimpuls vorgibt, sehr flüssig zu gehen. Sie strahlt dabei übers ganze Ge-

[17] Vgl. dazu die Ausführungen von Trevarthen (2012).

sicht. Über einen Häuserblock lang ist es ihr möglich, die Bewegungen flüssig zu halten, obwohl der Hund zwischenzeitlich abstoppt. Anschließend lässt sie die Hundeleine einfach fallen und bleibt stehen. Als sie alleine weiter gehen soll, ist ihr dies nicht möglich.“ (Tagebuchnotiz Stinkes)

Wichtig erscheint in den Beschreibungen das Moment der Bewegtheit bzw. die Bedeutung von (bewegten) Aufforderungskomplexen. Sie ermöglichen eine situative Überwindung der partiellen Bewegungsbeeinträchtigung.

Grundsätzlich geht es darum, Situationen der Responsivität zu erzeugen. Ihre Struktur besteht darin, weder Annis Antworten auf Situationen ungehemmten Lauf zu lassen, noch durch eine Überstruktur und implizite wie explizite Zielvorgabe, Annis Antworten abzunehmen. Es ist darauf zu achten, dass Antworten anderswo beginnen, d. h. ein situationsunterstützendes Tun, das nicht nur bei denen beginnt, die unterstützen wollen. Natürlich ereignet sich leibliche Responsivität in einem Feld oder Milieu, das durch die sich darin Mitbewegenden mitgestaltet wird. Responsivität meint eine generelle Antwortlichkeit, als einem Grundzug menschlicher Existenz (vgl. Waldenfels 1994, 2019). Damit ist keine Beschränkung auf die Sprache gemeint, sondern ein leibliches Antworten im Sinne eines möglichen Verhaltens zur Welt, zu Anderen/m. Waldenfels stellt heraus, dass das Antworten anderswo beginnt, weil es einem fremden Impuls folge. Antworten gibt dem Fremden einen Raum, eröffnet ihn, bevor über den/das Fremde geredet wird. Vor der Frage nach Zielen, Absichten, Regeln und Praktiken stellt sich die Frage, wovon ich affiziert, angesprochen, angerührt werde und worauf ich dann antworte in meinem Verhalten, Handeln, Denken. Daher hat Responsivität eine Verbindung zur Fremdheit wie zur Affizierung oder besser: zum Pathos (vgl. Waldenfels 1994, S. 243, 2002, S. 102–109, 2019, S. 254–290). Ergänzend wäre über das Hören in Verbindung zum Schweigen zu sprechen, um von einer fremden Stimme sich überhaupt ansprechen lassen zu können. Mit dem Konzept der Responsivität knüpft Waldenfels an die Ausführungen von Goldstein ebenso an, wie an die Ansätze in der Traditionslinie der Berliner Gestalttheorie (Lewin, Köhler, Wertheimer). Allen Ansätzen ist gemein, dass sie von Aufforderungskomplexen ausgehen, die etwas dem Leib zum Antworten geben. Goldstein forschte mit Gelb zusammen über den Zusammenhang von Hirnverletzung und Verhaltensauffälligkeiten, und ging von einer grundsätzlichen Auseinandersetzung des Organismus mit seiner Umwelt aus. Er unterschied zwischen Responsivität und Irresponsivität, wobei er sich auf die Ausführungen von Grote bezog (vgl. Goldstein 1934/2014, S. 334, 348). Mangelnde Responsivität (vgl. Meyer-Drawe 1988) käme damit einer Irresponsivität gleich, einer Beeinträchtigung des Spielraumes und der Möglichkeiten wie Qualitäten des Antwortens (vgl. Waldenfels 2019, S. 256 f.). Nicht unerwähnt bleiben sollen die Risiken, die im Antworten entstehen, welche Waldenfels erwähnt (vgl. Waldenfels 2019, S. 257). Ein Antworten zu realisieren, das anderswo beginnt, hat mit ständigen Situations- und Ortswechseln in womöglich unterschiedlichen Feldern zu tun. Ein für alle Mal gegebene Antworten rechnen mit Situationen, die uns nicht nur mit „Neuem, sondern mit Neuartigem konfrontieren“ (ebd.), so dass unsere Ordnungen der Erfahrung auf dem Spiel stehen:

> *„Was soll ich tun? Was kann ich tun? Eine Ohnmacht bemächtigt sich meiner angesichts des scheinbar pausenlosen Schreiens von Anni. Sie läuft schreiend, einen Arm abgewinkelt, durch die Wohnung und ruft lang gezogen I---daaaaa, I---daaaa. Ihr Bewegungsdrang nimmt zu. Ich gehe auf sie zu und lege zögerlich – einem schieren Impuls folgend – meine rechte Hand auf ihre Schulter und laufe mit ihr durch die Wohnung. Sie erhöht ihr Bewegungstempo, ihre Stimme verstummt für einen Moment, dann stoppt sie ruckartig, ihre Körperhaltung entspannt sichtlich, sie schaut mich unvermindert an und direkt in die Augen – ich halte unwillkürlich meinen Atem an, schaue ihr ebenso direkt in die Augen – und dann wendet sie ihr Gesicht ab und ruft nur noch einmal, sehr lang gezogen, wie ein Klagelaut: ‚I---------daaaaaa‘. Er verhallt in den Räumen der Wohnung. Lang ausatmend, mit nicht angespannter Körperhaltung, lässt sie sich auf einen Stuhl fallen. Ich belasse meine rechte Hand noch eine Weile auf ihrer Schulter. Dann nehme ich sie weg, und setze mich neben sie. Stumm und ohne einen geraden Gedanken…“ (Tagebuchnotiz Stinkes).*

Eine fertige Lösung, ein Rezept, ist aus der Tagebuchnotiz nicht zu entnehmen. Etwas kommt zur Sprache, was sich in einem Bereich *zwischen* Sprache und einem Außen der Sprache abspielt. Anni N. und ich werden wechselseitig getroffen bzw. erschüttert vom Verhalten der jeweils anderen Person, und Anni N. von einer Vergangenheit und Gegenwart in Beschlag genommen. Mein antwortendes Verhalten ist zwar mein Verhalten, aber es rührt anderswo her. Ich bin beteiligt im Akkusativ eines Mir oder Mich. Wenn Pathos, wie Waldenfels schreibt, ein Widerfahrnis ist, Exzessivität, Leidenschaft, dann habe ich eine Antwort gegeben, die mir entspricht und mir buchstäblich abverlangt wurde von Anni N.s situativem Verhalten – ohne, dass ich in der Lage wäre (auch heute noch nicht) zu sagen, worauf ich geantwortet habe. Das Wie des Antwortens kann ich in Worte kleiden als eine Erfahrung über eine Erfahrung – aber kaum ein Wort wäre letztlich zu halten, dass die Situation und die gegebene Antwort träfen. Signifikatorische Differenz und zeitliche Differenz (Diastase) geben hier einen kleinen Spalt frei, indem ein situatives Unterstützen bzw. Antworten sich ereignet, das sich vermutlich speist aus biografischen, vorbewussten Nebelformen des Lebens. Mein schierer Impuls deutet an, was Waldenfels unter Bezug auf Levinas und Plotin als eine Zeitverschiebung (Diastase) beschreibt:

> Ein zu früh kommen des Widerfahrnisses, und ein zu spät kommen meiner ‚zögerlichen' Antwort – „gemessen an dem, was uns zustößt und entgegentritt" (Waldenfels 2019, S. 258).

Auch wenn die Situation ganz anders hätte ausgehen können, nachdem ich meine Hand auf Anni N.s Schulter gelegt, und mit ihr durch die Wohnung gelaufen wäre, so stellt sich hier doch eine Art von Ko-Responsivität ein, eine Ko-Affektion, die ein konkretes gemeinsames Bewegen, eine gemeinsam aufgeführte Unrast, ein gemeinsames Niedersinken auf die Stühle (s. o.), darstellt: Responsivität und Ko-Responsivität verstanden in der geschilderten Erfahrung über Erfahrung unter dem Vorzeichen eines Performativen.[18]

[18] Aus der Psychoanalyse kennen wir Projektion, Introjektion und Übertragung – sie spielen in der Affizierung von fremden Ansprüchen und dem Antworten auf fremde Ansprüche insofern eine Rolle, als aus dem obigen Beispiel der Tagebuchnotiz deutlich werden könnte, dass eine Beziehungsstiftung mit Identifikation[en] spielt. Wer woher und wohin sich identifizierend bewegt – Frau N. und/oder ich – kann nicht fixiert werden; es gibt einen Bezug auf die Situation, in der beide Personen verstrickt sind (Waldenfels 2019, S. 281 f.).

- Ausgehend von der Arbeitshypothese oder Sichtweise, dass Annis leibliches Verhalten eine Geschichte der Erkrankung (medikamentös bedingter Parkinsonismus), der Verletzungen (traumatische Erfahrungen) und der frühkindlichen Schädigung und Vulnerabilität (Angewiesenheit auf Hilfe in allen existentiellen Bereichen) erzählt, erscheint eine sicherheitsspendende Beziehung, die gemeinsame Situationen, Verhalten und Handeln auf eine responsive Antwortlogik hin betrachtet, notwendig.
- Die Struktur der ausgewählten Situationen müsste darin bestehen, dass Frau N. nichts direkt tun muss, keine konkrete Zielvorgaben an Sie herangetragen werden. Dies schließt nicht aus sondern ein, dass Ihr Feld oder Milieu durch mich mitkonturiert bzw. mitstrukturiert wird, durch z. B. ein gezieltes Aufsuchen von Milieus (Einkaufssituation; Spaziergänge an bestimmten Orten; Konfrontationen mit gezielten Aufforderungskomplexen, die z. B. von Melodien ausgehen). Sie zieht es vor, lieber zusehend und zuhörend dabei zu sein: Dabeisein als eine Spielart der Responsivität.

  Ihre Not wird nicht ignoriert, sich z. B. bewegen zu wollen und dies in bestimmten Situationen nicht zu können. Denn auch wenn ihr Verhalten bedingt ist durch ihre Biografie und ihre gegenwärtige Situation, bleibt es doch ein leiblich situiertes *Antwortverhalten* und daher *ihre spezifische Weise sich situativ auszudrücken,* sich zu verhalten. Ihre Antwortfähigkeit soll gestärkt werden, weil davon ausgegangen werden kann, dass die Doppelstruktur von Pathos und Respons zersprungen ist – ihr Zuhause-Sein in der Welt zerrüttet wurde. Das Zerspringen dieser Doppelstruktur bewirkt ein Pathos ohne Response (vgl. Waldenfels 2014, S. 285): Traumatische Situationen haben sich ihrer buchstäblich bemächtigt, sie ihrem Zuhause-Sein in der Welt entrissen und in sich selbst versinken und verstummen lassen. Aber auch das ist eine Antwort auf fremde Ansprüche, denen Frau N. im Modus der Notwendigkeit auszuweichen sucht.
- Es ist eine *paradoxe* Handlung in der Begleitung notwendig: Einerseits das Teilen gemeinsamer Situationen, wobei der Maßstab für die Auswahl der Situationen ihre Motivation (Antrieb) für bestimmte Situationen und Aktivitäten ist. Andererseits die Auswahl (und Inszenierung) von Situationen, bei denen Frau N. sich Willens- und Bewegungsaufforderungen ‚leihen' kann. Denn es zeigt sich, dass ihre Vorlieben gekoppelt sind an (bewegt-bewegende) Situationen, Handlun-

gen, Tiere etc., die ihr helfen, sich buchstäblich ein Stück gelebtes Leben ‚zu leihen' und von denen Impulse, Aufforderungen ausgehen.

- Wäre es zu kurzgeschlossen, wenn diesem Pathos ohne Response eine Response ohne Pathos von Seiten der Betreuerinnen des Emma-Lindner-Heimes gegenübergestellt wird? Einer Irresponsivität unter anderen Vorzeichen? Irresponsivität in der Form der Gerinnung von klischeehaften, fertig fixierten und ideologischen Antworten auf den lebendigen Anspruch von Frau N.? Waldenfels schreibt von beunruhigenden und widerstreitenden Erfahrungen, denen mit Apathie begegnet werde (Waldenfels 2002, S. 105). Eine Form der Responsivität, die in die Nähe einer Irresponsivität rückt, in Gestalt einer Gleichgültigkeit? Institutionalisierte Antworten, die sich einseitig an institutionellen Regeln und Sinnhaftigkeiten orientieren und dabei die situierte Leiblichkeit aus dem Blick geraten lassen – die der Bewohnerinnen und der Betreuerinnen. Unterliegen die Betreuerinnen einer Abspaltung, um das affektive Geflecht, das spürbar wird in der leiblichen Affiziertheit von Situationen, auszublenden?

Grundlage einer Unterstützung zwischen Pathos und Response sind gemeinsame Erfahrungen und die konkrete Beschreibung der Erfahrung über Erfahrungen. Jeder Lebensvorgang hat einen leiblichen Ausdruck, ist ein Gestaltungsakt über und mit dem Körper und gestaltet diesen selbst. Erst im erfahrenen und erlebten Umgang mit der Welt, anderen Menschen und den Dingen wird zu Teilen sichtbar, wer wir sind. Daher kann man davon sprechen, dass der Körper in seiner leiblichen Existenz unsere Lebens- wie Überlebensgeschichte präsentiert. Annis Körperhaltung, ihr Verhalten, sind verstehbar als ihre Haltung zur Welt: Ihr Körper ist apathisch, vor Wut erhitzt, sie zittert, verweigert sich, öffnet sich, wird schwer und antriebsarm, sie wirkt total erschöpft, ihre Gesten werden zu einem Bild der Trauer und der Sehnsucht oder aber der starken Expressivität, indem sie laut schreiend Gegenstände um sich wirft und ihren enormen Bewegungsdrang auslebt. Es ist dabei nicht zu übersehen, dass sich ihre Geschichte (jahrzehntelange Einnahme von Neuroleptika, traumatische Kindheitserlebnisse, Aufenthalt in einem Wohnheim) als ihre leibliche Stellungnahme zu der sozialen, institutionellen, kommunikativen Situation ausdrückt. Ihr leiblicher Stil des Zur-Welt-seins hat eine spezifische emblematische Struktur, d. h. ihrem Erleben, Verhalten und Handeln sind Vergangenheit (gute und auch vermutete traumatische Erfahrungen innerhalb der Familie, 30 Jahre Unterbringung in der Psychiatrie, 30 Jahre Einnahme von Neuroleptika), konkrete Angewiesenheit und Erwartung auf eine Zukunft hin (Leben in der Wohngruppe, Leben in kommunikativen Bezügen) eingezeichnet. Dies drückt sich auch aus als medikamentös bedingter Parkinsonismus, als tardive Dyskinesie, als Lown-Ganong-Lewin-Syndrom, als kumulative Traumatisierung, als Abwehr von schmerzvollen Erfahrungen, als waches Schauen, als Bewegungsdrang, als ‚Pillen-Drehen' etc.

Der Leib dient als Folie für geschichtlich-biografische und zukünftige Einschreibungen (Wünsche, Hoffnungen, Bedürfnisse, Erwartungen, Enttäuschungen).

Daher entsteht eine Geschichte des Leibes, indem Anni lebt, sich leibhaftig entwickelt, anpasst, Widerstand leistet, Zugriffe wagt, in ihrer Not zu Abwehrmechanismen greift, um die Not wie die Nötigung auszuhalten, ihr Leben führen zu müssen unter den jeweiligen Bedingungen oder Verhältnissen.

Wäre es zu einfach, ihre leiblichen Antworten als Ausdruck ihrer Geschichte zu begreifen, als ein komplexes Muster, das soziale Strukturen einverleibend in sich verkrallt, wie dies etwa das Habitus-Konzept von Bourdieu (1997) nahelegen würde? Der Körper, ihr gelebt-erlebter Leib, ist eine Tatsache ihres Lebens, insofern sich dieses Leben in ihn eingeschrieben hat. Zugleich ist er Voraussetzung für die Kommunikation und für ihr Verhalten und Handeln mit und in der Welt: Zu ihren Blicken gehört das Gesehen-Werden, zu der Art, wie sie die Welt berührt, gehört das Berührt-Werden, zu ihren Hörweisen gehört das Gehört-Werden. Daher heißt körperlich bzw. leiblich zu sein, dass wir etwas über einander erfahren – ob wir das wollen oder nicht. Aber alles kommt darauf an, wie wir damit umgehen, wobei in Rechnung zu stellen ist, dass Anni und die Bezugsbetreuerinnen kein gleichwertiges Verhältnis miteinander haben, denn Anni ist auf Antworten auf ihre Angewiesenheit angewiesen, weil ihr von Beginn an ihre Ressourcen und damit die Kontrolle über ihr Leben genommen wurden.

- Daher scheint es ebenso bedeutsam, Situationen mit Frau N. aufzusuchen, in denen sie Sicherheit und Kontrolle gewinnt, d. h. solche Situationen, die einerseits dem ‚normalen' Leben entlehnt sind und andererseits einen biografischen Bezug aufweisen, um möglicherweise an positiv besetzte Erinnerungsspuren anzuknüpfen: In der Küche sein, im Bett liegen und eine Geschichte vorgelesen bekommen, gemeinsames Essen. In einem weiteren Schritt wurden die Situationen um das Hinein-Nehmen einer vielfach appellierenden Welt erweitert: Mit dem Rollstuhl in die Stadt gehen (Kinderspielplatz, Kaffeehaus), mich daheim besuchen, dort mitessen, den Kindern beim Spielen vor dem Haus zusehen, meinen Hund Moritz füttern, ihn ausführen, mit dem PKW gefahren werden und klassische Musik hören, im Korbsessel der Wohngemeinschaft geschaukelt werden und den Bewegungsfluss genießen, etc.

> *„Anni sitzt auf dem Küchenstuhl und schaut mir bei der Zubereitung eines Salates zu. Ich gebe ihr den Salat, damit sie die Blätter auseinanderziehen kann. Sie schaut mich zunächst einfach nur an. Dann legt sie ihre Hände überkreuzt unter die Achseln. Ich ziehe Anni ihre Jacke an und versuche, sie einzubinden. Sie lässt ihre Arme wie teilnahmslos an ihren Körperseiten herunterhängen, so dass ich sie führen muss. Auch beim Schließen der Jacke möchte sie – trotz versuchter Handführung – ihre Hände nicht bewegen."*

Gehen wir nochmals zurück zur Frage nach einer responsiven Unterstützung: Ausgehend von meinen Erfahrungen in der ersten Zeit mit und durch die Analyse des bis dahin vorliegenden Datenmaterials (Tagebuchnotizen), könnte ich beispielsweise schließen, dass ihr leiblicher Stil auf Situationen zu antworten, Handaktivitäten wenig einbezieht. Ihre Auseinandersetzung mit der Welt lief über ein überaus aktives Sehen als Zusehen, Wegsehen (sich wegdrehen), über das Laute der Worte, die Wiederholung bestimmter Lautfolgen, das ‚Pillen-Drehen', das laute Schreien, ihren Bewegungsdrang und ihre starken Ermüdungs- wie Expressionsphasen. Wenn sie manchmal aktiv die Welt ergriff, dann durch das Herumwerfen oder Wegwerfen von Gegenständen/Sachen (ihrer Kleidung, ihrem Tisch, ihrem Spielzeug, etc.), durch ihre Bewegungen im Raum in stark affektiven Phasen. Vor allem in den affektgeladenen Phasen war es wichtig, ihren ‚wütenden' Affekt als bedeutsam zu verstehen, ihn nicht moralisch zu bewerten[19].

[19] Diese Aspekte des pädagogischen Umgangs sind für das Team des Emma-Lindner-Heims problematisch, da es eine andere Vorstellung vom Umgang mit Annis starken Affekten in den expressiven Phasen oder leiblichen Verhaltenszyklen gibt.

Das heißt, ihr Stil könnte als wenig ‚zugreifend', ‚aktiv ausgreifend' auf die Welt bezeichnet werden – aber er ist *zugleich nicht passiv*. Frau N. steht zu keinem Zeitpunkt als ‚reiner' Klient vor mir und/oder mit mir in gemeinsamen Situationen des Verhaltens und Handelns. Dass sie z. B. laut klagt, schmerzt nicht sie, sondern ihr schmerzt etwas. Damit möchte ich verstehen, dass die Klage, der Schmerz, das Abwarten, das wenig Zugreifende nicht ein Prozess ist, der ihr (ausschließlich) als einer ersten Person zuzuschreiben wäre. Aber gleichzeitig ist damit auch kein Prozess angezeigt, der in der dritten Person beschreibbar wäre, denn es ist ihr Schmerz, an dem sie beteiligt ist. Man könnte von einem ‚Es' sprechen, welches sich mit einem ‚Ich' verbindet – wodurch sich für die Unterstützung ein Raum zwischen ‚Es' und ‚Ich' öffnen würde. Zwischen einem ‚Ich klage' und ‚Es klagt aus mir' öffnet sich ein Spalt, der es mir als Unterstützerin ermöglicht, danach zu fragen, wem etwas widerfahren ist? Es ist eine Urszene oder Urfrage, die aus jeder meiner unterstützenden Verhaltensweisen und Handlungen spricht oder sprechen sollte, weil sie die leibliche Situation von Anni N. respektiert, ernst nimmt und ihr in jedem Verhalten, Handeln auch ‚spiegelt': „Ich sehe dich, ich bestätige Deine Not, Deine Klage, Deinen Schmerz, Deine Freude ...". Aus meiner Sicht wird daher eine Zeugenschaft eingefordert, die aus dem Hören auf ihre (fremde) Stimme erwächst.

Das Herstellen einer sicherheitsspendenden, vertrauensvollen Beziehung unter dem Vorzeichen einer Zeugenschaft für ihre Widerfahrnisse, die Frau N. kontrollieren kann, stellte sich als zentrales Vorgehen heraus. Die Bitternis der Nachträglichkeit einer respondierenden Antwort auf ihr Leben, zu dem ich allenfalls an den Rändern in der Lage war, blieb bestehen. Allerdings brauchte ich ihr nach ca. zwei Jahren nicht mehr selbst (als Zeugin) ‚zur Verfügung zu stehen' für ihre Angewiesenheit. Durch die Erfahrungen in unserer Beziehung konnte Anni sich zunehmend hin auf andere Situationen mit anderen Menschen (Bezugsbetreuerinnen) öffnen. Im dritten Jahr stabilisierten sich die Beziehungen, so dass Anni beispielsweise situativ beginnt, Tiere korrekt mit Worten zu bezeichnen („Ente") und leise, aber deutlich „ja" oder „nein" zu sagen, wenn ich sie nach ihren Wünschen befragte. Auf Fragen antwortet sie, wenn ich ihr meine Fragen ins Ohr flüstere und ihr lange Zeit für die Antwort lasse. Waldenfels zitiert Lacan (vgl. Lacan 1994, S. 183):

> „Der Patient beginnt die Analyse, indem er von sich (*de lui)* spricht, ohne zu Ihnen (à vous) zu sprechen, oder indem er zu Ihnen spricht, ohne von sich zu sprechen. Wenn er imstande ist, Ihnen gegenüber von sich zu sprechen, ist die Analyse zu Ende (Waldenfels 2019, S. 310). "

In seinen eigenen Worten führt Waldenfels aus, dass die Analyse folglich nur gelinge, „wenn in der eigenen Stimme die fremde Stimme durchklingt und in der fremden Stimme die eigene" (ebd.).

5 Antwortverhältnisse

Blicken

> *„Anni dreht sich herum, schaut durch mich hindurch, so als erkenne sie etwas in einer nahen Ferne, das ihr ganzes Interesse erfordert. Sie schaut mich nicht an, sondern weg. Sie wendet abrupt ihr Gesicht von mir ab, geht in einen anderen Raum." (Tagebuchnotiz Stinkes)*

Ein wesentlicher Verhaltensstil von Anni N. könnte als ein Sich-Verschließen verstanden werden. Sie vermag Ein- und Ausgrenzung oder Abgrenzung vorzunehmen, und zwar vor allem in einem körpernahen, sehr leiblichen Bereich. Es kann ein Sich-Verschließen oder Sich-nicht-Zeigen oder Sich-nicht-Sagen sein, d. h. dies ist genau die Art und Weise, wie *sie* sich sagt und zeigt. Das ‚Nicht' gehört zu ihr, was als eine Art ‚abgewandeltes Nein' gelesen werden kann. Das Sich-Verschließen hat aber auch mit Verbergen zu tun und das heißt, es gibt etwas zu verbergen und jemanden, also sie, die imstande ist, sich selbst zu verbergen. Man kann sich dominant leiblich verbergen, sich nicht zeigen, den anderen ausschließen oder aber auch sprachlich verschließen, ins Schweigen gehen. Anni N. blickt weg, senkt den Blick. Im Wegblicken kehrt die Vertauschung von Sehendem und Gesehenem wieder, wie wir sie aus der kindlichen Erfahrung her kennen: Indem die Erblickte ihren Blick hinter den eigenen Augenlidern verbirgt oder den Blick abwendet, fühlt sie sich dem fremden Blick (vielleicht) entzogen. Dies kann natürlich als Egozentrik oder Fokussierung auf die eigene Perspektive abgetan werden. Aber die

Verhaltensweise stellt sich anders dar, wenn man die Bedingungen des leiblichen Ausgesetzt-Seins in Betracht zieht, bei der es um Selbstdarstellung und Selbstverhüllung, um Verbergen und Entbergen geht:

> *„Ich begrüße Anni und augenblicklich dreht sie ihr Gesicht von mir weg. Ich stelle mich vor sie und begrüße sie nochmals, weil ich denke, dass sie mich noch nicht richtig wahrgenommen hat. Aber dann dreht sie ihr Gesicht wieder weg, und dann ihren ganzen Körper von mir weg." (Tagebuchnotiz Stinkes)*

Man kann das Beispiel als eine versagte Anwesenheit lesen, denn Anni N. bleibt ja im Raum und weiß sich auch zu verhalten, aber sie entzieht sich mir im Rahmen ihrer Anwesenheit. Sie wendet damit auch die fremden Ansprüche, die entweder die Betreuerinnen oder ich an sie haben, ab und übt mit dem Sich-Entziehen Macht aus bzw. sie erhält Kontrolle über die Situation:

> *„Anni dreht ihr Gesicht und dann sich seitlich weg. Immer wieder und später auf eine andere Art als mit ihrem Gesicht: Sie geht weg, verlässt den Raum oder aber sie schreit laut. Was immer die Bezugsbetreuerinnen Edith und Lisa auch tun, Anni entzieht sich ihnen." (Tagebuchnotiz Stinkes)*

Dies kann auch so gelesen werden, dass Anni etwas Anderes bejaht, zu etwas anderem sich entschließt in dem Maß, wie sie wiederum anderes ausschließt, ignoriert. Sie kann sich nicht verbergen, nicht ausliefern, da sie in dem Doppelspiel von Ein- und Ausschließen gefangen ist. Anni hat nichts anderes zur Verfügung, um das Spiel von Verhüllung, Darstellung oder Verbergung und Entbergung zu ‚spielen', als ihren Körper als Möglichkeit des Sich-Verschließens einzusetzen. *Der Leib fungiert als eine Art ‚Urkleid'* (Plessner) und dies beinhaltet ein Verhalten wie heftiges Atmen, Dinge nicht anfassen, provozierende, ignorierende, liebevolle, neugierige Blicke aussenden, die Arme verschränken, lautieren, sehr laut und sehr schweigsam sein usw. Vorstellbar ist, dass noch der Aspekt der Intimität und Öffentlichkeit in diesem Tun eine Rolle spielt und vor allem den Charakter ihrer Pro-Vokationen verändert: Wenn Intimität jahrzehntelang teilweise so schonungslos ignoriert und destruiert wurde durch ihre Erfahrungen in der Psychiatrie, dann kann sich der Anspruch auf die eigene Intimität nur noch in die körperliche Sphäre zurückziehen. Es wäre verständlich, wenn Anni kein Interesse zeigt, auf die Welt auszugreifen, diese anzufassen, sich für sie handelnd zu interessieren, sie zu begreifen, wenn wirklich nichts von dieser persönlichen Lebenswelt je wirklich ‚persönlich' bleibt und das heißt auch: von ihr kontrolliert werden kann. Denn fast alle Dinge, jede Handlung, viele Situationen werden von fremden Personen zugerichtet, angefasst, arrangiert, drapiert, aufgeräumt, geputzt, berührt, besprochen und bewertet. Sie ist mit einer Flut von Ansprüchen konfrontiert, der sie ihren Anspruch auf Verbergen entgegensetzt. Aber auch hier ist in der Interpretation Vorsicht geboten, denn handelt es sich tatsächlich um ‚ihr' Verbergen oder ist es vielleicht der Wunsch der Betreuerinnen, der sich in dem Verhaltensstil des Verbergen-Wollens ausdrückt?

Augen und Blicke gelten als Fenster zur Seele, und manchmal wird ihnen gar unterstellt, sie wären eine Sprache des Herzens. Damit wird angedeutet, dass sie etwas offenbaren, das wir in sprachlichen Botschaften nicht herüberbringen können oder aber kontrollieren und verbergen wollen. Beim Blicken geht es um Wertschätzungen, um unsere Gefühle, die wir Menschen entgegenbringen, und daher geht es auch um unsere Sicht vom anderen Menschen. Wie wir jemanden anschauen, darin spiegelt sich Respekt oder Verachtung, Status, Macht, Nähe, Distanz. Interessant ist, dass wir zwar sehen und gesehen werden bzw. anschauen und angeschaut werden, aber uns selbst niemals sehen können. In Anlehnung an ein Bild von Ernst Bloch (2007) gleichen wir einem ‚Ohne-Kopf', der sich nur mittels eines Spiegels oder aber ‚durch den Blick' des anderen Menschen betrachten kann. In der Sprache des Alltags ist der Blick in vielfältigen Redewendungen präsent: Wir können etwas im Blick halten oder haben, wegblicken, uns einen Überblick verschaffen, vollziehen Blickwendungen, haben den Durchblick oder aber einen verträumten, wachen, besonnenen Blick. Wir verführen, ermutigen, locken, lähmen, schützen, vernichten und ‚töten' mit dem Blick – all das deutet an, wie verengt der Blick in den Blick rückt, wenn wir ihn als Reiz begreifen, in den die Welt nur passiv einfließt. Das Blickgeschehen ist eng mit unserer Zeitlichkeit verbunden, als der Blick, der abschätzt, vergleicht und taxiert. Und mit Buber kann darauf verwiesen werden, dass im abendländischen Denken der Blick mit Erkenntnis verglichen wurde. Der Blick ist aktives soziales Verständigungs- und Regulationsmedium, weil er Beziehungen klären, verbinden und trennen kann. Mit dem Pädagogen Langeveld (1960) erkennen wir im Versteckspiel der Kinder die Funktion der Verhüllung, des Verbergens, um nicht schutzlos ausgeliefert zu sein.

Foucault (2003) ermöglicht noch eine weitere Sichtweise: Er verweist auf den Blick als ein Instrument der Diagnose, der Kontrolle und der Verfügbarkeit. Es ist ein spezifischer Blick, der sich zu verbergen sucht, um seine Macht und Wirkung zu steigern. Mit Foucault ist es der Blickende selbst, nicht der Erblickte, der sich zu verbergen sucht, um seine ganze Überlegenheit auszuspielen. Blicke sind hier der Inbegriff der modernen (unsichtbaren) Mikrophysik der Macht, die eine Allgegenwärtigkeit anstrebt, ohne je selbst gesehen zu werden, weil sie getarnt sind in alltäglichen Normalitätserwartungen und bürokratischen Regeln. Kafka beschreibt einen solchen Blicktypus in seinem „Brief an den Vater“:

> „Noch nach Jahren litt ich unter der quälenden Vorstellung, dass der riesige Mann, mein Vater, die letzte Instanz, fast ohne Grund kommen und mich in der Nacht aus dem Bett auf die Pawlatsche tragen konnte und dass ich also ein solches Nichts für ihn war.“

Erniedrigung und Beschämung, aber vor allem Ohnmacht und Selbstverlust spiegeln sich in diesen Erfahrungen wider, die Kafka nochmals aufgreift in der Verwandlung zum Ungeziefer (Die Verwandlung) und in seiner Behandlung „wie ein Hund“ (Der Prozess).

Das Motiv der Ausweglosigkeit und Ohnmacht – im Vergleich zur Schuld – verdichtet sich mythologisch in der Urszene der Beschämung Kains. Hier ist Kain schutzlos dem göttlichen Blick ausgeliefert. Gott achtet nicht auf Kains Spende und in der Beschämung vollzieht sich eine abgrundtiefe Trennung der beiden Brüder voneinander und der Entfremdung Kains von Gott und sich selbst. Interessant ist, dass sich diese Beschämung Kains auf seiner Haut als Kainsmal zeigt und er zutiefst bloßgestellt und beschädigt wird. Die Beschädigung besteht darin, dass er aus dem lebensspendenden Bund ausgeschlossen wird. Ohne Zuwendung, Anerkennung und Unterstützung wird er leben wie ein Fremder unter den Menschen. Befreien aus der Isolation der Scham können ihn nur die anderen. Wichtig ist hier, dass der Blick der Anderen ihn ins Abseits stellt, ihn degradiert. Kain wird die Schuld der Ohnmacht der Scham vorziehen, wodurch er die Kontrolle ein Stück weit zurückgewinnt. Offensichtlich ist die Schuld eher zu ertragen als die Scham, denn mit ihr können wir uns auseinandersetzen, während die Beschämung uns ohnmächtig zurücklässt.

Im Kain-Mythos und in Kafkas Beschämung und Ohnmacht durch den Vater wird deutlich, wie sehr Scham mit Gesehen-Werden zusammenhängt. Sie ist ein Phänomen sozialer Spiegelung.

Aber es bedarf nicht der Augen anderer, um Scham zu empfinden. Auch im Alleinsein sind wir uns dessen gewahr, dass es Blicke der anderen gibt; zuweilen sind diese anwesend und machen uns einsam. Bei Neckel (1991) findet man eindrucksvolle Beispiele beschämender Herabsetzungen, und der Blick, der hier u. a. vorgestellt wird, ist vor allem ein Medium sozialer Kontrolle. Aktuelle Bloßstellungen, beschämende Achtungsverluste erzwingen soziale Ungleichheit und einen Habitus, der bestätigt, wie andere uns sehen. Die Beschämung ist ein diffiziles Mittel, dem anderen Menschen zu zeigen, zu was er nicht in der Lage ist: Ihm wird seine Schwäche vor Augen geführt, seine Ohnmacht. Ein Lebensstil, eine Praktik und ein Geschmack werden in die Schranken verwiesen:

> *„Anni wirft den Teddybären, die Bücher und das Kissen durch ihr Zimmer, zwischendurch wird lässig der Tisch in eine andere Position gebracht und ich staune, wie viel Kraft in dieser zarten, dünnen Person steckt. Sie schreit unaufhörlich, ihr Körper ist erhitzt, die Adern an ihrem Hals treten hervor und ihre rechte Hand ist über der linken Schulter – gerade so, als wolle sie zum alles vernichtenden Schlag ausholen. Am nächsten Tag rufe ich im Emma-Lindner-Heim an und erkundige mich nach ihrem Befinden. Mir wird mitgeteilt, dass ihr Verhalten für die anderen Bewohner der Wohngruppe unhaltbar gewesen sei, und der Arzt hätte entschieden, dass sie in die Psychiatrie nach Eidingen verbracht werden sollte. Dort gäbe es einen time-out-Raum… Ich frage nach, ob man nicht hätte noch wenigstens einen Tag warten können. Am Telefon sagt mir die Betreuerin: ‚Das ist unakzeptabel, so ein Verhalten, wir haben erst einmal ihr Zimmer aufgeräumt. Das wenigstens geht. ‘“ (Tagebuchnotiz Stinkes)*

Der institutionelle Blick muss nicht per se ein Disziplinarblick sein, der das Begehren der Bewohnerin Anni N. in ‚geordnete Bahnen‘ zu lenken sucht. Aber die obige Tagebuchnotiz stellt ein Indiz für das Gegenteil dar. Es entsteht dabei eine Art ‚Bild‘ von Verhalten von Anni, welches die

Notwendigkeit der Verbringung in die Psychiatrie Eidingen und die Gabe der Bedarfsmedikation sowie ihr Begehren in eine Beziehung setzten. Hier fungiert das Auge der Institution als Hüter und Quelle der sogenannten Wahrheit über die Bewohnerinnen.

> *„Du kannst nicht einfach die Bedarfsmedikation (Haldol, Truxal, Melperon), die vom Arzt der Emma-Lindner-Heime für Frau N. vorgegeben wurde, in Frage stellen. Ich denke, das verunsichert. Betreuerinnen brauchen klare Anweisungen, was zu tun ist. Der Arzt hat außerdem gesagt, dass das eine relativ harmlose Gabe ist. Frau N. braucht das" (Tagebuchnotiz Stinkes über ein Gespräch mit der Leitung des Emma-Lindner-Heimes)*

Verhilft der überwachende Blick dazu, zu erkennen oder verhilft er dazu, wieder-zu-erkennen, was man meint, sowieso schon über einen Menschen zu wissen? Die Zeichen ihres Verhaltens werden im Sinne eines Mangels gelesen, der eine Verirrung bei Anni N. markiert. Der überwachende Blick hat immer auch die Funktion, die Verhaltensweisen einer Person zu registrieren und bei starken Affekten wieder in eine „Ordnung" zu verweisen:

> *",Das geht nicht, wenn sie so schreit, da braucht sie die Bedarfsmedikation, weil das die anderen Bewohnerinnen stört', sagt eine Betreuerin zu mir. ,Außerdem schadet sie sich damit selbst, hat der Heim-Arzt Dr. R. gesagt, und wir haben in der Helferkonferenz einen eindeutigen Umgang damit beschlossen.'" (Tagebuchnotiz; Aussage einer Betreuerin)*

Vor einem psychoanalytischen Hintergrund deutet Niedecken (2003) bei einem ähnlichen Vorgehen diese Handlungen so, dass zunächst die ‚Wahrheit' über das Verhalten der Person bestimmt werde als Mangel im Sinne eines Abstands zum Erwachsenenideal, hier: zum Ideal einer älteren, erwachsenen Frau. Dieses Motiv könnte dazu bewegen, die Tragödie ihres Lebens zu ignorieren, ihre vielfältigen leiblichen Antwortregister nicht zu sehen bzw. die Kraftanstrengungen, die sie vollzieht, um mit der Tragödie ihres Lebens irgendwie fertig zu werden (vgl. Sinason 2000). Denn letztlich sucht sich die Bewohnerin in ihrer Autonomie darzustellen und zu behaupten.

Die Schrankenbildungen, die sich hier vollziehen, beschreibt aus soziologischer Perspektive Bourdieu als Naturalisierung der Unterschiede, nämlich als Verwandlung von Kultur in Natur.

Indem Ungleichheit (Normen, Vorstellungen von ‚richtigem' Verhalten) in den Körper eingeschrieben wird, also zu einer Person zugehörig erscheint, erhält das den Anschein der Unumstößlichkeit. Dies lagert sich in der Selbstwahrnehmung der Bewohnerin Anni N. ein (emblematische Struktur des Leibes) und trägt zur Begrenzung perspektivischer Lebensentwürfe ebenso, bei wie zur Vermeidung von Handlungsalternativen. Unterstellt sei, dass Anni N. sich mit dem Bild, das andere haben, teilweise identifiziert. Dadurch wird sie von diesen ‚anerkannt', weil sie das Bild reproduziert, das den Erwartungen (den negativen wie positiven) der anderen angepasst ist. Daher kann Anni N. die erwarteten Antworten nicht enttäuschen. Wenn aber Antworten nicht enttäuschen, also nicht erstaunen, nicht irritieren, nicht wirklich betreffen, dann gibt es auch nichts mehr zu fragen und wiederum nichts mehr zu antworten, nichts wirklich ‚zu tun':

> *„Ich komme in das Emma-Lindner-Heim, gehe in die Wohngruppe, bin spät dran. Anni wartet an der Tür. Ich bin vorab gebeten worden, sie zu ‚füttern' (Bezugsbetreuerin). Ich soll das Essen in der Mikrowelle der Wohngruppe aufwärmen, was ich auch tue. Anni begrüße ich sehr deutlich, mit unserem üblichen Ritual. Ich gieße mir Saft in einen Becher, ihr auch und hole das Essen aus der Mikrowelle. Es ist immer sehr heiß. Wir sitzen am Tisch und ich sage: ‚Ich will erst mal probieren, ob es nicht zu heiß ist', und fülle auf einen kleinen Löffel ein wenig Kartoffelbrei. Ich probiere ihn und merke, dass er sehr heiß ist. Anni wird nachgesagt, dass sie Kälte/Hitze nicht differenzieren könne und auch keinen Geschmack habe. Wir warten gemeinsam. ‚Willst du ein wenig trinken? Heute ist es so heiß', frage ich sie. Sie schaut mich an, was ich als Zustimmung deute. Sie öffnet ihren Mund, da sehe ich deutlich Brandblasen an ihrer Lippe. Irgendjemand muss Anni Essen gegeben haben, ohne vorher zu überprüfen, ob das Essen nicht zu heiß war". (Tagebuchnotiz Stinkes)*

Blickweisen, Blickgehalte, Blickeinstellungen, -richtungen, -bewegungen sind leibliche Ausdrucksweisen, denen immer zugleich Affektives und Aktives anhaftet: Wir sind von etwas affiziert bzw. angesprochen, indem man sich diesem zu- oder von ihm abwendet. Wir spüren plötzlich den auf uns gerichteten Blick und wenden uns diesem zu oder aber ab; manchmal sind wir beschämt. Daher spielt es eine große Rolle, ob die Betreuerinnen und ich uns Anni zuwenden, sie beachten, sie stützen, mit ihr achtsam umgehen:

> *„Die Bezugsbetreuerin Edith erzählt mir, dass sie einen Spaziergang mit Anni N. gemacht hat und es eine sehr gute Zeit für Anni und sie war. Anni steht bei ihr und hört ihr zu und lächelt sie an. Beide schauen einander an, und ich spüre eine große Erleichterung und sage es Edith und zu Frau N. gewandt: ‚Ich freue mich, dass es dir so gut mit Edith geht'". (Tagebuchnotiz Stinkes)*

> *„Als ich in der Emma-Lindner-Heim ankomme, sitzt die Bezugsbetreuerin mit Anni am Boden im Esszimmer. Es ist Sonntag und ich wurde angerufen, weil Anni erneut unausgesetzt schreit und ihr Körper schon ganz verschwitzt ist. Sie hält Anni in ihrem Arm, diese liegt zwischen ihren Beinen. Ihr Schreien lässt ein wenig nach. Die Bezugsbetreuerin sagt zu Anni: ‚Ich weiß, dass du es sehr schwer hast und ich verstehe das'. Anni wird für eine kurze Weile ruhig, ihr Blick landet unverwandt in meinen Augen und ich schaue sie an. Die Betreuerin bleibt ganz ruhig und streicht ihr über den Rücken. Nach einer Weile sagt sie zu mir: ‚Vielleicht gehst du ein wenig mit Anni raus, damit ich mich ausruhen kann. Das ist doch anstrengend'. Ich bejahe dies, und bevor Anni wieder Luft für neue Schreiphasen holt, können wir sie dazu bewegen, aufzustehen. Beim Spaziergang ist sie teilweise ruhig und teilweise sehr laut". (Tagebuchnotiz Stinkes)*

In der Sprache des Körpers artikuliert sich die Kleinheit, die Schwäche, das Verstummen, die Beschämung. Scham setzt die Existenz einer Selbstempfindung voraus, welche sich in der Beziehung zu einer vertrauensvollen Bezugsperson aufbaut – und durch die Beschämung am stärksten empfunden werden kann (vgl. Stern 1995, 2020). Die Bezugsbetreuerin ist in der Situation, Anni zu beschämen, weil sie sie so, in ihrer Labilität, Verletzlichkeit und Ohnmacht, sieht. Mit dem Gefühl der Scham ist auch die tiefe Angst vor Selbstverlust und dem Wunsch, nicht mehr da zu sein, verbunden. Denn in der Beschämung wird vor allem etwas in den Blick gezerrt, was geschützt werden müsste: die Ohnmacht, Verletzlichkeit und die Labilität des Ich. Sartre (1943/2019, S. 477 ff.) beschreibt den beschämenden Blick als Tod des Subjekts im Sinne eines Todes der eigenen Möglichkeiten, weil der Mensch zum bloßen Sein-für-andere degradiert und zutiefst entfremdet werde.

Sartres Analyse des Blicks verdeutlicht, dass die Gegenwart des Anderen sogar in meinen geheimsten Gefühlen lange meinen Konstitutionsleistungen vorausgeht. Interessant daran ist, dass nicht ich, sondern der Andere das erste konstituierende Subjekt ist. In den „Cartesianischen Meditationen" formuliert Husserl ähnlich, dass der Leib des anderen Menschen, „sozusagen das an sich erste Objekt ist, wie der fremde Mensch konstitutiv der an sich erste Mensch ist" (Husserl 1950, S. 153). Der Andere, der meine Freiheit geradezu vernichtet, entfremdet mich meiner selbst und zwingt mich zugleich, mir dieses Fremde als Eigenes zuzurechnen. Aber der Blick des Anderen, der mich erdrückt, beschämt und vernichtet, ist ein Blick, dessen ich mich nicht bemächtigen kann. Wir schreiben dem Blick, der uns sieht, zwar dem Anderen zu, aber das heißt nicht, dass der Blick dem Anderen wirklich zugehört. Der Andere, der seinen eigenen Blick auch nicht sieht, ist nämlich, ebenso wie ich selbst, außerstande, sich diesen Blick zuzueignen. Man muss also sagen, dass der Blick sich gleichsam ‚zwischen uns' befindet bzw. sich zwischen uns bewegt. Der Blick wäre daher eine Erscheinung in Bewegung.

Anni nutzt den Blick situationsbedingt sehr verschieden: durch gesenkte Augenlider, durch das Schließen der Lidspalte, oder sie wendet sich mit ihrem Blick ab oder schaut in die Ferne durch ihren Blick, als gleite sie über mich oder ihre Bezugsbetreuerin hinweg. Ihr Blick wirkt träge, müde, neugierig, sehr zugewandt oder aber wie ‚erloschen' und verrät eine gesteigerte oder verminderte Ansprechbarkeit. Manchmal läuft sie scheinbar vor der Bezugsbetreuung oder mir weg, den Kopf nach rückwärts gewandt, provozierend anschauend, als buhle sie mit dem Blick, damit man ihr folgt. Dann wieder lässt sie den Blick des anderen von sich abprallen oder sie signalisiert, man sei eine lästige Störung. In jedem Fall eröffnen uns diese Blicke einen *gemeinsamen Raum*, insofern unsere Blicke sich „kreuzen". Es ist unzweifelhaft, dass ihr Blick meine Position ihr gegenüber mehr als einmal erschüttert hat und wir in ein gegenseitiges Anspruchsfeld hineingezogen wurden, auf das wir zu antworten hatten. Auch wenn man konstatiert, dass das leibliche Selbst sich zu verbergen liebt, der Blick nie ganz und gar der eigene sein kann, so ist diese Variation des *heterosomatischen Blickgeschehens* (vgl. Waldenfels 1994, S. 478 ff.) doch durch einen bestimmten Verhaltensstil gekennzeichnet, der das Kommunikationsfeld zwischen Anni und der Bezugsbetreuung/mir charakterisiert: Es ist ein System dauerhafter und übertragbarer Dispositionen zu praktischem Handeln, ein kohärentes System von Verhalten, Erleben und von Handlungsschemata. Dies wird im Übrigen auch daran deutlich, dass diese Art der heterosomatischen Blickkommunikation auch mit den Bezugsbetreuerinnen von Anni situationsbedingt durchgespielt wird. In jedem Fall ist es ein *antwortendes* Hin- oder Wegschauen, Beiseite schauen etc.:

> *„Ich schaue Anni an, während diese mich flüchtig auch anschaut. Die Bezugsbetreuerin und ich begrüßen uns auch und besprechen kurz die Situation in der Wohngruppe. Anni schaut zu ihr hin, dann weg, dann schaut sie wieder mich an und weg, während sie wie unentschlossen in der Mitte des Wohnzimmers der Wohngruppe steht. Wieder kreuzen sich die Blicke und ich sage zu ihr ‚Komm, setz dich doch zu uns'. Sie kommt auf uns zu und biegt kurz vor der Couch ab und setzt sich in ihren Schaukelkorb. Noch eine ganze Weile schaut sie immer wieder zu uns und wir zu ihr. Die Blicke kreuzen sich und nach einer langen Phase der erneuten Unruhe, des Schreiens und der darauffolgenden großen Müdigkeit scheint Anni wieder ‚da' zu sein". (Tagebuchnotiz Stinkes)*

Umgangssprachlich gibt es den Ausdruck „die Blicke kreuzen sich" und „wenn Blicke sprechen könnten, dann…", womit gemeint ist, dass das Sehen des fremden Blicks dem Hören der fremden Rede nahekommt. Kinder haben noch die Vorstellung, dass die Blicke aufeinanderprallen können bzw. sich vermischen und sie geben den Blicken jene Macht, die ihnen auch zukommt. Bei Anni ist es ein tastendes, berührendes Sehen. Ein Sehen, das das tut, was Hände tun. Blicke, die berühren. So sehen wir einen fremden Blick nicht nur, sondern kommen diesem „unter die Augen", sehen, wohin der andere Blick geht und spüren, dass wir sichtbar sind. Auffällig wird dies, wenn wir den Blick eines Menschen quasi an unserem Hinterkopf, in unserem Rücken spüren. Manchmal zwingt uns sogar ein Blick, diesen zu erwidern.

Wie Anni N. mich sieht und wie ich sie sehe in den wechselnden Situationen, dies wird uns gegenseitig verschlossen bleiben. Aber diese Konstellation ist es, die mich als Sehende zur Gesehenen macht. Für Anni birgt dieses Faktum aber die Problematik, dass sie *dauerhaft* gesehen ist. Auf eine eigentümliche Weise wird sie durch die institutionelle Disziplinarmacht (Foucault) von der Sehenden zur Gesehenen herabgesetzt, indem die Blicke der Betreuerinnen und meine Blicke sie verfolgen. Simmel (2009, S. 118) hat dieses Phänomen in soziologischer Perspektive beschrieben als Verknüpfung und Wechselwirkung der Individuen:

> „Die höchst lebendige Wechselwirkung aber, in die der Blick von Auge in Auge die Menschen verwebt, kristallisiert zu keinerlei objektivem Gebilde, die Einheit, die er zwischen ihnen stiftet, bleibt unmittelbar in das Geschehen, in die Funktion aufgelöst. Und so stark und fein ist diese Verbindung, dass sie nur durch die kürzeste, die gerade Linie zwischen den Augen getragen wird, und dass die geringste Abweichung von dieser, das leiseste Zur-Seite-sehen, das Einzigartige dieser Verbindung völlig zerstört. Es bleibt hier zwar keine objektive Spur zurück, (…) die Wechselwirkung stirbt in dem Augenblick, in dem die Unmittelbarkeit der Funktion nachlässt; aber der ganze Verkehr der Menschen, ihr Sich-Verstehen und Sich-Zurückweisen, ihre Intimität und ihre Kühle, wäre in nicht berechenbarer Weise geändert, wenn der Blick von Auge in Auge nicht bestünde – der, im Unterschied zum das einfache Sehen oder Beobachten des Andern eine völlig neue und unvergleichliche Beziehung zwischen ihnen bedeutet.“

Weitergehend könnte man philosophisch fragen, ob die Anderen in der Tat eine Art ‚einziges Auge‘ sind? Levinas macht darauf aufmerksam, dass der andere Mensch ein ‚Geheimnis‘ sei, eine ‚Spur‘, ‚Unendlichkeit‘ und vor allem aber ein ‚Appell‘ an uns. Anstatt, wie Sartre, davon auszugehen, dass der Blick des anderen das Subjekt vernichtet und als bloßes Objekt zum Erstarren bringt, betont Levinas (2005) die Veränderung des Menschen durch den Anderen. Die Antwort auf den Blick des Anderen kann für ihn deshalb auch nicht darin bestehen, den Anderen zu objektivieren und zu vernichten, wie die Deutung des Blicks als ein Disziplinarblick nahelegt, denn die Antwort steht für Levinas nie in einem symmetrischen Verhältnis zur Frage des anderen Menschen. Der Blick des anderen Menschen ‚betrifft' im Sinne eines Anrufes, und dies ergibt sich daraus, dass er flehend befiehlt um Beistand, und dass er sich selbst nie genügt.

Anders bei Merleau-Ponty: Bei ihm besteht die Vorstellung, es gäbe eine Wahrnehmung ohne Subjekt, was nicht zu verwechseln wäre mit der naiven Annahme, es gäbe kein Subjekt. Vielmehr ist damit gemeint, dass der Blick des Anderen und mein Blick sich gleichsam ‚auflösen' zugunsten eines einzigen Blicks, der sich in seinem Narzissmus zwischen den Menschen und Dingen bewegt. Der Blick hat für ihn etwas *Allgemeines*, weil das gemeinsame Wesen darin besteht, *zugleich* sehend und sichtbar zu sein (vgl. Merleau-Ponty 1986, 1961/2003, 1966/1974). Ist die ethische Perspektive von Levinas darauf bedacht, die ethische Beziehung zwischen den Subjekten von der Symmetrie zu befreien, akzentuiert Merleau-Ponty (auf der Ebene der Ontologie) eine sinnliche Responsivität, die alle Körper durchdringt und sie miteinander verstrickt. Das heißt natürlich auch, dass in einem Blick, in dem der andere Mensch aufgenommen wird, eine Art von Offenbarung seiner selbst liegt; *mit demselben Akt, in dem man den Anderen zu erkennen sucht, gibt man sich zugleich selbst prei*s.

Zugleich hebt Merleau-Ponty die Differenz nicht auf, denn er behauptet, dass das, was selbst erscheint, nie von sich selbst her erscheint, sondern aufgrund eines *Gemeinsamen*, das es mit demjenigen, dem es erscheint, teilt. Diesen gemeinsamen Grund des Erscheinens, der sich der Sichtbarkeit des vorstellenden Bewusstseins entzieht, bezeichnet Merleau-Ponty als „das Unsichtbare" oder das „Fleisch", welches er nicht als Materie oder Substanz, sondern in Anknüpfung an die vorsokratische Verwendungsweise dieses Begriffs als „Element" verstanden wissen will, das die Grenze zwischen Leib und Welt transzendiert (Merleau-Ponty 1986, S. 182 ff.). Bevor sich dieses Unsichtbare beispielsweise in Gemälden als Blick oder in der Literatur wie etwa bei Kafka oder aber wie hier in der Beschreibung und Deutung des Blickgeschehens zeigt, bewohnt es den Zwischenraum zwischen dem, was von einem Körper sehend und was sichtbar ist. Lacan bezeichnet daher das Unsichtbare auch als eine Art klaffende Leere.

Unterm Strich findet sich also bei so unterschiedlich theoretisch fundierten Autoren das gemeinsame Motiv des ‚unsichtbaren Blicks'. Der Blick ist unsichtbar, nämlich für einen anderen Blick sowie für sich selbst. Die institutionellen Blicke sind immer nur für einen Teil unsichtbar –

umso stärker können sie als Disziplinarblicke wirken. Man könnte besser formuliert davon sprechen, dass der Blick ein Unsichtbares in Bewegung ist; er irrt zwischen den Körpern umher und nimmt neue Gestalten an und formiert die Körper (der verärgerte, der liebevolle, der abschätzige, der diagnostizierende, der disziplinierende Blick usw.).[20]

6 Antwortverhältnisse

Verstummen und Sprechen

Wenn Anni N. die Welt wenig mit ihren Händen berührt, so wird diese partielle Nicht-Ansprechbarkeit durch die Ansprechbarkeit des ganzen Spektrums des Blickens und ihrer Art und Weise, Sprache zu nutzen, aufgewogen. Blicke und Tasten bzw. Tun gehen bei Anni N. ineinander über, so dass ihr Blick nicht nur ‚beredt' ist, sondern vor allem auch etwas tut und nicht nur zu sehen, sondern auch zu tun (auf)gibt:

> *„Anni sitzt im Korbsessel und wieder läuft das Fernsehen ohne Ton und gleichzeitig dröhnt Popmusik aus dem Radio. Die Putzfrau schiebt laut ihren Putzwagen durch den Raum, von der Küche her dringt lautes Sprechen zweier Betreuerinnen in das Zimmer. Anni sieht mich sehr intensiv an. Ich erwidere ihren Blick und spreche aus, was ich denke: ‚Geht es dir wie mir: es ist einfach zu chaotisch, zu laut hier. Komm, lass uns rausgehen'. Bei dem letzten Wort schaut sie mich an und lächelt. Ich reiche ich ihr meine Hand, damit sie diese ergreifen und sich mit dieser Hilfe aus dem Korbsessel bewegen kann. Zu meinem großen Erstaunen tut sie dies." (Tagebuchnotiz Stinkes)*

[20] Hinzugefügt sei noch, dass bei Freud der Voyeurismus ein Triebschicksal ist. Jemanden ‚beschauen' ist eine Bewegung des Sehens und hierin gleichen sich der Trieb (Freud) und das Begehren (Merleau-Ponty). Beide stellen das Subjekt und seine (Akt-)Intentionalität in Frage. In Rilkes Gedicht „Archaischer Torso Apollos" (1955–1966, S. 557f.) ist von einem Blick die Rede, der das Subjekt in Frage stellt. Da heißt es gegen Ende des Gedichtes über diese Skulptur „...denn da ist keine Stelle, die dich nicht sieht. Du musst dein Leben ändern."

Hier soll ihre Art und Weise zu Sprechen und ihr Verstummen beschrieben, reflektiert und in den Kontext der Zerrüttung des Zur-Welt-seins gestellt werden. Im Alter von ca. 9 bis 12 Monaten reagieren Kinder mit Handlungen und fordern die Bezugspersonen zu weiteren Handlungen auf. Sie verfügen über einen referentiellen Blickkontakt. Den Sprachanfängen geht das Lallen voraus, das sich in erstaunlicher Vielfalt zeigen kann: Konsonanten, Zischlaute, Schnalzlaute, Vokale, etc. Das Sprachverständnis beginnt zunehmend, sich jenseits von Situationen und Kontexten zu etablieren; ganz langsam erst entwickelt sich ein Sprachlaut mit seinem phonematischen Gehalt.

Anni N. nutzt die Gestik mit dem rechten Arm bzw. der Hand, die Prosodie oder ihren Blick, um mit einem Interaktionskontext Bedeutungszusammenhänge zu bilden. Eine 22minütige Aufzeichnung ihrer Artikulation unter Einbezug von interaktiven Situationen mit Tieren (Hund, Ente, Katze) macht dies ansatzweise deutlich. Es wurden nur solche Vokalisationen/Konsonantenbildungen aufgezeichnet, die einen erkennbaren Bedeutungszusammenhang mit dem Interaktionskontext erkennen lassen, wie:

- Zeigegeste und Benennung
- Nachahmung eines Wortes oder Wortmodells („enta“)
- sinngemäße Assoziation mit einer Gebärde oder Handlung (zeigen, Arme verschränken, hinsehen)

Sprachlaute	Ereignisse	Gestik
Mei	Hund taucht auf Visualisieren des Hundes	Zeigegeste
Ananan (U. St.: „schau, da ist der Hund“) Ameiiiiiii Ludibalalulu		Zeigegeste

Sprachlaute	Ereignisse	Gestik
Aname	Visualisieren der unmittelbaren Umgebung des [ßßßHundes	Arme verschränkt
Einmale	Hund geht weg	Arme verschränkt
Janwinde maja (U. St.:"jetzt geht er weg, wie schade")	sieht von mir weg	Rechte Hand gebärdet weggehen
Ameiiiiiii (U. St.: „Der Nachbar hat eine Ente, die er dir zeigen will, schau")		
einmale, ulleeeeee	Ente wird visualisiert	Arme verschränkt
anita		Ente sitzt neben ihr auf der Bank
(U. St.: „Oh, was für ein schönes Tier – komm, wir streicheln es")		streichelt die Ente mit Handführung
Adematniata Loldilamita Enta Enta		
	hinsehen	Arme verschränkt
Anita, ameiia	wegsehen	
Wully, wully amei	(Hund taucht wieder auf)	

Sprachlaute	Ereignisse	Gestik
Aau, wawulle, aa mei (U. St.: „Hat der ein weiches Fell /streichelt den Hund“) Eieiei Uiuii nollaa anita	hinsehen	Arme verschränkt

Tab. 3: Aufzeichnung der Vokalisationen, Konsonantenbildungen, die einen erkennbaren Bedeutungszusammenhang mit dem Interaktionskontext aufzeigen (22 Minuten; Videoauswertung)

An dieser kurzen Sequenz wird deutlich, dass eine besondere Schwierigkeit darin besteht, die (präsymbolische) Vokalisation von Anni in lautsprachlichen Kategorien zu beschreiben. Trotz des groben Rasters wird deutlich, dass sie Lautsequenzen ausführt, die viele Vokale enthalten. Auch ist zu bedenken, dass sie durch Prosodie Bedeutung übermittelt, d. h. sie weiß ihre Stimme ebenso deutlich einzusetzen, wie den Rhythmus, die Pausen, die Sprachmelodie, ihre Gebärden. Sie liebt gutturale Laute (Rachenlaute) und setzt ein- und denselben expressiven Ausdruck situativ ein. Sie ist in der Lage, diese Laute sehr vielfältig durch Prosodie zu variieren. Interessant ist, dass sie die Öffnungslaute [a] sehr häufig in Situationen mit Tieren und in vertrauten, Sicherheit vermittelnden Situationen verwendet. Oftmals folgen ihnen primäre Verschlusslaute [m][n] wie etwa bei der häufigen Nutzung des Ausdrucks <a-mei>. Hier öffnet sie sich, entspannt sich in der Situation, ein Dauerlaut [a:] steht in Kontrast zu einem nasalen Verschlusslaut [m]. Allerdings müssen auch hier Differenzierungen vorgenommen werden, wenn etwa diese Lautbildung zu unterscheiden ist von einem ‚schreienden‘ Ausdruck wie <amei>. In entspannten Situationen nutzt sie Vokale bzw. Dauerlaute [a, e, i, o, u] und weiche Nasale [m, n, nj]. Gepresste Nasale [ch2] werden ebenso häufig benutzt; vorwiegend, wenn sie in Phase 3 bzw. 4 ist. Außerdem werden moduliert: Rhythmus, Pause, Melodie. Diese werden an den gemeinsamen Kontext angepasst.

Anni N. setzt Laute bedeutungsdifferenzierend ein[21]. Man könnte sagen, dass sie in vertrauten und Sicherheit spendenden Interaktionssituationen auf Vokale mit primären Verschlusslauten hin Wortschöpfungen bildet. Phonation, Resonanz, melodisch modulierte Laute, Intensität, Klangfarbe, Dauer und Rhythmus der Wortlaute könnten verwechselt werden mit vorsprachlichen Stadien der Vokalisationsentwicklung, wie sie in Untersuchungen beschrieben wurden (vgl. Papoušek 1994). Dann jedoch würden die Erfahrungen, die sie im Laufe ihres Lebens gemacht hat, nur eine sehr marginale Rolle spielen. Interessant wäre vielmehr die Frage, wie ihre Erfahrungen im interaktiven sozialen Kontext zusammengewirkt haben, um durch Einübung und Automatisierung von Teilfunktionen zu Fortschritten in der Vokalisationsentwicklung zu gelangen, damit der Übergang von einer Ebene der Kompetenz zur nächstfolgenden ermöglicht wird?

Papoušek (1994) weist darauf hin, dass hinsichtlich gesicherter Aussagen die Vokalisationsentwicklung und das Kommunikationsverhalten der primären Bezugspersonen in Betracht gezogen werden müssten.[22] Die Betreuerinnen und ich versuchen vor allem in der Phase 2, einen Kommunikationsraum mit Anni aufzubauen, der sie als aktive Gesprächspartnerin vorsieht, um sie möglichst zu Antworten zu ermuntern. Unser Interaktionsstil ist tutorenhaft und wechselt mit ihren Wortlauten ab (vgl. Seewald 2007). Die Nutzung von Pausen, das Darbieten eines Interaktionsrahmens beeinflusst den Dialog mit ihr deutlich.

Des Weiteren macht Papoušek (1994) darauf aufmerksam, dass die prosodischen Konturen der mütterlichen Sprache von Beginn der kindlichen Entwicklung an nicht nur kontextbezogene non-linguistische Botschaften vermitteln, sondern auch basale strukturelle Einheiten der Sprache wie Sätze, Phrasen und Wörter umgrenzen. Sie erfüllen einfache syntaktische Funktionen wie das Differenzieren von Kommentaren, Fragen und Aufforderungen. Wichtig ist, dass die Phrasierungen deutlicher als durch die primäre Bezugsperson markiert werden und der Säugling für die prosodischen Konturen eine hohe Aufmerksamkeit besitzt.

21 Deshalb entschließe ich mich, in diesem Text die phonemische Klammer zu benutzen.

22 Die eigentliche Sprachentwicklung eröffnet weite Bereiche des prozeduralen Lernens, erfordert jedoch zunehmend deklaratives Lernen und die Integration von sprachspezifischen Informationen in Bezug auf Wortschatz, Phonologie und Grammatik der Muttersprache.

Hier wird die *Haltung vertreten, dass es weniger bedeutsam ist, was Anni N. sagt, sondern dass sie in spezifischen Situationen durch* Gebärde, Prosodie und Blick eine Kommunikation eingehen kann und will. Hier meldet sich erneut eine Form der Responsivität, welche einem geordneten ‚Was' der Antwort vorausgeht. Die Modulationen der Vorsprache gehen langsam in die (fungierende) Intention einer Sprache über. Es ist eine Art ‚Übergangsstufe', auf der das ‚Bedeuten' in Gestalt lautlicher Wortdifferenzen erlebt wird, ohne dass die Bedeutung der einzelnen Worte verständlich sein muss (vgl. Jakobson 1969, S. 49). Weniger bedeutsam ist, *welche* Laute Anni nutzt, sondern dass ihre Laute *dann* zu Informationsträgern werden, wenn sie vom Partner wahrgenommen, interpretiert und beantwortet werden. Ausgelöst wurde diese schlichte Einsicht durch eine Situation, in der sie und mein Hund eine Kommunikation eingingen: Anni zeigte auf den Hund und ließ ein lautes „wully, wully" vernehmen – der Hund bellte – Anni lachte und produzierte einen Rachenlaut. Der Hund bellte, Anni lachte und sagte „wully", sie lachte, produzierte den Rachenlaut, und es entstand ein über mehrere Minuten andauernder ‚Dialog'.

In ähnlicher Weise löst ihr Schreien in den starken Affektphasen bei mir ebenfalls eine leibliche Affektion aus, die sicherlich nachweisbar (messbar) wäre. Dem folgen eine Reihe von Verhaltensweisen meinerseits und von Seiten Annis, die darauf angelegt sind, ihr Sicherheit zu geben, Ruhe zu vermitteln. Wichtig ist, dass die gesamten Lautproduktionen, die Nutzung des Blicks und die oftmals gebärdenbegleitenden Lautproduktionen von ihr als Ausdruck ihrer Befindlichkeit und Affektion, als Ausdruck ihrer Wünsche, Bedürfnisse und Absichten verstanden werden. Denn damit wird unterstellt, dass ihre Lautproduktionen in ein kontingentes kommunikatives Interaktionsfeld eingebettet sind, in dem sie – in eins mit ihren phonatorischen und artikulatorischen Möglichkeiten – erfahren kann, wie ihre Wortlautproduktionen wirken und wie sie diese einsetzen kann. Dies ist eine Art Antizipation von subjektivem Sinn, welche notwendig ist, damit ein gemeinsamer Sinn über etwas von Anni erkannt werden kann.

Annis Blick, ihre Gebärde oder ihre Vielzahl an unterschiedlichen Wortlauten sind zu verstehen als Pro-Vokationen, als latente Sinnstrukturen. Über lange Jahre hat Anni ein Muster der Verhaltens-, Wahrnehmungs- und Handlungsschemata erworben, welches leiblich verankert ist und sich herausgebildet hat durch die praktischen Erfahrungen innerhalb ihres Erfahrungsfeldes. Bei Bourdieu (1997) ist der Habitus ein System von Gewohnheiten und eine Form des Erwerbs von Erfahrungen, welcher in bestimmten sozialen Feldern und sozialen Lagen erworben wurde. Der Habitus ist von der leiblichen Erfahrung abhängig und strukturiert Wahrnehmen, Denken und Verhalten. Daher hat man in Rechnung zu stellen, dass Anni N.s Nutzung der Sprache durch das familiäre Feld und durch das psychiatrische Feld bedingt ist. Dieses Feld ist durch kumulative Traumatisierungen gekennzeichnet. Annis Nicht-Benennen könnte sich ansiedeln in einem psychisch bedingten Raum des Nicht-Könnens und Nicht-Wollens/-Dürfens und ist nicht einfach als eine nicht vorhandene Fertigkeit vorschnell einzuordnen:

> *„Anni hat das Mittagessen beendet und ich frage sie: ‚Gleich kommt der Bus, der dich in die Förderstätte bringt - möchtest du deinen Anorak anziehen? ‘ Ich lege meine Hand auf ihre Schulter und flüstere nun nochmals ruhig: ‚Möchtest du deinen Anorak anziehen? – Verstehst du mich? - Möchtest du deinen Anorak anziehen? ‘. Pause. Wieder flüstere ich ihr die Frage ins Ohr. Anni atmet hörbar laut aus und ein, ihr Kopf bewegt sich hin und her, sie schaut mich an und wieder weg. Ich wiederhole meine Frage, während meine Hand immer noch auf ihrer Schulter liegt: ‚Möchtest du deinen Anorak anziehen? ‘ Anni atmet erneut laut ein- und aus, schaut mich an und wieder weg und sagt dann leise, aber deutlich, zwischen zwei Atemzügen: ‚Ja ‘“. (Tagebuchnotiz Stinkes)*

Mit Menschen umzugehen, die sich nicht primär sprachlich ausdrücken, heißt, diese zu begleiten durch Andeutungen, durch Berührungen, durch gemeinsam ausgeführte Bewegungen oder durch eine kinetische Abstimmung. Diese kann ein Mensch durchführen, aber dies kann – im Einzelfall – auch durch ein Tier geschehen. Wichtig ist die *Gegenseitigkeit, das Wechselspiel,* welches Menschen in ihrer Lebenswelt zuhause sein lässt. Es ist im Grunde ein Frage- und Antwortspiel, ein Agieren auf einem Feld, in welchem die Partner verstrickt sind und wo sich weder ausmachen lässt, wer das Spiel beginnt noch, dass es nach festen Regeln abläuft. In der Begleitung von Anni wurde deutlich, dass die Entwicklung von ihr nur zu verstehen möglich ist als Wechselwirkung mit der Umgebung, die eine kinetische (*Lebens-)* Melodie (vgl. Lurija 1992, S. 177) hervorlockt und ermöglicht. Ihrem Verhalten, den Situationen, Dingen und Begegnungen kommt daher über die Modi der Welt Bedeutung innerhalb eines

Kommunikationsfeldes zu.Trevarthen ist an dieser Stelle zu erwähnen, weil er in vielfältigen Studien aufzeigt, dass im wechselseitigen antwortenden oder responsiven Austausch ein Gemeinsames geteilt wird, ein Gefühl der Zugehörigkeit zwischen den Bezugspersonen. Das Gefühl des Zugehörig-Fühlens oder des Vertrauens wäre dabei von dem umwoben, was Trevarthen (2012, S. 105) mit Verweis auf Sawyer (2001) als „Zone der Improvisation“ beschreibt. Das, was geteilt wird, spielt sich in einer Art Zwischenraum ab, der bei Merleau-Ponty (1966/1974) als Zwischenleiblichkeit oder aber als ein Teilen von innerer Zeit, von Rhythmen, beschrieben wird.

Entscheidend sei ein freundlicher Begleiter/eine freundliche Begleiterin, welche sich mit den (körperbezogenen) Rhythmen des Kindes *synchronisiere*, damit eine dialogische Situation entstehen könne.

Anni N. verfügte laut Aussage ihrer Schwester über die Möglichkeit, regelgerechte Sätze zu formulieren und sie auszusprechen, bevor sie in die Psychiatrie nach Eidingen verbracht wurde. Natürlich kann man einfach sagen: Es gab eine biologische Ursache dafür. Anni N. galt als schwer verhaltensgestört und schwer behindert (lt. Akteneintrag des Emma-Lindner-Heimes). Dies wäre eine sehr schlichte Form der biologischen Trivialisierung von Symptomen, die immer noch im behindertenpädagogischen Bereich, in Diskursen über Exklusionsregister gängig ist und für die behinderten Menschen realen Schmerz und Selbstwertverletzungen sowie Ausschluss in unterschiedlichen Formen bedeutet. Anni N.s Leben ist ein leidvolles Beispiel für die Annahme, dass es unangemessenes Verhalten gäbe, das als biologischer Defekt zwar nicht bezeichnet, aber so verstanden wird und das durch Medikamentengabe gebannt und durch Verbringung in Psychiatrie und Wohnheim aus dem Blick der Anderen gebracht werden kann. Das bedeutet weder, dass es niemals ein unangemessenes Verhalten gäbe oder Medikamente nicht notwendig sein können, noch heißt dies, dass Situationen vorstellbar sind, in denen Menschen zeitweise vor sich selbst und anderen geschützt werden müssten bzw. die anderen Menschen vor ihnen. Aber es bedeutet, eine reflektierte Haltung einzunehmen hinsichtlich der Verhaltenssituation von Menschen, wenn wir mit und über sie Praktiken und bildende Bedingungen entwickeln, die sie unterstützen sollen. Und dies schließt ohne Kompromiss auch ein, dass wir in unser ver*antwort*endes professionelles Tun ein Verständnis und ein Mitgefühl für die biografische und aktuelle Lebenssituation entwickeln, damit wir selbst Antworten geben können, die um

Ungerechtigkeit und Gerechtigkeit wissen und die fragile Verletzlichkeit menschlichen Lebens achten (vgl. Shklar 1997). Hierzu sind die Arbeiten von Wolfgang Jantzen (1999a, 1999b, 1999c, 2003) wegweisend, weil sie schlüssig aufzeigen, welche Folgen strukturelle Gewalt (Galtung 1980) für Menschen in Großinstitutionen haben und welche enorme Bedeutung der Haltung gegenüber Behinderung als (auch) einem sozialen Phänomen zukommt.

Anni N.s *Verstummen* ist mithin vor dem hier ausgebreiteten biografischen und aktuellen (sozialen) Lebenskontext zu stellen und auf ihr Zur-Welt-sein zu beziehen. Dass dies geschieht, zeigt bereits die hier genutzte Begrifflichkeit des ‚Verstummens' an. Denn Schweigen würde bedeuten, dass die Welt verloren wurde. Diese Sichtweise koppelt an die hier dargelegte These eines deformierten oder zerrütteten Zur-Welt-seins oder Zuhauseseins von Anni N. an. Ich beziehe mich dabei auf die Ausführungen von Bernhard Waldenfels (1994, S. 366) und Petra Gehring (2002). Waldenfels spricht von einem verstummenden Schweigen in dem Sinn, dass das Verstummen nicht aufhören könne zu antworten, weil es sich (s. o.) eben ständig auf einen Anspruch bezieht, dem es „(…) sich entzieht und den es im Schweigen durchtönen lässt" (Waldenfels 1994, S. 366). Es bleibe vieldeutig und sogar dem Tod nahe, weil es in der Verweigerung ein letztes Wort verhindere. Birgit Griesecke (2007, S. 93), deren Text ich den Hinweis auf diesen Zusammenhang verdanke, schreibt dazu, dass Waldenfels vom Notstand der Rede spreche, der in die Nähe des katastrophalen Verhaltens rücke, wie es von Kurt Goldstein (1934/2014, S. 24) beschrieben wurde. Mit katastrophalem Verhalten ist ein leibliches Verhalten als eine Art Notfallfunktion gemeint, das sich in Symptomen wie Schwitzen, starken Affekten etc. äußere und als starke Erschütterung des Menschen und einem Erleben von Unfreiheit, von schwankendem Hin- und Hergerissen sein sowie einer Erschütterung der Welt zu verstehen gebe (vgl. Griesecke 2007, S. 93). Griesecke schlägt nachvollziehbar vor, das Verstummen als Notstand der Rede anzusehen. Eine Rede, die nicht im Schweigen ankommen könne, sondern eine Verstörung (und eine Erschütterung des Zur-Welt-seins; U. St.) vernehmbar macht und Antworten herausfordere. Diese Sicht unterstützt das Richten der Aufmerksamkeit auf Anni's Schreien, ihr Verstummen, die Art und Weise, wie sie ihre Stimme vernehmbar macht und nicht vernehmbar machen kann in der Welt – ausgelöst durch biografische und aktuelle Lebensbedingungen. Dabei spielen große Angst, Scham und Schmerz eine Rolle, weil die

Angst überall sei – das Bedrohende komme von überall. Ohne dass Griesecke Traumatisierung in Betracht zieht, sondern philosophisch mit Heidegger argumentiert, kann diese Sichtweise bezogen werden auf die kumulative Traumatisierung bei Anni N.: *Nicht-Zuhause-zu-sein in der Welt*.

> „Wo vertraute Welt versinkt, kann da die Sprache Bestand haben?" (Griesecke 2007, S. 94)

Wenn es den Atem oder die Worte verschlägt vor Angst, dann hat das mit Schweigen können nicht viel zu tun. Es taucht hier wieder der Widerfahrnischarakter auf, das Verstummen als eine responsive leibliche Stellungnahme zu den Bedingungen der Lebenssituation verstehbar macht. Anni N. widerfährt das Verstummen, das Zersetzen der Sprache und das Nicht-Zuhause-sein in der Welt.

Griesecke (2007, S. 97) beschreibt unter Bezug auf Sartre (1943/2019) eine Sichtweise, an die sich meine auf Levinas bezogenen Überlegungen hier anschließen lassen: Für Anni stellt der andere Mensch gleichsam ein „Loch" (vgl. Levinas 1983, S. 277) in ihrer Existenz dar, durch das ihr Sein fortwährend abfließt, ja ausblutet. Denn der Andere bannt sie in und als Gegenstand, als Objekt-Ich, das er aus ihr gemacht hat bzw. macht. Die Gewissheit, vom Anderen festgeschrieben und beurteilt zu werden und im Umgang auch als Objekt behandelt zu werden, lässt sie unter dem bannenden Blick des Anderen ‚gefrieren' (vgl. hier die Ausführungen zur Traumatisierung und zum Parkinsonismus).

> *„So raubt mir der Andere nicht nur die Welt, sondern die Sprache, in die ich mich genauso wenig mehr flüchten kann wie in die Dunkelheit einer Ecke" (Griesecke 2007, S. 98).*

Mangelnde Responsivität (vgl. Meyer-Drawe 1988) oder Irresponsivität, wie Griesecke (2007, S. 104) unter Bezug auf Louis R. Grote formuliert, kann das Verstummen und Zersetzen der Sprache ausdrücken. Es sind Begriffe, die bezeichnen, dass ein Mensch den Anforderungen des Milieus nicht mehr entsprechend antworten kann. Als responsives leibliches Antwortverhalten verstanden, sind die Gründe nicht eindeutig dingfest zu machen, weshalb auch die pädagogischen und therapeutischen Bemühungen in der Regel nicht nur angesetzt werden müssen, um das Verhalten zu verändern. Griesecke (2007, S. 104) zitiert hierzu Lacan (1991): „Zweifellos müssen wir unser Ohr dem Nichtgesagten öffnen, das in den Löchern des Diskurses ruht, aber es ist herauszuhören, wie Klopfzeichen hinter einer Mauer."

Daher kann auf das Zersetzen der Sprache und das Verstummen antwortend hingehört werden als auf etwas Ungesagtes und Vorbewusstes, damit diese nicht ohne Resonanz bleiben. Möglich wird damit, dass man dem Menschen dadurch mitfühlend zeigt, das Zersetzen der Sprache, das Verstummen zu verstehen als eine Resonanz auf eine Welt, die es betrieben und auch zugelassen hat, dass man Nichtzuhause ist in der Welt. Man kann anzeigen, dass man mitfühlt, dass der Boden unter den Füßen weggezogen wurde, der Schmerz das Zuhause-Sein zerrüttet hat, man vor Angst erstarrt und tief verletzt wurde/wird. Darauf unterstützend zu antworten bedeutet, mitzufühlen, zu reflektieren und sich auf eine Weise zu verständigen, die Anni Raum gibt für gemeinsame, intersubjektive Bezüge in einer Welt, in der dann auch die „Rede wieder einen Anhalt haben kann" (Griesecke 2007, S. 105):

> *„Es ist bereits nach 19.00 Uhr und Anni steht in der Küche der Wohngemeinschaft im Emma-Lindner-Wohnheim. Die anderen Mitbewohnerinnen sind bereits in ihren Zimmern. Anni steht dort mitten im Raum, ohne sich zu bewegen, den Kopf ein wenig gesenkt, ihre Arme hängend seitlich an ihrem Körper. Wie eine traurige Statue. ‚Anni, was machst du hier?', frage ich sie. Sie verharrt in ihrer Position, ohne mich anzusehen oder sich zu bewegen. ‚Anni', sage ich und stelle mich neben sie und lege meine linke Hand an ihren rechten Handteller. Eine Weile ist es still, und nur das leichte Dämmerlicht fällt in den Raum. ‚Anni, magst du mit mir ein wenig Musik hören?', frage ich sie. Anni bewegt sich nicht. Anni schaut mich nicht an. Ich flüstere nah an ihr Ohr: ‚Anni, magst du mit mir Musik hören in deinem Raum?'. Eine Pause entsteht und ich flüstere ihr die Frage erneut ins Ohr. Anni dreht langsam ihr Gesicht zu mir, atmet hörbar ein und aus, wie sie es so oft tut, wenn sie etwas möchte und schaut dann wieder weg in die andere Richtung. Ich sage nichts und warte ab. Sie atmet nun deutlich schneller laut aus und ein, bewegt den Kopf wieder und ihr Gesicht wendet sich mir zu, dann dreht sie sich wieder weg und dann wieder wendet sich ihr Gesicht wieder mir zu. Schließlich*

sagt sie zur mir: ‚Ja', leise, geflüstert und dabei schaut sie mir wirklich in die Augen. Ich bin so erstaunt, dass sie spricht, dass ich selbst nichts sagen kann und ihr ebenfalls in die Augen schaue, aber dabei lächele ich. (Tagebuchnotiz Stinkes)

7 „Du bist nicht anders als die anderen"

Wir alle brauchen Menschen, damit wir in der Welt zuhause sein können. Denn es sind die zwischenmenschlichen Beziehungen und Bezüge, die uns die Möglichkeit eines angemessenen Zur-Welt-seins geben. Den Reichtum der Welt zu spüren, wahrzunehmen, wie bunt, vielfältig eine Welt sein kann – diese Realität wird nur durch andere Menschen vermittelt. Gefühle wie Vertrauen, Sicherheit, Verlässlichkeit sind entscheidend, damit es in einem Meer des Leidens wie bei Anni N. eine Art menschlichen Kompass gibt, der Mitgefühl, Halt und Sicherheit gibt, damit wir Boden unter den Füßen gewinnen. Wir müssen uns nicht nur dort, wo und wie wir leben, zuhause fühlen, sondern die Bedingungen unseres Lebens müssen uns das Gefühl vermitteln, in der Welt zuhause zu sein.

Anni N. hat in der gemeinsamen Zeit durch das gesamte Team gelernt. Und das Team hat von ihr lernen dürfen. Ich selbst habe mich nach vielen Jahren entschlossen, Anni N.s Lebensgeschichte und die gemeinsamen Erfahrungen zu erzählen und zu reflektieren. Es zeigt mir, dass es sich lohnt, responsive und intersubjektive Erfahrungen zu beschreiben und zu reflektieren, um in einen Verstehens- und Verständigungsprozess eintreten zu können. Die Aufforderungskomplexe der Welt, die auf uns einwirken können, sind vielfältig. So fällt es uns in der Regel nicht schwer, an die bewegende Kraft der Musik und des Rhythmus zu glauben, die den Menschen tanzen, sich bewegen lässt, oder die einen in ein bestimmtes Gefühl von Melancholie oder gar Trauer bzw. Glück versetzen kann. Musik kann die ‚Macht' haben, das Leben der Menschen auf eine einzigartige Weise in Schwingung zu versetzen. Sie kann den Menschen beseelen. Es fällt uns jedoch schwer, die Begleitung eines Menschen oder gar Tieres oder andere Hilfen, wie sie Frau N. nutzte, Hundeleine und Schnüre etc. als Anleihen oder Aufforderungskomplexe aus der Welt zu deuten, die es einem Menschen ermöglichen, sich die Kraft, den Mut, die Strukturiertheit oder gar die Bewegtheit zu ‚leihen', um in der Welt zu sein. Man muss berührt werden, bevor man sich bewegen kann, d. h. man muss affiziert worden sein, um sich zu bewegen. Manchmal muss man auch den deutlichen Willen eines anderen Menschen spüren, der uns bewegen will: eine deutliche Aufforderung, Anforderung, Forderung an uns, und zwar nicht aus äußeren Zwängen heraus – wie beispielsweise im Heim die Forderung, die an die Bewohner herangetragen wird, essen zu kommen o. Ä. – sondern eine Forderung, die der andere Mensch an uns stellt, um die *gemeinsame* Situation voranzubringen.

Oliver Sacks (2002) beschreibt dieses Phänomen als „Gemeinschaftssinn" und Merleau-Ponty formuliert, es wäre so, „(...) als wohnten seine Intentionen [des Anderen] meinem Leibe inne und die meinigen seinem Leibe" (Merleau-Ponty 1966/1974, S. 219).

So poetisch dies klingt, so gibt es doch keinen Zweifel an der Existenz dieser Phänomene. Sacks spricht von der Musik als Schrittmacher oder Metronom, als unwissentliches Zählen und verweist damit auf Leibniz, der Musik als unbewusste Arithmetik verstand (vgl. Sacks 2002, S. 338). Man muss die Musik nicht als Arithmetik begreifen, man kann sie verstehen als einen spezifischen Aufforderungskomplex, der sich um Geschwindigkeit, Modulation und Maß dreht. Auch ein Hund bzw. eine Hundeleine ist ein spezifischer Aufforderungskomplex, der Natürlichkeit, Bewegungsfreude und Gerichtetheit in der Bewegung beinhalten kann. All diese Aufforderungskomplexe treffen auf eine Person, die sich affizieren lässt, d. h. auf jemanden, der auf diese Aufforderung antwortet, der sich motivieren, bewegen lässt.

In den letzten Jahren konnte ich immer wieder feststellen, dass mein Wunsch, eine Sprache für die gemeinsamen Erfahrungen zu finden, nur bruchstückhaft einzulösen ist.

Nach der engen gemeinsamen Zusammenarbeit mit Frau Anni N. komme ich zu dem Schluss, dass ich eine tiefe Demut vor ihrem Leben empfinde. Ihr Leben war stets eine ungewisse Partie, die besetzt wurde von wechselnden Figuren, auf schwankendem Boden, von Gewalt und Traumatisierung, von starken affektiven Zuständen. Ich habe Hochachtung vor einem Leben unter diesen Bedingungen und ihrem Mut, ihrem Widerstandspotenzial, ihrer Anpassungsbereitschaft und Größe. Sie hat überlebt in einer Welt, deren Verhältnisse sie kaum überlebt hat. Ich habe gelernt, demütig zu sein gegenüber dem eigenen Körper, denn es gibt Erinnerungen, die wie Salz auf Wunden wirken und Schmerzen auslösen, für die es eine Sprache der Schreie und der privaten Hölle gibt. Ich sah, dass in den Brunnen zu springen und zurück zu kehren bedeutet, gezeichnet zu sein, weil man Untiefen kennen gelernt hat und diese nicht vergessen kann. Jahre nach meinen gemeinsamen Erfahrungen mit Anni N. habe ich dies selbst erfahren – wenngleich unter ganz anderen Bedingungen. Insofern lautet der Schlusssatz vor dem Epilog für sie wie für mich:

„Du bist nicht anders als die anderen.“ (Forrest Gumps Mum)

Epilog

1 Der ‚Humanismus des anderen Menschen'

> „Die Ethik ist eine Optik. Aber sie ist ein bildloses ‚Sehen', ein ‚Sehen' ohne die dem Sehen eigenen Vermögen der synoptischen und totalisierenden Objektivation; sie ist eine Beziehung oder eine Intentionalität, die ganz anderer Art ist, und die zu beschreiben sich eben diese Arbeit bemüht. " (Levinas 1965/1987, S. 23)

Im Durchgang durch diese Geschichte(n) von Menschen in spezifischen Lebenssituationen, wird nochmals deutlich, dass der Begriff ‚Behinderung' allenfalls als ein Schwellenphänomen bezeichnet werden könnte; *verflochten* (nicht: gerahmt) mit spezifischen, sozio-kulturellen Metaphern, Normen und Symbolismen, die körperlich sind. Kastl hat für diesen Zusammenhang den eingängigen Begriff der ‚Körperlichkeit des Sozialen' und der ‚Sozialität des Körperlichen' geprägt (Kastl 2017).

In diesem Epilog geht es um eine von Käte Meyer-Drawe bereits vor ca. 35 Jahren herausgearbeitete Verflechtung der Leiblichkeit und Sozialität als Konstituierung von sozialem Sinn (Meyer-Drawe 1984). Auf der Basis vor allem dieser und neuer Arbeiten von Käte Meyer-Drawe (2006, 2021, 2022), greife ich diese Verflechtungen im Feld von Ethik und Politik auf. Dazu wird die Spur eines Fremden (Meyer-Drawe, Waldenfels 1988; 1990) in ethischer Hinsicht (Levinas 1983, 1987, 2005; Bedorf 2003; Liebsch 2018) akzentuiert und knapp thematisiert. Denn diese Spur ‚offenbart' eine eigentümlich aktive Passivität der Leiblichkeit oder eine Passivität im Vollzug und eine responsive Ethik (Waldenfels 1990, 1994, 2002, 2006), die als Verflechtung von Ethik und Politik gelesen werden könnten (Bedorf, Klass 2015; Flatscher 2011, 2015; Liebsch 2008, 2010, 2015; Schnell 2017, 2020).

Das alles führt uns in ein Feld der Widersprüche, welche beim Versuch zu verstehen und zu definieren beständig auftauchen. Gerade in der Arbeit „Das Sichtbare und das Unsichtbare" (Merleau-Ponty 1986) werden statt klar definierter Begrifflichkeiten Metaphern, Bilder und Symbole benutzt, um den Begriffen nicht nur eine Bedeutung zu geben, sondern diese eingetaucht zu lassen in „[…] Dickichten aus Eigensinn und übertragenem Sinn“ (ebd. S. 172).

In diesem Feld demaskiert eine *chiasmatische Struktur* im Sinne der Verstrickung, des Verwoben-Seins, Illusionen von Präzision und Endgültigkeit des Definierten (Gottfried 2019; Hogrebe 2009).

Daher wird dieser kursorisch geführte ‚Epilog‘ keinen grundlegenden und breit angelegten Professionsdiskurs zum Behinderungsbegriff vorstellen, sondern anschließen an wenige und ausgewählte Überlegungen anderer Autoren; er ist ein ‚verdanktes‘ Produkt.

Sämtliche Überlegungen verstehen sich jedoch als solche, die ausdrücklich Vorreflexives berücksichtigen wollen.

Kann man anders denken, als man denkt, und anders wahrnehmen, als man sieht? Sinngemäß fragt dies Bernhard Waldenfels in seinem Geleitwort in dem Buch von Vittoria Borsò (2008). Wie könne ein Andersdenken möglich werden, welches ‚mehr‘ meine als ein ‚bloßes‘ Anderes im Sinne eines anderen Denkweges oder einer anderen Struktur (vgl. Waldenfels 2008, S. 8 ff.)? Andersdenken meint nicht nur ein anderes Denken, sondern ein Denken vom Anderen her, wodurch wir ohne Umschweife mit Fremdem konfrontiert werden, das sich sperrt gegenüber jeder Form der Aneignung. Was für eine Provokation dieser Einspruch des Anderen bedeutet, wird im Blick auf uns Selbst und auf den anderen (behinderten) Menschen deutlich: In der Regel sehen und verstehen wir, was wir zu kennen glauben. Die Fremdheit unserer selbst und der anderen wird betrachtet als eine nur vorübergehende Angelegenheit. Der Andere kann dann erscheinen als Spiegelphänomen und als schlechter Doppelgänger meiner selbst. Die Fremdheit der Ausdrucksformen, Verhaltens- und Handlungsweisen werden ohne Umschweife durch Verstehens- und Erkennens-Prozeduren integriert und eingemeindet. Ordnungsstrukturen und Ordnungsformen unseres Zusammenlebens können vorgestellt werden als eine Art ‚totalem‘ Paradies der Inklusion oder aber als Selektionsmechanismen, die scheinbar ‚passende‘ homogene Strukturen vorgeben, in denen es entweder keine Orte des Außen oder aber nur solche gibt für unterschiedliche (zuvor als solche identifizierte) Gruppen. Das Fremde wird dabei durchgehend als (vorübergehender) Mangel unserer selbst oder des Anderen identifiziert: Etwas (Ordnungen) ist noch nicht zugänglich, noch nicht verständlich (Verhalten, Handlungen). Außen sein bzw. Außer-Sich-Sein wird ebenfalls als ein Mangel betrachtet – im besten Fall als Durchgangsstadium hin zu einem Innen und Bei-Sich-Sein – wobei nicht aufzufallen scheint, wie oppositionell die Grundfiguren positioniert werden. Außerordentliches und ein Außer-Sich-Sein kann man jedoch auch als Ordnungen verstehen, die nicht in sich selbst ihren Grund finden (vgl. Waldenfels 2012, S. 298 f.): Außer-Sich-Sein meint dann, dass wir womöglich nicht bei und in uns selbst unseren Grund finden. Außerordentliches meint, dass Ordnungen ihren Schatten mit sich führen und es so keine inklusive Ordnung gibt, „der nichts und niemand äußerlich" (Waldenfels 2012, S. 299) wäre. Mit anderen Vorzeichen versehen gibt es Segregation und Selektion, denen in ihren homogenen und homogenisierenden Träumen von Einschlüssen alles äußerlich wird, was nicht in eine Form der Homogenität einzuordnen ist. Zu fragen wäre, ob es Bestrebungen sind, die – mit unterschiedlichen Vorzeichen versehen – auf eine Totalität zielen und auf einen Grund, ein Erstes, das zu finden und auszulegen sie anstreben? Waldenfels umschreibt Formen der Fremdheit: Fremdes kann außerhalb des eigenen Bereiches als ein Äußeres vorkommen, als Gegensatz zum Eigenen oder aber als das, was unvertraut ist (im Gegensatz zum Vertrauten) (vgl. Waldenfels 2006, S. 111 f.).

Es geht damit um fremde Orte, ein fremdes Eigentum und um ein Fremdes als Unvertrautes. Er beschreibt Fremdes und Fremdheit als ein ‚Hyperphänomen' (Waldenfels 2012), weil es in unserem Erfahrungsbereich auftritt. Fremdheit beginnt nicht außerhalb meiner selbst, sondern als intrasubjektive Fremdheit, weshalb das Reden in der ersten Person bereits dezentriert ist. Das Ich ist niemals ein völlig individualisiertes, weil es durchzogen ist von Sozialität und Anonymität (vgl. Waldenfels, Därmann 1998).

Gleichzeitig soll mit Waldenfels jedoch auch auf einen Ort des Anderen als einem Anderswo hingewiesen werden. In Anlehnung an Waldenfels wird damit ein originäres Anderswo, und zwar verstanden als ein Außer-ordentliches, angezeigt sein, dass in der Erfahrung nur in Bezug auf etwas als Entzug ‚zugänglich' ist und widerfährt, indem es erstaunen lässt (vgl. Waldenfels 2012, S. 298). Es ist nicht zu suchen und zu finden, weshalb Waldenfels von einem „Pathos des Fremden" (Waldenfels 2012, S. 303) spricht. Genau bestimmt sich das Fremde als ein originäres Anderswo und nicht anderswo, so als könnten wir mit einer Landkarte in der Hand diesen Ort nach genauer Suche ‚auffinden'. Das Anderswo ist ein Außerordentliches, das jede Ordnung „begleitet wie ein Schatten [und besagt, dass] die Ordnung selbst als Ordnungsstiftung und Ordnungserhaltung nicht in sich selbst gründet" (Waldenfels 2012, S. 298). Der Begriff des ‚originären Anderswo' deuten eine Topographie und Topologie des Fremden an, d. h. eine Örtlichkeit. Aber dazu schreibt Waldenfels deutlich: „Foucaults Heterotopien, ‚andere Orte' also, in denen die Ordnungsgrenzen sich verschieben, sind nicht identisch mit dem Anderswo als einem ‚Ort des Anderen', aber eines ist ohne das andere nicht wirklich zu denken.

> Die Sache selbst bringt die Fronten in Bewegung, was nicht besagt, dass sie einfach verschwinden" (Waldenfels 2008, S. 13).

Der andere Mensch ist sozusagen nicht dort, wo ich vermeine, denke oder glaube ihn zu finden. Er ist entzogen: ein Entzug, der nur als Spur, wie eine Hohlform, die auf eine Abwesenheit in der Anwesenheit hinweist, verstehbar ist. Kann man von einem solchen Anderswo, ausgehend von einer Spur, anders denken? Käme dies nicht einer „widernatürlichen Anschauungs- und Denkrichtung" (Husserl 1975, S. 14) gleich, die Elisabeth Weber so eindrücklich als ein Denken beschreibt, das seinen Anfang nimmt in einer Traumatisierung (vgl. Weber 1990)?

Waldenfels schreibt mit Verweis auf Husserl (Husserl 1950, S. 95): „Ein Denken, das erst bei sich ankommt, indem es von woanders her auf sich selbst zurückkommt (…), können wir als antwortendes Denken bezeichnen" (Waldenfels 2017, S. 83). Dieses Denken verdankt sich, es zersetzt, durchbricht Geradlinigkeit, lässt die Welt aus den Fugen geraten, nutzt Metaphern, zeigt Widersprüchliches auf und einen vielfältigen, statt eines einzigen Sinns von Ereignissen und Erfahrungen. Es richtet sich nicht ein in Wahrgenommenem und zur Sprache Gebrachtem, weil es sich dem verdankt, was zur Sprache Gebrachtem und dem Sichtbaren vorausliegt.

Damit wird keiner Metaphysik das Wort geredet. Vielmehr soll auf ein Fremdes hingewiesen werden, das „mehr bedeutet als Unbekanntes oder Unverständliches, das auf seine Aneignung oder Wiederaneignung wartet […]", und dies setzt voraus, „[…] dass Fremdheit sich nicht auf Andersheit im Sinne der Verschiedenheit reduziert. Eine radikale Fremdheit, die an die Grundfesten von Vernunft und Subjekt rührt, entspringt einem Anderswo, einem Ort, an dem ich und wir nicht sein können, solange wir sind, was wir sind" (Waldenfels 2017, S. 311). Der andere Mensch ist fremd und dies nicht aufgrund einer Eigenschaft, sondern aufgrund seiner Existenz bleibt er eine Alterität, die allenfalls als eine Spur, ein Vorüber-Gegangen-Sein, an den eigenen Grenzen zu entdecken sei: unverfügbar aber verständigungsoffen. Die Verständigungsoffenheit ergibt sich aus der Ansprechbarkeit und die Unverfügbarkeit aus dem, was sich aus der Existenz des Anderen einer Verfügbarkeit moralisch widersetzt.

2 Relative und radikale Fremdheit

> „Das Begehren ist das Unglück des Glücklichen, ein verschwenderisches Bedürfnis“ (Levinas 1987, S. 82)

In einem ersten Schritt wird es kursorisch darum gehen, dass ‚Ethische angesichts des Fremden‘ (vgl. Liebsch 2005) zu begründen. Was aber verstehen wir unter Fremdheit? Sobald der Begriff des Fremden in der Behindertenpädagogik benannt wird, wird verwiesen auf Anerkennung von heterogenen Identitäten, auf die Normalität der Gleichheit der Verschiedenen. Man könnte formulieren, dass die Frage nach der Anderheit des anderen Menschen bloß als Differenz im Sinne einer empirisch erfassbaren Andersheit in den Blick gerät – pädagogisch und politisch wird diese Andersheit durch die Frage nach Zugehörigkeit („Wir sind von Anfang an dabei“) oder Nichtzugehörigkeit (Verbesonderungen) geregelt. Hierbei gilt es womöglich, auf zwei Umstände zu verweisen, die Liebsch (2001) sehr deutlich macht: Die Fremdheit des Anderen komme zwischen komplexen Lebensformen und Ausdrucksformen als eine Koexistenz zur Geltung (wer glaubt schon daran, dass Menschen nur in einer Lebens- und Ausdrucksform existieren?), daher habe man es in politischen Zusammenhängen ständig mit Fragen nach Zugehörigkeit zu tun. Zum anderen falle auf, dass Unterschiedlichkeit als Andersheit zwischen unabhängigen Identitäten verstanden werde und damit einem Vergleich von Eigenschaften entspringe.

Andersheit/Fremdheit ist hier insofern eine relative Fremdheit/Andersheit als sie eben zwischen verschiedenen (zum Teil getrennten) Dimensionen des Eigenen vermutet wird. Anders gesagt: Das ‚Eigene‘ wird sozusagen ständig vorausgesetzt und stellt sich ungetrübt von jeder radikalen, sie geradezu ‚zersetzenden‘ Anderheit dar. Das schürt die Idee, dass ‚behinderte Menschen‘ ebenso vollständig einer ‚Gruppe‘ (Lebensform spezifischer Begabungen) zugehören wie ‚farbige oder kranke Menschen […]'. Dass man sogar um das eigene Leben fürchten muss, sobald die Sortierung in eine Gruppe beginnt, haben z. B. behinderte Menschen ebenso erfahren wie jüdische Menschen oder Menschen einer bestimmten Hautfarbe. ‚Der Mensch' kann als Individuum für sich etwas sein und darstellen, das nicht in einer Gruppe aufgeht, auch wenn die Pädagogiken eine den Menschen signifizierende Sprache dafür gefunden haben: Down-Syndrom, Autismus-Spektrum, Komplexe Behinderung, Verhaltensauffälligkeit etc. Aber wer möchte sich schon die Frage danach, wer sie/er ist und als was man verstanden werden möchte, quasi ‚vorsagen' lassen von anderen, die sich mit einem Verweis auf eine humanistische Grundhaltung das Recht nehmen, zu sortieren, zu klassifizieren und zu vergleichen, formuliert Liebsch (2001) Auch Verweise auf historisch angelegte Übereinkünfte, wer für ‚behinderte Menschen' sprechen darf, greifen ins Leere, weil sie einen normativen Gehalt mit sich führen (vgl. Geertz 1983). Auch dieses Buch unterliegt dem Widerstreit zwischen einem Sprechen für und über Anni N., und die Frage bleibt latent bestehen, ob und wer und mit welchem ‚Recht' für sie eigentlich ‚spricht' bzw. sprechen darf?

Burkard Liebsch fragt (2001), wann und wo es anfange: das Sortieren, Besondern, Internieren, Deportieren, ethnisch ‚Säubern' und den Anderen nonchalant zurückschicken in das politische Schreckensland ihrer/seiner Herkunft? Ist es verwunderlich, dass es in der Behindertenpädagogik ständig um einen latenten oder ausdrücklich geführten Disput um Fragen der Zugehörigkeit oder Nichtzugehörigkeit im Sinne der Trennung von Eigenem, Vertrautem und Fremden, Unvertrautem geht; und dies gerade so, als ob der ‚Ort', um den es geht, von ‚Zugehörigen' und ‚Nichtzugehörigen' gleichermaßen beansprucht wird, so dass ein Nebeneinander so gerade noch und eine Koexistenz kaum möglich scheint? Dies zieht sich nun schon jahrzehntelang – verdichtet in einem Integrations- und Inklusionsdiskurs – hin und bezieht sich auf alle zentralen Lebensbereiche. Zugespitzt wird die Frage nach der Zugehörigkeit des Fremden im „Spartenseparatismus" (Speck 2008, S. 32) der (historisch tradierten) Sonderbeschulung. Die Sortier- und Vergleichbarkeit spricht ebenso von einer seltsamen Differenzvergessenheit wie (mit anderen Vorzeichen versehen) der De-Kategorisierungsdiskurs der Inklusion. Denn auch im De-Kategorisierungsdiskurs wird beständig ‚der Mensch' als seinem ‚Sein' zu verdankender Fremdheit/Andersheit verstanden. Zu fragen wäre, ob eine Verbindung von Gleichheit und Verschiedenheit als „egalitäre Differenz“ (Prengel 2001, S. 93 ff.) die radikale Anderheit des Anderen überhaupt zur Kenntnis nehmen kann? Wäre die Frage berechtigt, weil der Andere hier nur einer unter Anderen (Verschiedenen) ist, also eine Art ‚Dritter‘, der streng genommen mir nicht begegnen und daher mir auch nicht widerfahren kann? Als Mensch ist der Andere in diesem Verständnis absolut gleich und absolut verschieden. Allerdings wird Verschiedenheit hier gebunden an den Vergleich. Die Andersheit des Anderen oder die radikale Fremdheit ist jedoch keine ‚Zutat‘ zu einer intersubjektiv erfahrenen Begegnung von Menschen, die sich in ihrer Differenz als gleich erleben. Die Pointe mit Levinas wäre, dass durch das Widerfahrnis der Anderheit des Anderen in der Begegnung die Subjektivität erst ins Leben gerufen wird, weil diese vom Anderen her existiert (vgl. Liebsch 2001, S. 147). Daher: Wo andere Menschen in ihrer (einem Vergleich geschuldet, ihr ‚Sein‘ voraussetzend und damit zu verdankender) Fremdheit vorkommen, komme deren eigentliche Anderheit gar nicht erst in den Blick. Daher müsste unter Umständen das Verständnis über die Sensibilität für Differenz einer Korrektur unterzogen werden, damit eine radikale Anderheit des Anderen überhaupt in den Blick kommen kann, damit eine das Subjekt erst setzende und zugleich ethische In-Differenz dem Anderen gegenüber in den Blick kommen kann.

In der Erfahrung widerfährt uns der andere Mensch, indem er uns ‚anspricht‘. Liebsch (2001, S. 148) versteht Ansprechbarkeit als ein „vordiskursives Widerfahrnis“, das zudem ethisch bedeutsam wäre. Das Angesprochen-Werden oder die Ansprechbarkeit lässt das Subjekt existieren; es ist nicht ‚vorausgesetzt‘. Damit ist natürlich auch eine Vorgängigkeit (Diachronie) angezeigt: Ein Anspruch ist etwas, das der Antwort vorausgeht und nicht eingeholt werden kann in eine Gegenwart. Zwischen Anspruch und Antwort liegt eine Diachronie. Emmanuel Levinas begreift die Anderheit des Anderen – der das Subjekt nur als eine Hohlform einer Spur, als ein Vorüber-Gegangen-Sein, folgen kann – als ein ‚immer schon‘ zu spät kommen der Antwort auf die Ansprüche des Anderen (vgl. Levinas 1983). In der Antwort versuchen wir, dem Anderen gerecht zu werden. Daher ist der Andere immer ein konkreter Anderer und kein anderer unter anderen.

Vielleicht könnte mit Schnell formuliert werden, dass wir ‚angesprochen‘, ‚affiziert‘ werden von einem konkreten ‚Jemand‘ (Dederich, Schnell 2011; Schnell 2017).

Diese Sichtweise ist insofern ‚widernatürlich', als wir es gewohnt sind, auch die Beziehung zum anderen Menschen in der Form der Erkenntnis zu begreifen. Das hat vermutlich auch damit zu tun, dass wir das Subjekt typischerweise als Erkenntnissubjekt verstehen. Auch in der Behindertenpädagogik ist das Subjekt eines, das die Welt entwirft und den anderen Menschen aus dem autonomen Entwurf seiner selbst heraus meint erkennen und begreifen zu können. Der (vermeintlichen) Macht des identifizierenden Denkens entkommt der Andere dann nicht. Das Subjekt dieser Tradition ist eines, das nie außerhalb seiner selbst ist, sich ungebrochen autonom vermeint und als denkendes Subjekt das Zugrundeliegende ist: Die Bedingung allen Erkennens, Konstituierendes. Levinas bezeichnet diese Tendenz als einen „ontologische[n] Imperialismus" (Levinas 1965/1987, S. 53). Darunter versteht er eine selbstermächtigende Haltung des Menschen als jemand, der prinzipiell meint, alles in der Geste eines Ermächtigens er- und begreifen zu können, sich mithin als ein Wesen versteht, das sich alles aneignen und damit auch und vor allem ausbeuten und überfremden kann. Diese Haltung lässt den Anderen und das Andere jedoch zu bloßen Objekten eines konstituierenden Denkens werden, das allem, was ist, zugrunde liegen soll.

Levinas vertritt eine andere Sichtweise. Er versteht die Beziehung zum anderen Menschen als etwas, auf das ich einzugehen habe. Und daher formuliert Schnell zu Recht, das Ich habe keine Beziehung zu einem ‚Etwas', also einem Syndrom, einer Behinderung oder einer Demenz etc., sondern eine Beziehung zu einem Jemand, einer Person (Dederich, Schnell 2011, S. 31). Diese Beziehung beruhe auf einer sich vollziehenden Passivität, womit gemeint ist, dass der andere Mensch uns buchstäblich in eine Verantwortung hineinzieht, ob wir dies wollen oder nicht. Damit ist unsere ursprünglichste Erfahrung gemeint als eine des Angesprochen-Seins oder In-Anspruch-Genommen-Seins vom Anderen als Person. Für Levinas geht diese Erfahrung der Verantwortung jeder Form der erkennenden Beziehung zum anderen Menschen voraus, womit die Geste der Aneignung eine sekundäre Geste wird. Vielleicht sind diese Gedanken besser nachvollziehbar vor dem Hintergrund, dass Emmanuel Levinas während des Nationalsozialismus seine gesamte Familie verloren hat. Ihm stellte sich nicht die Frage, was ‚der Mensch' denn sei. Er taucht den Begriff des Menschen „ins Säurebad der anderen Menschen widerfahrenden Unmenschlichkeit" (Liebsch 2010, S. 24). Aber er stellt die Frage, wie denn der Andere als Anderer zu würdigen sei, wie einer Unmenschlichkeit standzuhalten ist (vgl. ebd.). Sein ganzes Werk widme sich einem sich selbst radikaler Gewalt widersetzendem ethischen Anspruch, schreibt Liebsch, der vom anderen Menschen herkomme. Daher ginge es ihm darum, die Unverfügbarkeit des Anderen als etwas zu bezeugen, das in das Denken buchstäblich einfällt, wenn wir dem Anderen begegnen (vgl. Levinas 1978/1992). Der andere Mensch sei radikal das, was ich nicht bin, weil zwischen mir und ihm ein Abgrund bestehe, eine absolute, radikale Fremdheit/Anderheit. Denn er überschreite all meine Erfahrungsmöglichkeiten, mein Wissen, Erkennen, Denken; er ist und bleibt radikal fremd.

Damit ist keine empirisch feststellbare, einem Vergleich geschuldete Fremdheit/Andersheit (Verschiedenheit) gemeint, sondern eine Fremdheit/Anderheit, die sich meinem Zugriff *entzieht*. Der Andere ist Anderer, weil er sich einer Kategorisierbarkeit, einer Aussagbarkeit oder Thematisierbarkeit entzieht. Der andere Mensch ist in seiner Fremdheit nicht integrierbar in mein Denken oder Leben. Der andere Mensch ist also nicht einfach nur anders, wie alle anderen verschieden sind, sondern radikal anders in einer Weise, dass wir streng genommen davon *keine Erfahrung und dafür keine Begriffe haben* (vgl. Liebsch 1999).

Der andere Mensch ist einzig, unfasslich. Umgangssprachlich könnte man sagen, dass der andere Mensch ein Geheimnis bleibt, gerade auch wenn er in meiner Nähe ist, wenn es eine Beziehung zwischen uns gibt. Diese Nähe geht jedem Begreifen und Erkennen voraus, d. h. – hier am Beispiel von Frau N. –, dass Frau N. jedes Bild, das ich mir von ihr mache, unendlich überschreitet, transzendiert. Levinas nutzt dafür den Begriff der „Transzendenz“ (Levinas 1978/1992, S. 133). Und selbst dann noch, wenn wir meinen, sie zu kennen, sie zu verstehen, wird sie unbegreiflich und unverfügbar bleiben. Was sich in der Erfahrung des Anderen entzieht, was unser Denken schlicht übersteigt, macht sich als Entziehendes in unserer Erfahrung bemerkbar.

In der konkreten Begegnung, also in einem im ethischen Sinn Von-Angesicht-Zu-Angesicht-Treten (Levinas), offenbare sich einerseits der unüberbrückbare Geheimnischarakter der/des Anderen. Andererseits offenbare sich darin die Verwundbarkeit der/des Anderen, ihre/seine Sterblichkeit, ihre/seine Nacktheit, die eine Art Befehl an mich richtet, Sorge zu übernehmen. Angesichts der Verletzbarkeit, Offenheit, könnten wir nicht-indifferent, nicht neutral bleiben. Wenn wir also die Frage stellen, warum wir für den anderen Menschen Sorge tragen, verantwortlich sind, dann hat sich nach Levinas diese Frage schon gestellt, bevor wir Stellung dazu nehmen können, uns entscheiden können. Der andere Mensch geht uns auf unhintergehbare Weise etwas an. Verantwortung kennt kein Warum, weil sie für uns nicht zur Wahl steht. Man hat damit Verantwortung für etwas, dessen Autorin man nicht ist. Weil die/der Andere so einzig ist wie ich selbst, kann auch keiner an meiner Stelle die Verantwortung übernehmen. Andererseits kann der andere Mensch die Sorge auch nicht einklagen. Das ethische Band zwischen uns ist asymmetrisch.

Nicht verschwiegen sei, dass damit auch ausgedrückt wird, dass wir zu uns selbst in einem Verhältnis der Fremdheit stehen. Roland Barthes hat diesen Umstand als „Riss des Subjekts" (Barthes 1989, S. 3) bezeichnet.

> „Wenn man sich staunend vorfindet als jemand, der plötzlich auf sich selbst stoßen kann und sich bereits wieder verliert, dann ist man ein Fund, der kein Ding ist, kein Objekt" (Liebsch 2010, S. 187).

Denn ein Objekt hat kein sich veränderndes Selbstverhältnis zu sich selbst, zu anderen und zu anderem. Daher ist die Rede vom Menschen als Subjekt nur so zu verstehen, dass der Mensch nie ganz das ist, was er ist (Substanz, Wesenseigenschaft), sondern eben auch eine dauernde Möglichkeit, ein anderer zu werden und sein zu können. Man hat sich nicht selbst und wenn, dann nur über den Umweg der/des Anderen. Diese Verwiesenheit und zugleich Ansprechbarkeit ist in ein Verhältnis zur/m Anderen eingetaucht. Daher lassen sich die gängigen Oppositionen (Selbst- und Fremdbestimmung; Aktivität und Passivität) nicht umstandslos bestätigen. Man ist Handelnder und Erleidender, autonom und heteronom, verletzbar, angewiesen und auch autonom entscheidend (Meyer-Drawe 2000).

Vielleicht wird deutlich, dass Levinas das Verhältnis zum anderen Menschen als singuläre Verantwortung charakterisiert, das heißt als eine Verantwortung des einzigen und einzelnen Menschen dem anderen Menschen gegenüber. Diese Verantwortung oder Sorge um die/den Anderen könne man verachten, ignorieren, sich dazu neutral oder ablehnend verhalten, ‚aber' man könne im nachträglichen Verhalten zu dieser Verantwortung die darin liegende ethische Bestimmung zur Nicht-Indifferenz angesichts des anderen Menschen nicht aus der Welt schaffen.

> „Wenn die ‚Subjektivität des Subjekts' in der Verwundbarkeit, im Ausgesetzt-Sein (exposition) besteht, so geht die Sprache des souveränen Subjekts, (…), dabei zu Bruch." (Weber 1990, S. 130)

Leiblichkeit ist für Emmanuel Levinas der Ausdruck einer Passivität, die als existentielle Vulnerabilität erscheint: „Durch ‚Verletzlichkeit' versuche ich, das Subjekt als Passivität zu beschreiben. Wenn es keine Verletzlichkeit gibt, wenn das Subjekt in seinem Sich-Gedulden sich nicht immer schon am Rande eines bereits absurden Schmerzes befindet, dann wird es für sich selbst gesetzt; und in dem Fall ist der Augenblick nicht mehr fern, in dem es Substanz ist, in dem es stolz ist, in dem es imperialistisch ist und in dem es den Anderen als Objekt ‚hat'.

> „Der Versuch war der, meine Beziehung mit dem Anderen nicht als ein Attribut meiner Substantialität vorzustellen, als ein Attribut meiner Festigkeit als Person, sondern, im Gegenteil, als die Tatsache meiner Entlassung, meiner Absetzung (in dem Sinn, wie man von der Absetzung eines Herrschers spricht)." (Levinas 1982/1985, 103 f.).

In diesem Zitat wird ein Vielfaches deutlich: Dass es Ausgesetzt-Sein oder Passivität benötigt, und dass diese an Leiblichkeit gebunden ist. Ausgesetzt-Sein bedeutet, dass etwas ‚fähig' ist, sich auszusetzen und zwar nicht (nur) aufgrund eines Willensaktes oder einer Idee, sondern aufgrund einer Passivität, eines Widerfahrnisses. In der Arbeit „Jenseits des Seins oder anders als Sein geschieht" (Levinas 1978/1992, S. 49) ‚qualifiziert' Levinas diese Aussage, indem er von einer Subjektivität spricht, die sich als eine Passivität vollziehe, die „passiver ist als jede Passivität" und welche „seine Empfänglichkeit, seine Verwundbarkeit, das heißt seine Sensibilität" sei. Sie geschehe im Akkusativ (Levinas 1978/1992, S. 50), also etwas, das mir geschieht und mich betrifft. Ähnlich dem Alter, das sich vollzieht, einem unaufhörlichen Abschiednehmen von der Welt, welches sich in den Linien der Falten im Gesicht ‚zeigt' und damit geradezu bezeugt, dass sich etwas vollzieht, wofür wir in keiner Weise die Autorschaft übernehmen könnten: Ausgesetzt-Sein an die Welt und zugleich unvermeidbar offen für diese Welt, ihre Einflüsse, An- und Überforderungen, ihre Zumutungen und Ansprüche, für Widerfahrnisse, die sich ereignen und uns zeitlebens ungerufen treffen, aber auch für Antworten, von denen wir getroffen werden und die wir zu geben aufgerufen sind. Ludwig Wenzler hat dies im Vorwort zu ‚Humanismus des anderen Menschen' (Levinas 2005, XVII f.) pointiert so formuliert, dass für den Menschen der Übergang aus einer Ordnung der Ethik in eine Ordnung der Ontologie die Sinnlichkeit-Leiblichkeit genau der Ort sei, an dem sich dieser Übergang ereigne. Genau bezeichnet er die Sinnlichkeit-Leiblichkeit als Darstellung dieses Übergangs von einer Ordnung in die andere. *Der Leib wäre also nicht nur ‚Nullpunkt' aller Erfahrungen, sondern lebendiger Chiasmus eines Übergangs von Ordnungen der Ethik und der Ontologie.*

Der Mensch als leibliches Wesen ist verwundbar, und als solches ist dieses Wesen von einer es übergreifenden Passivität gekennzeichnet. Damit wird die Passivität, die in der Verwundbarkeit des leiblichen Wesens ‚haust', betont. Es ist das Einfallstor des Anderen, der das souveräne Bewusstsein infrage stellt. Der Begriff der Passivität ist hier nicht als eine Art ‚Gegenteil von'-Aktivität verstanden, sondern er soll den Sinn eines ‚Zustoßen von' als ein Ereignis betonen, das widerfährt. Die Pointe daran ist erneut, dass hier eine Entmachtung des Ich, eine Infragestellung eines souveränen Bewusstseins, angezeigt wird. Das Bewusstsein verliert angesichts der/des Anderen seine erste Stelle, seine Funktion als konstituierendes Ich. Was als purer Mangel erscheint, ist auch eine Befreiung von der keimhaften Gewalt des Wahrnehmungsaktes, nämlich etwas ‚als' etwas wahrzunehmen – wenn dieses ‚als' keinen pluralen, kontingenten, sondern einen geschlossenen Sinn mit sich führt. Trotz dieser Entmachtung des Ich gibt es für Levinas eine Dringlichkeit des Mich-Angehens des anderen Menschen. Der andere Mensch geht mich an, eben aufgrund seiner Verwundbarkeit, Sterblichkeit, und weil dies so ist, muss ich auf seine Verwundbarkeit antworten, weil ich einzig und unersetzbar verantwortlich bin (vgl. Wenzler 2003). Damit hat Levinas eine andere Bedeutung der Menschlichkeit, einen anderen Humanismus, betont: eine anarchische, unhintergehbare, unabweisbare und grenzenlose Verantwortung für den Anderen. Die Unausweichlichkeit, die anarchische Verantwortung, kommt bei Levinas einer Verfolgung gleich. Wichtig ist, dass die anarchische, vor jeder Ontologie, vor Ordnungen und Ordnungsgefügen liegende Bestimmung des Subjekts, keinem empirischen Ich zustößt: Es wäre also so zu verstehen, dass wir uns angesichts des Anderen eine Verantwortung zuziehen (wie etwa eine Viruserkrankung) – und dies wäre kein ‚Zuziehen', das sich einer Argumentationslogik verdankt: Entweder wir sind empfänglich dafür oder aber uns ist im wahren Wortsinn ‚nicht beizukommen'.

Das empirische Ich, das ja schon festgesetzt wird durch die Übernahme der Verantwortung, steht in der Gegenwart Dritter und kann gar nicht anders, als den Ansprüchen, die es treffen, entsprechen zu wollen. Das heißt: Das Ich muss vergleichen, abmessen etc. Das klingt sehr seltsam, aber ist womöglich nur verstehbar, wenn das Subjekt, von dem Levinas spricht, älter ist als die Freiheit des Vergleichs, älter als diesseits oder jenseits des Seins. De facto gibt es aber ein Subjekt aus Fleisch und Blut, das sich jedoch nun in einem Chiasmus zwischen Ethik und Ontologie befindet/‚zeigt'.

4 Menschliche (ethische) Sensibilität und Beauftragung

> Bin in der Fremde
> Die ist behütet von der 8
> Dem heiligen Schleifenengel
> Der ist immer unterwegs
> Durch unser Fleisch
> Unruhe stiftend
> Und den Staub flugreif machend –
> (Sachs 1965, S. 203)

Geht man die bisherige (kursorisch geführte) Argumentationslinie mit, dann führt sie zu dem Ergebnis, dass ein ‚antwortendes' (oder auch: responsives), verletzbares, sterbliches Subjekt vorgestellt wurde, das aufgrund seiner Leiblichkeit dem Anderen ausgesetzt ist und sich in eine Verantwortung gestellt findet. Damit wohnt dem responsiven Subjekt ein ethisches Moment inne.

Kinder kommen als soziale Wesen auf die Welt. Es gibt kein präsoziales Sein, sondern ein Sein, das sich in (intersubjektiver) Koexistenz vollzieht. Wir sind leibhaftig situierte Ko-Existenzen. Unser Leib ist nicht in der Welt wie ein Ding in einem Gehäuse, sondern er stiftet überhaupt erst das Weltverhältnis: Babys lutschen an Gegenständen, krabbeln über den Boden, schauen das primäre Bezugsobjekt an und werden in all diesen Verhaltensweisen zugleich durch den Blick des/der Anderen ‚dezentriert' noch bevor sie sich als ‚Ich'/‚Ego' erfahren und erkennen (Meyer-Drawe, 2006). Sie leben in einem Milieu, das sie noch nicht die strenge Unterscheidung in Subjekt und Objekt vollziehen lässt. Ein intermediäres Milieu, in denen die Übergangsobjekte (Winnicott) ihre Welt bevölkern und diese in Lust und Unlust einfärben. Das Kind ist eingetaucht in das Leben der Erfahrung. Es ist eine Art Einlassen auf die Dinge, die mit uns koexistieren. Koexistieren bedeutet, ein vor der begrifflichen (konstituierenden) Aktivität liegendes Verhältnis zur Welt. Wir ‚bewohnen' die Welt, bevor wir sie denkend überfliegen, bevor wir sie in Subjekt und Objekt scheiden. Der Leib als aktiv/passiv berührend-berührtes und sehend-gesehenes hat teil an einer allgemeinen Struktur des Sichtbaren, und Fühlbaren, er agiert in einem Milieu der Aufforderungen und Anforderungen, denen wir zu antworten haben.

Schauen wir uns nochmals genau die Konzeption einer responsiven Ethik an, die vor allem von Bernhard Waldenfels unter Bezug und in Absetzung von Levinas ausgearbeitet ist. Dies ist an dieser Stelle notwendig, weil es nachzuvollziehen gilt, dass die responsive Beziehung kein reziprokes Wechselverhältnis meint (a), die/der Andere nicht als singuläre/r (numerische/r) Andere/r auftritt, sondern als ein/e ‚Andere/r im Plural' auftaucht (b) und in diesem responsiven Verhältnis sei der ‚Dritte' von Beginn an anwesend durch die menschliche Sensibilität bzw. Vulnerabilität.

Dieses ‚Dritte' ich kein realer Dritter, kein numerischer Dritter, sondern das ‚Gesetz', womit eine Dimension des Politischen (c) in einer Phänomenologie der Responsivität angezeigt wird (d?).

Dieser Zusammenhang soll nun eher kursorisch erläutert werden, um in einem letzten Schritt endlich die Auswirkungen auf das Verständnis von Behinderung zu erläutern.

Ausgangspunkt der nachfolgenden kursorisch geführten Überlegungen bilden die Arbeiten von Käte Meyer-Drawe, Matthias Flatscher, Burkhard Liebsch, Bernhard Waldenfels und Martin Schnell. So unterschiedlich die Arbeiten auch konturiert sind, wird in ihnen der Gedanke des Ausgesetzt-Seins durch Vulnerabilität auf die Frage hin zugespitzt, ob ein radikal gefasstes Ausgesetzt-Sein des Menschen durch Verletzbarkeit und Verwundbarkeit des Lebens sich tunlichst davor hüten sollte, sich in der Praxis des Lebens als unvermeidlich ausgesetzt zu begreifen, um vor einer „dramatischen Überforderung" geschützt zu sein (Liebsch 2008, S. 20)? Damit wird menschliche Sensibilität als Ausgesetzt-Sein nicht als ein an-archisches Moment, eine Maßlosigkeit oder ein absolutes Außen begriffen, das sich im Jenseits auch nur irgendeiner Ordnung befände (Levinas), sondern als ein Geschehen einer Überschreitung des Ortes, von woher die Überschreitung geschient, als einem Entzug in Bezug auf eine Ordnung hin (Meyer-Drawe 2006, 2022; sowie Liebsch 2008). Das Subjekt ist nach Waldenfels im ethischen Sinn kein primäres Ich, dass sich im alleinigen Modus des Könnens befindet, sondern eines, welches sich als angesprochen wahrnimmt, insofern das, was mich angeht, worauf ich zu antworten habe, bereits geschehen ist. Flatscher (2011, S. 105) formuliert daher, dass das Subjekt sich „stets […] in Geschichten und Vorgaben verstrickt [vorfindet; U. St.], von denen es sich nicht restlos lösen kann". Daher beginnt jeder von uns in allem, was wir wahrnehmen, erfahren und erleben, erkennen, woanders, d. h. „es beginnt woanders" (Waldenfels 2002, S. 98). Aufgrund der Ungleichzeitigkeit von Anspruch und Ansprüchen, die der Andere an uns stellt, und Antworten, die wir zu geben haben, bestehe daher eine „responsive Differenz" (Waldenfels 1994, S. 242). Sie durchfurche unsere Erfahrungen, weshalb wir es im Grunde in der Erfahrung mit Widerfahrnissen zu tun haben, in die wir gestellt werden, ohne sie gerufen, bewirkt zu haben. Sie beinhalten einen ethischen Anspruch, nämlich antworten zu müssen und das heißt: Verhältnisse zu gestalten – zu sich selbst, anderen und anderem. Dass wir antworten müssen sei unumgänglich, jedoch wie wir diese Antwort geben stellt sich im Spiel von Finden und Erfinden heraus (vgl. Agostini 2016), weil es dem Anruf des Anderen folgt. Und damit wäre die Frage nach dem ‚Wie' des Antwortens einerseits dem Anspruch des Anderen eingedenk (Waldenfels 1994, S. 584), und andererseits in eine Offenheit hineingestellt. Dies betrifft die Frage nach der Angemessenheit der Antwort (vgl. Meyer-Drawe 2006).

Es geht um eine nicht-indifferente, menschliche Sensibilität angesichts Anderer, die ebenso verletzbar sind wie wir selbst. Ihre Verletzbarkeit fordert heraus, provoziert zu einer Stellungnahme und dies, obwohl wir im Angesicht des Anderen zugleich mit ‚Dritten' zu tun hätten, deren Ansprüche und Provokationen von Beginn an anwesend sind. Es lässt sich daher auch nicht vom Anderen als einem numerisch gedachten, singulären Anderen sprechen, sondern das Ich spricht sich im Modus des Plurals und des (unausweichlichen) Getroffen-Seins aus. Nicht-indifferent bleiben zu können – wäre damit einer leibhaftigen Überforderung das Wort geredet? Liebsch (Liebsch 2008, S. 37) geht so weit zu fragen, ob eine derart konzipierte menschliche Sensibilität im „Übermaß […] nicht eine

Gewaltsamkeit eigener Art" heraufbeschwöre – die allein schon darin liegen könnte, dass der Herausforderung oder Provokation, sich nicht-indifferent dem Anderen gegenüber verhalten zu können, selbst eine Gewalt innewohnt? Eine anarchische, außerordentliche für die Singularität des Anderen sich immer schon offen darstellende Sensibilität benötige die Wahrnehmung eines Politischen im Ethischen – schlicht, weil damit Bezüge auf konkrete Lebensformen von Menschen ermöglicht würden. Wie der/dem anderen gerecht zu werden ist – dies lasse sich eher bezeugen als begründend praktizieren, weil der Bezug auf eine menschliche Vulnerabilität, Ausgesetztheit oder Sensibilität zwischen Überforderung und Inspiration schillere.

Liebsch (2008), Schnell (2017) und Flatscher (2015) formulieren daher, dass eine politische Dimension der ethischen Dimension ‚*eingeschrieben*' sei, weil mit der Frage nach dem ‚Wie' des Antwortens auf den Anspruch des Anderen unweigerlich auch ein Vergleich von Ansprüchen Rechnung zu tragen ist: „Genauso wenig wie das Subjekt nur ab und an antwortet, sondern sich aus dem nachträglichen Erfinden der Antwort erst versteht und das eingegangene Wagnis je zu verantworten hat, ist das Subjekt nicht nur ab und an ethisch oder in weiterer Folge nur ab und an politisch; vielmehr ist es immer schon ethisch-politischen Ansprüchen ausgesetzt und von ihnen konstitutiv durchzogen" (Flatscher 2015, S. 199). Waldenfels spricht daher von einer „Singularität im Plural" (Waldenfels 1995, S. 309), womit kein numerisches Ich gemeint ist. „In der Nähe des Nächsten bedrängen mich auch alle anderen […] ich bin von ihnen besessen und meine Besessenheit schreit nach Gerechtigkeit. Gerechtigkeit ist jedoch unmöglich ohne Bewusstheit, ohne Maß, ohne Wissen um Maß" (Waldenfels 1987, S. 253). Der Dritte steht für eine „persönliche oder anonyme Instanz" (Waldenfels 2006, S. 126), also auch für Regeln, Ordnungen, Gesetze etc., die etwas als etwas, jemanden als jemanden ansprechen (vgl. ebd.). Ethische Singularität und numerische Einzahl sind hier zu unterscheiden (vgl. Flatscher 2015). Waldenfels (2019, 70 ff.) lässt hier unter Verweis auf Bedorf (2003, S. 188–196) eine Nähe zum Dritten im Sinne von Lacan (Borromäischer Knoten) zu.

Daher spricht er davon, dass dieses/r Dritte Züge eines „Über-Ich" wie eines „Über-Du" (Waldenfels 2019, S. 261) aufweise. Wesentlich bleibe, dass wir bei der Singularität im Plural, den das (ethische) Ich darstellt, nicht von einem wechselseitigen (dialogischen oder/und Mit-seiendem) Verhältnis ausgingen. Warum? Ständig geht es um einen Anspruch des

Anderen, der im Grunde einen Konflikt bedeutet durch den Einbruch des Anderen als ‚Jemand' (Dederich und Schnell 2011; Schnell 2017) und als eines Fremden, dem in seiner Andersheit ‚gerecht' zu werden ist, z. B. in Form der Mitansprüche weiterer Anderer. Mit Waldenfels geht auch Liebsch davon aus, dass wir uns ‚immer schon' in Ordnungen bewegen, die aufgrund von Exklusionen und Inklusionen Bestimmtes ermöglichen oder auch ausschließen. Daher gibt es keinen ‚anarchischen' Raum (Levinas), der vor den Ordnungen, in denen wir leben, liegen könnte, sondern nur einen Raum/Außen der Ordnung. Daher kann Flatscher schreiben, dass Anderheit innerhalb von Zusammenhängen auftrete und Ordnungszusammenhänge ‚durchkreuze'. Das Andere erscheine vor der Folie eines Ordentlichen, dass es überhaupt erst vernehmbar mache und damit würde der ‚Dritte' als Figur sich auch verändern: Er erscheine als eine Art „klassifikatorische Richtschnur (…) wann etwas als fremd zu bewerten sei" (Flatscher 2011, S. 126) – womit ausgesagt ist, dass die Bewertung von Fremden von Deutungsmustern abhängt. Auf Ansprüche des Anderen einzugehen, bedeutet dann, dass man zugleich genötigt wird, die Antwort vor dem Dritten (= anderen Anderen) zu verantworten. Es ist daher das, wovon Liebsch spricht: Ein unmögliches Unterfangen, auf den Anderen verantwortlich einzugehen, ihm gerecht zu werden; aber gleichwohl ein leidenschaftliches Begehren.

Ist (wie in der ‚Fallgeschichte von Frau N.) davon auszugehen, dass diese nur ‚Geräusche' oder ‚sinnlose' Lautverbindungen produziert? Oder gibt es ein Interesse an ihr in der Weise, dass man an ihrer Art sich auszudrücken Anteil nimmt, d. h. sie ernst nimmt? Anteil nehmen kann man nur dort, wo man Ansprüche überhaupt wahrnimmt, und zwar auch und vor allem solche Ansprüche, welche die Betreffenden selbst nicht artikulieren können, und dies nicht nur, weil sie sich nicht deutlich artikulieren könnten, sondern weil sie nicht Gehör finden, weil sie nicht zählen, politisch gesehen Luft sind. Dass Frau N. eine politische Existenz lebt, hängt entschieden davon ab, dass ihre Ansprüche zugelassen werden, dass man beginnt, sich nicht blind und taub zu stellen. Denn wenn man sich blind und taub stellt, hat es den Anschein, als habe sie auch nichts gesagt oder zu sagen, und das bedeutet, dass sie nicht einmal als Subjekt des Redens in Betracht kommt. Menschen wie Frau N. geraten leicht zu Personen, deren Rechte abgesprochen werden bzw. welche nicht als politische Wesen verstanden werden. Dort, wo Menschen leibhaftig hungern (physisch und psychisch), wo sie auf eine Bleibe angewiesen sind, auf ein Zuhause (im eigenen Körper, in einem geborgenen Raum), sie jederzeit von Verlassenheit, Unverstanden-Sein heimgesucht werden können, zählen sie irgendwann auch für sich selbst nicht mehr. Hier kommt es darauf an, was ‚zwischen uns' (Levinas) geschieht, d. h., ob wir die radikale Fremdheit des Anderen als einen Anspruch wahrnehmen worauf wir zu antworten haben (vgl. Liebsch 2008). Damit ist das Ethische ‚eingefallen' durch die Vulnerabilität des Menschen. Wir können nicht indifferent bleiben gegenüber den Ansprüchen, die die oder der Andere/Fremde an uns stellt.

Wenn wir ‚nicht' wahrnehmen, dass sich das Politische auch und vielleicht sogar gerade in kaum gelingenden, manchmal unterdrückten, nicht wahrgenommenen Artikulationen von Ansprüchen sinnlich darstellt, dann spielt es keine Rolle mehr, wer mit wem und unter welchen Bedingungen in welche Verhältnisse eintritt und vor allem: wie diese zu gestalten sind. Von daher gilt es zu erkennen, dass in den sinnlichen Sinndimensionen etwas beginnt, das davon ausgeht, dass Frau N. etwas zu sagen hat, dass sie zählt, dass sie Ansprüche erheben kann. Von daher besteht das Gebot, sich zu öffnen für ihre außerordentlichen Ansprüche. Ihr ist Gehör zu schenken, darauf ist zu antworten. Ansonsten kann man davon ausgehen, dass sie nur einen a-politischen Lärm macht; ein unbedeutendes Subjekt, das nichts zu sagen hat. Das Politische ist bereits in und durch unsere Leiblichkeit und Vulnerabilität anzusetzen. Es ist genau die Art, wie wir auf Ansprüche anderer antworten. Schnell (2020, S. 137) drückt dies so aus:

> „Das Ethische ist das Faktum, dass eine Nichtindifferenz gegenüber vulnerablem Leben existiert. Das Politische ist die Weise, wie auf das Faktum geantwortet werden kann".

Hannah Arendt hat von einem voreinander In-Erscheinung-Treten gesprochen (Arendt 2009, S. 192). Dieses voreinander In-Erscheinung-Treten und Im-Bezug-Aufeinander-Handeln ereigne sich für Hannah Arendt als Prä-Politisches. Sie schreibt:

> „Die Gegenwart anderer, die sehen, was wir sehen, die hören, was wir hören, versichert uns der Realität der Welt und unserer selbst […]" (Arendt 2009, S. 63).

Man ist frei, das eigene Leben zu transzendieren und in die allen gemeinsame Welt einzutreten (vgl. Arendt 2009, S. 79). Das gemeinsame Tun etabliert einen Zwischenraum, den Hannah-Arendt-‚Erscheinungsraum' nennt, d. h. einen Raum, der „[…] dadurch entsteht, dass Menschen voreinander erscheinen" (Arendt 2009, S. 192), damit sie einander ansprechen. Unter Menschen sein bedeutet hier das Wahrnehmen der Wahrnehmung der anderen. Es braucht daher einen ‚Sinn für eine gemeinsam geteilte Welt', die wir zwar alle je verschieden wahrnehmen, aber auf die wir uns gemeinsam beziehen. Wenn wir uns dem Anspruch Anderer stellen müssen, dann werden wir mit einer Sicht der Dinge konfrontiert, die befremdlich wirken kann. Liebsch schreibt:

> „In einem radikalen Sinn ereignet sich das Politische primär dort, wo unvermutet jemand in Erscheinung tritt und das Wort ergreift, um andere anzusprechen, Anspruch auf etwas zu erheben […]" (Liebsch 2008, S. 287).

Das Politische wird von Hannah Arendt nicht auf das In-Erscheinung-Treten reduziert, aber es lässt sich nicht ohne es denken. Man muss also in Erscheinung treten können, wahrgenommen werden und dies vor allem, wenn es auf eine befremdliche Art und Weise geschieht.

Man könnte daher sagen, dass sich (Prä-)Politisches ereignet in der Begegnung mit Frau N. und zwar als den Einbruch eines Dritten und zwar eines Dritten, das ‚von Beginn an', das *Ethische überkreuzend*, anwesend ist. Das Dritte ist die/der andere Nächste und daher muss ich Ansprüche vergleichen, abwägen, überlegen. Wenn wir aber abwägen, vergleichen etc., dann müssen wir die/den Anderen thematisieren, und damit ‚entkleiden' wir ihr/ihn seiner Einmaligkeit, wir verlassen eine des-interessierte Haltung. Verantwortung, schreibt Liebsch (2008, S. 86), gebiete ein nicht-gegenseitiges, responsives Verhältnis; Gerechtigkeit verlange einen Vergleich zwischen moralischen Subjekten. Mit Schnell können wir erläuternd hinzufügen: eine Thematisierung des Anderen als etwas, welches bereits den Keim der Gewalt in sich trägt (vgl. Schnell 2020).

> „Wenn er auf der Straße ging und die Leute mit Fingern auf ihn zeigten und seine Mitschüler ihn verspotteten und hinter ihm her zischten und Gassenbuben ihre Anmerkungen über ihn machten – so biss er die Zähne zusammen und stimmte innerlich in das Hohngelächter mit ein, das er hinter sich her erschallen hörte." (Goldschmidt 1994, S. 44)

Es wäre vermessen, aufgrund dieser nur kursorisch aufgezeigten Zusammenhänge einen Diskurs zur Politik und der Gerechtigkeit anzuführen. Dies soll hier nicht geschehen. Kursorisch wird der Chiasmus von (singulärer) Verantwortung und Ontologie und Politik skizziert. Dass sich Verantwortung nicht ‚harmonisch' in eine Gerechtigkeitsvorstellung aufheben lässt, wird angedeutet.

> „Nirgends und niemals wird die Zeit kommen, in der wir sagen können, jetzt seien wir der Verantwortung angesichts der Gerechtigkeit und der Gerechtigkeit angesichts der Verantwortung vermittels einer Aufhebung ihres Widerstreits zugleich gerecht geworden" (Liebsch 2018, S. 265).

Die Gerechtigkeit angesichts des Dritten muss ungerecht sein, weil sie Unvergleichliches vergleicht und einem absoluten Anspruch auf ein Gerecht-Werden aller nicht gerecht werden kann. Liebsch fordert als Ausweg aus den diversen Aporien und vor allem der Überforderung einer solcherart formulierten Verantwortung, in die ein unbedingter ethischer Anspruch des anderen Menschen hineinstoße, die Wahrnehmung eines „[…] konkreten Sinns für Ungerechtigkeit, dem es stets um ein ‚Mehr' an wirklicher Gerechtigkeit zu tun ist, ohne indessen dadurch auch den Blick für die unaustilgbare Ungerechtigkeit in der Gerechtigkeit zu trüben, die man zu etablieren sucht." (Liebsch 2008, S. 89)

> Die Wahrnehmung berge in sich den Keim der Gewalt, formuliert Merleau-Ponty (Merleau-Ponty 1966/1974, S. 414).

Wie ist das zu verstehen? Wir legen Eigenschaften von Dingen und Lebewesen fest, indem wir etwas immer als etwas auffassen. Dieses Ding bspw. als eine Tasse und dieses Verhalten eines Schülers als auffällig. Martin Schnell macht darauf aufmerksam, dass mit der inhärenten Gewaltsamkeit festgelegter Eigenschaften auch im positiven Sinn ein konstitutives Moment verankert sei, denn dadurch könnten wir überhaupt etwas als etwas konstituieren (vgl. Schnell 2020). Worin besteht die Verletzung, die Gewalt?

Einerseits besteht sie darin, dass wir beispielsweise eine ‚Identität' durch andere erlangen, die uns ‚als' etwas wahrnehmen. Und wir leiden darunter, wenn dieses ‚als' wer und was wir wahrgenommen werden nicht mit der ‚eigenen' Wahrnehmung von uns als unser Nicht-Identisch-sein mit uns selbst, zusammenfällt. Andererseits besteht die Gewalt auch darin, wenn andere so tun, als könnten sie sich dem Unendlichen, der Vielfalt des ‚auch noch Möglichen' (Kontingenz der Identität; Nicht-Identisch sein mit sich) entziehen oder sie verleugnen, ignorieren. Andere ignorieren dann sozusagen den Überschuss, jenes Mehr, welches über die Eigenschaften eines Menschen oder der Dinge hinausgeht.

So besehen ‚herrscht' Ungerechtigkeit bereits dann, wenn etwas gleich gemacht wird, was aber nicht vergleichbar ist: Menschen ausschließlich unter einem (zweifelhaften) Kriterium (bspw. Begabung) zu betrachten, weil damit das, was diesem Menschen ‚auch' noch möglich ist (Kontingenz der Identität) unterschlagen wird; diesen Menschen dann als einer Lebensform oder ‚Gruppe' zugehörig zu bezeichnen und damit die Einzigkeit des Anderen zu kompromittieren, ist dann ein weiterer Schritt. Diagnosestellungen sind beispielhaft dafür, weil sie vergessen machen (wollen), dass ein ‚Gerecht-Werden' des Anderen von einem ethischen Anspruch buchstäblich ‚unterwandert' wird, dem Anderen in seiner Einzigkeit gerecht zu werden. Darunter fällt das Eingestehen und Verstehen, dass der andere Mensch nicht nur vorübergehend ‚fremd' ist, sondern seine Andersheit stets ‚über' meine Vorstellungen, Signifizierungen, Attributierungen etc. hinausgeht.

Dazu bedarf es einer Wahrnehmung von Ungerechtigkeit, die das Urteilsvermögen herausfordert (Liebsch 2008, S. 97) – wenn es keine ‚überfliegende' Gerechtigkeit geben sollte, die über dem Widerstreit der heterogenen Deutungen bspw. von ‚Behinderung', angerufen werden könnte, um etwas zu verbürgen. Hannah Arendt verweist darauf, dass es die Fähigkeit brauche, die Dinge nicht nur aus der eigenen, sondern aus der Perspektive aller anderen, die präsent wären, zu sehen. Die Frage wäre zu stellen, wie etwas als etwas einem Jemand erscheint und von welcher Position und in welcher Situation dieser Jemand spricht und antwortet? Aber haben wir damit der Gerechtigkeit jenen Raum gewährt, die ein ‚Gerecht-Werden' des Anderen in Gang setzt? Oder ist diese Frage bereits falsch gestellt, weil es stattdessen um eine erfahrene Ungerechtigkeit geht, die uns nach dem Gerecht-Werden des Anderen erst verlangen lassen kann, und das hieße, die „Hoffnung auf ein Gerecht-Werden nicht verächtlich preiszugeben"? (vgl. ebd., S. 108 f.): „Weil es einen lebendigen Sinn für Ungerechtigkeit in der Gerechtigkeit gibt, der die Aussicht auf eine ideal verwirklichte Gerechtigkeit verbaut, hört die Gerechtigkeit niemals auf, auszustehen" (ebd., S. 109). Ich verdanke es Wolfgang Jantzen, dass er mich hier auf Judith Shklar hingewiesen hat, welche die Frage danach, wer der Dritte ist, klar damit (normativ) beantwortet, dass dies der Standpunkt der Opfer sein müsse. Jede/r andere könne Opfer von Ungerechtigkeit werden, und dies vor allem dann, wenn diese ihre Stimme gar nicht erheben könnten. Es geht also nicht primär um die Frage, welche Ansprüche geltend gemacht werden, sondern dass sie, wie sie bzw. durch wen Ansprüche Anderer wahrgenommen und artikuliert werden. Wahrnehmen meint dann etwas als etwas wahrnehmen, damit es selbst zur Sprache kommen kann und dies in aller Brüchigkeit. Der Begriff der Brüchigkeit verweist hier darauf, dass wir die Repräsentation des Anderen in der Sprache oder anderen Medien ‚in aller Brüchigkeit' nur dann aufrechterhalten können, wenn wir den Anspruch des Fremden nicht tilgen. Wenn wir jemanden als ‚behindert', als Mensch mit Down-Syndrom etc. bezeichnen, dann bedeutet das nicht, dass wir diesen Menschen durch Sprache dargestellt haben, es bedeutet auch nicht, dass wir ihn nun durch das Bezeichnen in eine Gegenwart gebracht haben. Der (behinderte) Mensch ist mehr, er ist anders und anderes als das, was sich durch Sprache, Fotografie, Film etc. repräsentieren ließe. *Aber* andererseits ist der behinderte Mensch das, was er sein könnte, nicht ohne Repräsentation. Worauf wir mit unterschiedlichen Medien zur Beschreibung eines Menschen antworten, ist immer ‚mehr' als das, was wir mit diesen unterschiedlichen Medien auszusagen vermögen. Wenn wir allerdings davon ausgehen, dass wir das Fremde in irgendeiner Weise ‚tilgen' könnten, dann verschließen wir jenen winzigen Spalt, der sich auftut, wenn wir damit rechnen, dass der Andere ‚mehr' und ‚Ander(e)s' ist, als wir bezeugen, wissen, meinen, erkennen. Dieser winzige Spalt, der sich öffnet, wenn wir davon ausgehen, dass sich in all unseren diagnostischen Künsten, all unseren Beobachtungen, teilnehmenden Beschreibungen etc. etwas *entzieht*, indem es sich *zeigt*.

Es muss mehr und anderes aufscheinen in der ‚Bezeichnung' des anderen als das, was gesagt, bezeichnet, beschrieben etc. wird. Aber auch dann hätten wir nicht jenen Ort erreicht, der die Leidenschaft des Unmöglichen mit charakterisiert: dem Anderen gerecht zu werden.

Was aber wäre eine Alternative zum Sprechen über den Menschen als ‚behindert'? Läuft der kritische Einspruch des Fremden auf eine Utopie hinaus, die letztlich jeden pädagogischen, therapeutischen, didaktischen Handlungsmöglichkeiten den Bankrott erklärt, weil die Sprache angesichts des Sinns für fremde Ansprüche auf ein Sagen verweist, das buchstäblich ‚sprachlos' wird?

Können wir Bezeichnungen und Verhältnisse als ungerecht wahrnehmen im Sinne eines ‚Auffassens als', als ein Sichtbarmachen oder eben nicht, d. h. es über-hören, über-sehen und damit keinen Sinn dafür haben? Liebsch schreibt:

> „Sinn für Ungerechtigkeit nimmt nicht bloß wahr, was objektiv vorliegt, sondern macht Ungerechtigkeit originär sichtbar und realisiert sie in diesem Sinne" (Liebsch 2008, S. 129).

Und – dies könnten wir hier ergänzen – versucht, sie konkret zu verringern oder zu verhindern. Auch hier tauchen Spielräume auf: Wer nimmt was überhaupt wahr und wie? Wesentlich bleibt, dass es ein Angesprochen-Werden von wahrgenommenem Unrecht und Ungerechtigkeit gibt, dass uns nicht indifferent lässt und uns aufruft, die Dinge ‚in ein Gerechtes' zu überführen. Das führt unweigerlich zu Dissens, wie am jahrzehntelang schwelenden Diskurs um Integration und Inklusion deutlich wird. Denn damit sind natürlich normative Implikationen (bspw. UN-BRK; Recht auf Teilhabe) verbunden. Normative Implikationen sind (selbst in Formen des Rechts) Anfechtungen ausgesetzt, und zwar schon dieser, dass die Nähe zur Gleichmacherei einer ganzen ‚Gruppe' von Menschen nahe liegt – und sich die Einzigkeit des Anderen wie eine Spur im Sand verliert (vgl. dazu: Shklar 1997, S. 114). Kein Gerechtigkeitssystem könne nach Shklar davon ausgehen, Ungerechtigkeit gänzlich auszuschalten – was natürlich nicht heißen könne, ihr nicht so weit als möglich entgegen zu treten. Ohne Zweifel besagt dies, dass in der Gerechtigkeit auch Ungerechtigkeit angelegt ist und ihre Überwindung derselben eine Überforderung darstellt. Shklar (1997, S. 113) unterstützt daher den Streit, den Dissens um Fragen der Gerechtigkeit:

> „Eine Theorie der Demokratie braucht nicht allen Menschen einen identischen Sinn für Ungerechtigkeit zuzusprechen. Sie muss lediglich behaupten, dass normale Menschen sagen können, wann sie verletzt worden sind. Unter einigermaßen günstigen demokratischen politischen Bedingungen wird ihr Sinn für persönliche Würde gedeihen und darin bestärkt, sich selbst zu behaupten (…) idealerweise sollten Bürger nicht nur vor Schaden geschützt werden, sondern auch davor zu ‚ihrem eigenen Glück' gezwungen zu werden. Außerdem haben wir ohne ihre deutliche Zustimmung und ihr Einverständnis keinen Grund anzunehmen, ihre rechtmäßigen Erwartungen seien erfüllt worden und ihr Stillschweigen schlösse keine resignative Billigung ein" (Shklar 1997, S. 113).

Lassen wir nochmals Liebsch zu Wort kommen, indem wir entlang seiner Ausführungen betonen, dass es um eine produktive Unruhe in der Sorge um Gerechtigkeit geht, um vor Selbst-Gerechtigkeit zu bewahren. Das schließt normative Vorgaben nicht aus, aber die Hoffnung auf Überführung von Unrecht in Gerechtigkeit allein durch normative Vorgaben, führe in die Irre. Vielleicht kann man formulieren: Sie sind notwendig, aber nicht hinreichend. Sinn für Ungerechtigkeit verlangt nach ‚mehr' Gerechtigkeit. Daher bedürfe es als außerordentliche Über-Forderung und Inspirationsquelle der Rückbindung an Ordnungen der Gerechtigkeit (Liebsch 2008, S. 143). Sieht man ein, dass die Zuordnung und Zurichtung bestimmter ‚Gruppen' von Kindern unter eine spezifische, sie be- oder aussondernde Ordnung stellt, könnte man die Frage aufwerfen, ob der Sinn für Ungerechtigkeit auch politische Ordnungen lähmen kann? Aus dem Impuls heraus, sich gegen die Über-Forderungen einer sich als ‚gerecht' darstellenden (historisch betrachtet: Beschulung, Integration, Inklusion) Ordnung zu verteidigen, würde ggf. ungerechte (Beschulungs-)Wirklichkeit umdefiniert: Eine ‚individuumsbezogene' Sichtweise wiese Behinderung als Seins-Zustand aus, den als ‚behindert' identifizierten Menschen als negative Normalitätsdublette und erkannte Ansprüche auf Besonderung in allen zentralen Lebenslagen für gegeben an, und das heißt: Als alleinige Deutungsmöglichkeit, die jede (erfahrbare) Kontingenz gleichsam negierte. „(…) statt sich hilflos zu fühlen, definiert man lieber die Realität um oder man hält unter allen Umständen den Glauben an eine gerechte Welt aufrecht, dem es gar nicht primär um Gerechtigkeit und um die Welt zu gehen scheint, sondern darum, in der eigenen Welt nicht an allem zu zweifeln“ (Liebsch 2008, S. 145). Eine Gegenfrage sei gestellt: Allein die Idee, dass sich Gerechtigkeit durch Inklusion nun auch umfassend institutionell verwirklichen ließe – wäre dies nicht ein eher selbstgerechtes Unterfangen, weil es vermeintlich keine Ungerechtigkeit außerhalb der Inklusion mehr zu vermelden gäbe? Das im Behindertendiskurs häufig durch einen Kreis repräsentierte Bild, in welchem viele bunte Punkte die Inklusion der Verschiedenen darstellen soll – spricht es daher für eine Form der (Selbst)Gerechtigkeit, die keine Ungerechtigkeit mehr außer sich zu haben glaubt? Sind Fragen danach, wer, wann, wie und unter welchen Bedingungen in- oder exkludiert wird, dann nicht mehr notwendig oder sind sie ganz im Gegenteil gar hauptsächlich zu stellen, damit der Sinn für Gerechtigkeit auf den Sinn für Ungerechtigkeit rückbezogen bleibt? Dennoch: Die Frage danach, wie wir (behinderten) Menschen ‚gerecht‘ werden könnten in den Formen des Repräsentierens und der Praktiken, bleibt eine Überforderung, wenn nicht (menschen) rechtliche Ordnungen und Regelungen bestehen, denen zuzutrauen ist, der Gerechtigkeit nachzukommen – auch wenn das u. U. als eine „realpolitische Bevormundung“ (Liebsch 2008, S. 167) zu lesen wäre. Daher ist der Idee der Inklusion, die sich allenthalben belächelt sieht, die ‚Willkommenskultur‘, durchaus wichtig, weil sie eine ethisch-politische Gastlichkeit ausdrückt.

Liebsch (vgl. 2005) betont, dass ein Gast jemand sei, der eine Schwelle überschreite, die er/sie nicht einfach hinter sich lassen könne, weil sie/er sie nochmals überschreiten werde, sonst wäre sie/er kein ‚Gast‘: Jemand, der dazugehöre auf Zeit, und in einem fremden Haus zu Gast sei, welches eine Heimat auf Zeit darstelle. Ein Gast könne angekündigt sein oder aber unangekündigt erscheinen, er kann überraschen und enttäuschen. Gastlichkeit und Gastfreundschaft sei etwas, das im privaten Bereich bestehe, aber hinsichtlich z. B. des Beherbergens von Fremden auch des politischen Schutzes bedürfe (bspw. flüchtende Menschen). Im privaten Bereich würde ein Gast von der Gastfreundschaft oder dem ‚Willkommen-Sein‘ abhängig sein, weil er/sie kein Recht habe auf Gastfreundschaft, auf Verfügung über einen Platz, Raum etc. Im öffentlichen Raum sei das Gastrecht verstaatlicht, und das heißt, dass jemand nicht ‚per se‘ willkommen sei, Räume, Plätze auf Zeit zu belegen. Es gäbe ‚Hausherrinnen‘, die ein Entscheidungsrecht darüber hätten, wer eintreten und bleiben darf und wer nicht. Ständig stehe diese Entscheidung, ob jemand eintreten und auf Zeit bleiben darf, unter dem Vorzeichen eines Zuviels, einer Störung der Ordnungsstrukturen. Überlebende jüdische Menschen, Sinti und Roma, die sich als displaced persons nach dem Holocaust im Niemandsland der alliierten Besatzungszone auf Zeit aufhielten und deren Schicksal von den ‚Gastgebern', den Alliierten, abhing, flüchtende und um Asyl bittende Menschen, die aus den Schreckensorten des Hungers, der Armut und des Krieges flüchten mussten/müssen – und all jene der Namenlosen, die aufgrund ihrer Lebensform, ihrer Ethnie, Kultur, Religion, ihres Geschlechts verfolgt würden und ein Niemandsland suchen, in dem Beheimatung stattfinden könne; all diese Menschen suchen ein Zuhause, ohne Fremdheit restlos aufgeben zu müssen durch Eingliederung in eine totale Gemeinschaft; afrikanische Staaten, die nicht nur, aber doch auch ruiniert würden durch westliche Globalisierung, Pandemien (Ebola), innerstaatliche Konflikte und eine weiträumige Perspektivlosigkeit, je aus Armutsverhältnissen zu gelangen. Wie könne man all jene als ‚Gäste' aufnehmen, wenn sie konkrete Ansprüche auf Aufnahme einfordern und hier und dort dann auch ausnützten oder gar missbrauchten? Wie sie aufnehmen, wenn Gastlichkeit andererseits reserviert werde nur für diejenigen, von denen Profit erhofft werde, weil sie womöglich etwas beitrügen durch Begabung und Kompetenztransfer? Aber diejenigen, die augenscheinlich schon zu nahe träten in ihrer Elendsgestalt und vorab bereits als unwillkommene Belastung attribuiert würden – was werde mit ihnen, ohne Ort, ohne Zuhause? (vgl. zum gesamten Absatz Liebsch 2005)

Würden diese auch zu ‚Luftmenschen', wie Berg für die Situation der Juden und die gegen sie gerichtete (antisemitische) Politik um Lebensraum hervorragend herausgearbeitet hat (vgl. Berg 2008 nach Liebsch 2005)? Liebsch fragt daher zu Recht, wie es dazu komme, dass man, mit niemandem verwandt, mit keinem befreundet und nach Gemeinsamem suchend in einer ungastlichen Welt ‚willkommen' sei? Anzufügen wäre, wie es dazu kommt, dass man als Familienmitglied, Freund/in etc. überhaupt willkommen ist? Und bedeutet das Willkommen-Sein nicht mehr als das Minimum, die Verhinderung von Hunger, Exklusion, Schmerz? Emmanuel Levinas würde die nicht gewährte Gastlichkeit (oder das Willkommen-Sein) als Verrat am Anspruch des Anderen auf Antwort verstehen und mehr noch als Verweigerung einer Gabe (Levinas 1965/1987, S. 295).

„Erst indem der Mensch ‚gebe', würde sich die Menschlichkeit des Menschen erweisen, weil die Gabe die Gastlichkeit des Subjektes bezeugt. Die Gabe erwächst aus dem Anspruch des Anderen als Antwort" (Levinas 1978/1992, S. 168).

Gleichwohl geht es um Lebensverhältnisse von Menschen, an deren harten Konkretionen von Hunger, Armut oder Flucht sich die Gedanken von Levinas zu bewähren haben, im Sinne eines Ablegens eines Zeugnisses, dass eine Gesellschaft Fragen von (komperativer) Gerechtigkeit bedenkt: Wem wird was in welchem Umfang und warum geschuldet und wie und was, wie viel, wie lange und warum ist etwas zu geben oder nicht? Wer bekommt rehabilitative Hilfen, wer hat ein Anrecht auf Teilhabe, Nachteilsausgleich etc.? Wie können unaufhebbar Fremde zusammenleben, ohne dass sie ihre Fremdheit an der Haustür der Gastgeber ‚verkaufen' müssten, um womöglich fortan in einer Gemeinschaft zu leben, die kein Außen mehr kennt? Willkommen zu sein spricht von Gastlichkeit, die mit Levinas aus dem Anspruch des Anderen erwächst und von diesem herausgefordert wird, der uns ‚immer schon' erreicht hat, sich ihm nicht zu verschließen. Burkhard Liebsch (2008, S. 87) macht darauf aufmerksam, dass Levinas nicht eine von jedem jederzeit und im Verhältnis zu jedem anderen zu tragender Verantwortung gemeint habe, sondern eine *außerordentliche Affizierbarkeit* des Subjekts durch einen Anspruch, der jeden Versuch einer Abgrenzung unterlaufe. Anders gesagt, benötigt das Geben das Gegeben-Bekommen, um geben zu können. Außerordentliche Affizierbarkeit heißt, dass man zwar die Türen und Fenster schließen und sich gegen jede drohende Veränderung des Mobiliars durch den Gast versperren kann, sich gleichgültig macht, aber trotzdem ist der Anspruch ergangen. Asymmetrische Verantwortung spricht vom ‚Dass' der Verantwortung, aber lässt die Freiheit des ‚Wie' der Antwort.

Der ethische Primat der Beziehung zum Anderen fordert daher, dem Anderen ‚gerecht' zu werden und ihm keine Gewalt anzutun (vgl. Dabag et al. 2000). Dieser Ausgang von einer Nicht-Indifferenz (ich kann angesichts des Anderen nicht indifferent bleiben hinsichtlich meiner Verantwortung ihm gegenüber) stellt für Levinas den Humanismus des anderen Menschen dar.

Was also Inklusion mit ‚Willkommenskultur' bezeichnen könnte, ist ein Humanismus des anderen Menschen, dem Auszuweichen vermutlich nicht nur um den Preis eines Antihumanismus möglich wäre – will die Inklusion sich nicht selbst verschließen.

Gehen wir davon aus, dass uns der Andere niemals als ein präzise Bestimmter (wer) zu erfahren möglich ist – eine sehr starke Annahme. Er ist ‚mehr' und ‚anders/anderes' als ich vermeine, ihn zu ‚erkennen oder zu erfahren'. Er kann ein Geschlecht sein oder mehrere, behindert oder nicht oder beides und auch als solcher nicht-erkrankt oder erkrankt. Er ist sie oder beides oder anderes und in jedem Fall auch nicht nur Freund, sondern auch womöglich der schlimmste Feind. Für Beschönigungen ist kein Raum, denn die Differenz zum anderen ist keine harmlose (relative Fremdheit) Verschiedenheit, die ja nur ausgemacht werden kann aufgrund einer ‚Beobachterposition', die einzunehmen schier unmöglich ist. So besehen, hat also auch das Kind – und zwar jenes, das psychologisch und pädagogisch inspiziert wird – geradezu ein Anrecht darauf, radikal fremd zu sein und zu bleiben. Ihm also ‚gerecht' zu werden, bedeutet eine maßlose Über-Forderung. Gängige pädagogische Konzepte werden demgegenüber nicht müde, von einer ‚effektiven Optimierung des Lernens durch Unterricht' zu sprechen. Es erstaunt nicht, dass diese schlichte Rezeptologie sich einer geradezu euphorischen Beliebtheit bei Pädagoginnen erfreut – verspricht sie doch unter der Hand, die Fremdheit des Kindes aufzuheben und ‚passgenaue' Angebote und Förderungen anbieten zu können, die einer ständig neu ausgerufenen ‚Qualitätsoffensive' standhalten. Es fällt nicht auf, dass die Frage danach, wie man einem Kind erzieherisch gerecht werden könne, scheinbar erlaubt, seine Aktivitäten (Entwicklungs-)Theorien zu unterwerfen, um auszusagen, wer oder was das Kind ‚ist' und zu was es sich entwickeln ‚soll'. Selbst wenn man das ‚Dass' dieses Vorgehens nicht in Zweifel zöge, weil sich auch hier der Chiasmus von Ethik und Ontologie (Politik) zeigt, so bliebe das Kind unverfügbar und keine pädagogische oder psychologische Ordnung, keine Verfahrensweisen, Konzepte und Formen, sollten sich dem Eingeständnis versperren, dass das Kind nicht erkannt werden kann. Darin liegt eine grundsätzliche Freiheit:

> „Ich bin nicht, was ihr von mir sagt, und ich bin nicht, was ich davon sage. Das Versagen des Sagens rettet mich" (Goldschmidt 1994, S. 120).

Wo liegt die Ursache für die Idee, den unerreichbaren Teil des Selbst und des Anderen nicht anrechnen zu können oder zu wollen? Vielleicht darin, dass wir nicht selbst in Frage gestellt werden wollen durch den Anderen, noch bevor wir als Diese oder Jener identifiziert werden? Vielleicht spüren wir die Ungerechtigkeit, die in der alleinigen, komparativen Gerechtigkeit liegt, die das Unvergleichliche zu vergleichen sucht und Leistungsmaßstäbe ins Feld führt, an denen regelmäßig Schülerinnen scheitern? Leistungsmaßstäbe, die sich Ordnungen verdanken, um bestehende Ordnungen zu stabilisieren. Gibt es eine Stellvertretung, die von sich beanspruchen könnte, die Bedürfnisse des Anderen zu kennen? Und darüber hinaus: Wer würde sich schon anmaßen wollen, Bedürfnisse zu kennen, die der Andere kaum/nicht äußern kann – sprachlich oder/und körperlich? Und wenn sie/er sie äußern könnte durch Unterstützte Kommunikation, durch Körperdialogformen etc. – wer rechnet mit einem ‚Ich' im Plural, das von unaufhebbarerer Fremdheit durchsetzt ist? Achten wir darauf, dass ein pädagogisches Handeln nötig sein wird, in dem der „paradoxe Geist der Stellvertretung für nicht Vertretbares geschieht" (Liebsch 2008, S. 236), um nicht in einem bodenlosen Paternalismus zu enden? Und mehr noch: Gegenwärtig wird dem Selbstwerden ohne Fremdheit, einem Bezug zu sich ohne Entzug, Selbstbestimmung als anthropologische Kategorie formuliert, als käme das Eingeständnis einer radikalen Fremdheit einem Eingeständnis gleich, das den behinderten Menschen in den Horror schicke. Merleau-Ponty versuchte, das Kind in dem zu verstehen, wie ihm die Welt begegnet und nicht, wie es ihm begegnet unter dem Diktum von Theorien als einer Sprache der Erwachsenen über die Welt. Selbst wenn hier Frau N., die als Erwachsene vorgestellt wird, zur Sprache kommt, so geschieht dies durch mich und zwar durch die Art, wie ich sie vorstelle und ihr Verhalten und Handeln deute. Aber gibt es zu dieser Asymmetrie eine Alternative? Mit Merleau-Ponty erlernen wir uns dadurch vom Anderen her, dass wir in der Begegnung mit dem Anderen die Asymmetrie der Sichtweisen und die darin liegenden Differenzen erfahren (Merleau-Ponty 1949-1952/1994, S. 102). Wir können nicht die Welt mit den Augen des Anderen sehen, wahrnehmen, aber wir können die Lebenswelt des anderen Menschen in der Begegnung mit ihm begreifen, indem wir ins Feld gehen, uns aussetzen und ihre/seine Welt nicht in eine bloß gedachte Welt verwandeln. Für die Forschung hier bedeutet dies, dass die Spur einer nicht zu reduzierenden Asymmetrie bleibt, von der die Beziehung Frau N.s zu mir gekennzeichnet ist. Die Asymmetrie besteht darin, dass ich es mit ihr nicht ausschließlich als einem ‚Etwas' (Frau, Erwachsen, nicht-sprechend, ...) zu tun habe, sondern mit einem Jemand (vgl. Dederich und Schnell 2011; Schnell 2020). Ich kann Frau N. beim Namen nennen, kann eine Geschichte erzählen. Um auszusprechen, wer sie ist, kann sie ‚diagnostiziert' werden – aber niemals wird sie in den Ergebnissen dieser Unterwerfungen aufgehen. Und ihre Identität auf ‚behindert' etc. zu beschränken, wäre daher ein eindeutig gewaltsamer Akt (vgl. Butler 2015). Die/der Andere muss den Deutungen widersprechen können.

> „Bevor von ihm erzählt werden kann, existiert das Selbst stets nur als bezeugtes, als Zeuge seiner eigenen Geschichte und als gegenüber anderen und von anderen bezeugtes Selbst, dem sie allenfalls glauben können […], von dem sie aber niemals werden wissen können, wer es morgen sein wird. […] Streng genommen können wir niemals wissen, wer der Andere ist" (Liebsch 2008, 268).

Wir haben daher keine Beziehung zu einem Down-Syndrom, einer komplexen Behinderung, einer Autismusspektrumsstörung. Wir haben eine Beziehung zu einem Jemand, weil wir in einem ethischen Verhältnis zum Anderen stehen, der uns allererst beim Namen ruft (vgl. Hellemanns 1984; Schnell 2017, 2020). Das Subjekt setzt sich nicht selbst, es wird durch den Anderen gesetzt.

Das Problem ist nun jedoch ein anderes: Wenn wir den Anderen als ‚Jemand' wahrnehmen wollen und uns der Begriffe und des Wissens entledigen, dann geraten wir erneut in eine Art Falle: Die hehren Absichten würden sich an der Kategorie der Erziehung brechen, und wir würden in Formen der pädagogischen Aneignung verstrickt. Diesem Dilemma versucht Ricken (2006, 2007) dadurch zu begegnen, als er sich für ein Fremdbleiben und Fremdwerden der Schülerinnen ausspricht, ohne dass damit eine Enteignung gemeint sei. Es bliebe daher nur ein pädagogisches Denken und Tun eingedenk eines Zwiespaltes: Kenntnis über den Menschen zu erlangen, in unterschiedlichen (auch diagnostischen) Perspektiven, um dem, was sich absolut einer Erfahrung und einem Wissen widersetzt, Gerechtigkeit widerfahren zu lassen. Andererseits jedoch bleibt dieses ‚Auskennen' einem Missverhältnis zwischen singulärer und vergleichender Gerechtigkeit geschuldet.

Wir werden von der Andersheit des Anderen angesprochen, von einer Welt, mit der wir verflochten sind und die uns beständig herausfordert, in ein Frage-Antwort-Spiel einzutreten.

Wir antworten nicht bloß auf Informationen, sondern gehen auf etwas ein, auf Aufforderungen und Erwartungen, auf Ansprüche. Unsere Welt stellt für uns eine permanente Herausforderung dar. Jeder Teil dieser Welt kämpft um Aufmerksamkeit, um Beachtung: Am Beispiel von Anni N. fordert ihr teilweise lautloses Weinen zu etwas auf, will etwas besagen und stellt Ansprüche (vgl. Merleau-Ponty 1984, S. 74). Ansprüche werden in der Regel in der Pädagogik verhandelt als Möglichkeiten, etwas Bestimmtes zu tun. Dies mag eine notwendige, aber nicht hinreichende Sichtweise von Ansprüchen sein: Ansprüche sind nicht nur Anlässe für (pädagogische) Möglichkeiten, weil bspw. das Vernehmen eines lautlosen Weinens zwar eine Reihe von Möglichkeiten darauf zu antworten impliziert, aber das lautlose Weinen stellt auch den Moment der Unausweichlichkeit heraus, darauf antworten zu müssen. Ansprüche und Antworten beinhalten, wie Schnell (2020, S. 118 ff.) unter Verweis auf Waldenfels (1995) feststellt, damit nicht nur eine Politik des Gestaltens, des Tuns und (pädagogischen) Handelns, sondern zugleich eine Ethik. Diese Welt, mit der wir verflochten sind, stellt uns in unseren Erfahrungen vor Ansprüche, die wir vernehmen und auf die wir antworten. Das kann uns auffallen, wenn wir damit rechnen, dass alles, was wir erfahren, nie als es selbst auftritt, da es immer (und durch keine Prozedur zu überspringen) auch „Produkt einer Deutungs- und Ausdrucksleistung“ (Schnell 2020, S. 61) ist und (s. o.) Ordnungszusammenhängen entspringt. Wir sind grundlegend leiblich und das heißt verletzlich und nur aufgrund dessen auch ansprechbar. Damit können wir uns der Gewaltsamkeit aufgrund unserer Leiblichkeit nicht entziehen. Alles andere wäre eine Imagination.

Uns zeigt sich also folgendes Bild: Die Umschreibung des Begriffs ‚Behinderung‘ könnte verstanden werden als Schwellenphänomen – kontextualisiert im Chiasmus von Ethik und Ontologie (Politik), und bleibt – so Menschen mit diesem Begriff attribuiert werden – damit nicht aufzuhebenden Widersprüchen, Machtkomplexen und ethischen Forderungen ausgesetzt.

Literaturverzeichnis

Adorno, Theodor W. (1951/1979): Minima Moralia. Reflexionen aus dem beschädigten Leben. Frankfurt a. Main: Suhrkamp.

Agamben, Giorgio (2003): Was von Auschwitz bleibt. Das Archiv und der Zeuge. Frankfurt a. Main: Suhrkamp.

Agostini, Evi (2016): Lernen im Spannungsfeld von Finden und Erfinden. Zur schöpferischen Genese von Sinn im Vollzug der Erfahrung. München: Verlag Ferdinand Schöningh.

Agostini, Evi; Eckart, Evelyn; Peterlini, Hans Karl & Schratz, Michael (2017): Responsives Forschungsgeschehen zwischen Phänomenologie und Pädagogik: „Lernseits" von Unterricht am Beispiel phänomenologischer Vignettenforschung. In: Brinkmann, M.; Buck, M. F. & Rödel, S. S. (Hrsg.): Pädagogik - Phänomenologie. Verhältnisbestimmungen und Herausforderungen. Wiesbaden: Springer VS, 323–356.

Allert, Tilman (1998): Die Familie. Fallstudien zur Unverwüstlichkeit einer Lebensform. Berlin: de Gruyter.

Alloa, Emmanuel; Bedorf, Thomas; Grüny, Christian & Klass, Tobias N. (Hrsg.) (2012): Leiblichkeit. Geschichte und Aktualität eines Konzepts. Tübingen: Mohr Siebeck.

Alloa, Emmanuel & Depraz, Natalie (2012): Edmund Husserl – „Ein merkwürdig unvollkommen konstituiertes Ding". In: Alloa, E. et al. (Hrsg.): Leiblichkeit. Geschichte und Aktualität eines Konzepts. Tübingen: Mohr Siebeck, 7–22.

Alloa, Emmanuel & Fischer, Miriam (2013): Leib und Sprache. Zur Reflexivität verkörperter Ausdrucksformen. Weilerswist: Velbrück Wissenschaft.

Anstötz, Christoph (1990): Ethik und Behinderung. Ein Beitrag zur Ethik der Sonderpädagogik aus empirisch-rationaler Perspektive. Berlin: Marhold.

Arendt, Hannah (2009): Vita activa oder Vom tätigen Leben (Ungekürzte Taschenbuchausg., 7. Aufl.). München: Piper.

Arieti, Silvano (Hrsg.) (1959): American handbook of psychiatry. Volume Two. New York: Basic Books, inc.

Bailey, Alison (1998): Locating Traitorous Identities: Toward a Theory of White Character Formation. In: Hypatia, Vol. 13, No. 3, 283–298.

Bangen, Hans C. (1992): Geschichte der medikamentösen Therapie der Schizophrenie. Berlin: Verlag für Wissenschaft und Bildung.

Barthes, Roland (1989): Die helle Kammer. Bemerkung zur Photographie. Frankfurt a. Main: Suhrkamp.

Baudrillard, Jean (1982): Der symbolische Tausch und der Tod. München: Matthes & Seitz.

Baur, Siegfried & Schratz, Michael (2015): Phänomenologisch orientierte Vignettenforschung. Eine lernseitige Annäherung an Unterrichtsgeschehen. In: Brinkmann, M.; Kubac, R. & Rödel, S. Sales (Hrsg.): Pädagogische Erfahrung. Theoretische und empirische Perspektiven. Wiesbaden: Springer VS, 159–180.

Bedorf, Thomas (2003): Dimensionen des Dritten. Sozialphilosophische Modelle zwischen Ethischem und Politischem. München: Fink.

Bedorf, Thomas & Klass, Tobias Nicolaus (2015): Leib – Körper – Politik. Untersuchungen zur Leiblichkeit des Politischen. Weilerswist: Velbrück Wissenschaft.

Beekmann, Ton (1982): Hand in Hand mit Sasha: Über Glühwürmchen, Grandma Millie und andere Raumgeschichten. Im Anhang: teilnehmende Erfahrung. In: Lippitz, W. & Meyer-Drawe, K. (Hrsg.): Kind und Welt. Phänomenologische Studien zur Pädagogik. Frankfurt a. Main: Athenäum-Verlag, 11–25.

Berg, Nicolas (2008): Luftmenschen. Zur Geschichte einer Metapher. Göttingen: Vandenhoeck & Ruprecht.

Berger, John (2005): Gegen die Abwertung der Welt. Essays. Frankfurt a. Main: Fischer.

Bernet, Rudolf (2001): Das traumatisierte Subjekt. In: Fischer, M.; Gondek, H.-D. & Liebsch, B. (Hrsg.): Vernunft im Zeichen des Fremden. Zur Philosophie von Bernhard Waldenfels. Frankfurt a. Main: Suhrkamp, 225–253.

Bernet, Rudolf; Kern, Iso & Marbach, Eduard (1996): Edmund Husserl – Darstellung seines Denkens (2., verb. Aufl.). Hamburg: Meiner.

Benkert, Otto & Hippius, Hanns (1996): Psychiatrische Pharmakotherapie (6., korr. und überarb. Aufl.). Berlin, Heidelberg: Springer.

Bloch, Ernst (2007): Der unbemerkte Augenblick. Feuilletons für die Frankfurter Zeitung 1916–1934. Frankfurt a. Main: Suhrkamp.

Boer, Klaus (1978): Maurice Merleau-Ponty. Die Entwicklung seines Strukturdenkens. Bonn: Bouvier.

Borsò, Vittoria (2008): Das Andere denken, schreiben, sehen. Schriften zur romanistischen Kulturwissenschaft. Bielefeld: Transcript.

Bourdieu, Pierre (1997): Zur Genese der Begriffe Habitus und Feld. In: Steinrücke, M. & Bourdieu, P. (Hrsg.): Der Tote packt den Lebenden. Schriften zu Politik & Kultur 2. Hamburg: VSA-Verlag, 59–78.

Bourdieu, Pierre (2001): Habitus, Herrschaft und Freiheit. In: Ders. (Hrsg.): Wie die Kultur zum Bauern kommt. Über Bildung, Schule & Politik. Schriften zu Politik & Kultur 4. Hamburg: VSA-Verlag, 162–173.

Breggin, Peter R. (1997): Giftige Psychiatrie Teil 2. Was Sie über Psychopharmaka und Biologie bei „Angst“, „Panik“, „Zwang“, „Eßstörungen“, „Sucht“ und „kindlichen Verhaltensauffälligkeiten“ wissen sollten! Heidelberg: Carl-Auer-Verlag.

Brinkmann, Malte (2017): Phänomenologische Methodologie und Empirie in der Pädagogik. Ein systematischer Entwurf für die Rekonstruktion pädagogischer Erfahrungen. In: Brinkmann, M.; Buck, M. F. & Rödel, S. S. (Hrsg.): Pädagogik – Phänomenologie. Verhältnisbestimmungen und Herausforderungen. Wiesbaden: Springer VS, 33–60.

Brinkmann, Malte; Buck, Marc F. & Rödel, Severin Sales (Hrsg.) (2017): Pädagogik – Phänomenologie. Verhältnisbestimmungen und Herausforderungen. Wiesbaden: Springer VS.

Brinkmann, Malte; Kubac, Richard & Rödel, Sales Severin (Hrsg.) (2015): Pädagogische Erfahrung. Theoretische und empirische Perspektiven. Wiesbaden: Springer VS.

Buck, Günther (1989/2019): Lernen und Erfahrung. Epagogik. Herausgegeben und mit einem Vorwort versehen von Malte Brinkmann. Wiesbaden: Springer VS.

Burghardt, Daniel; Dederich, Markus; Dziabel, Nadine; Höhne, Thomas; Lohwasser, Diana; Stöhr, Robert & Zirfas, Jörg (2017): Vulnerabilität. Pädagogische Herausforderungen. Stuttgart: Verlag W. Kohlhammer.

Busch, Kathrin; Därmann, Iris & Kapust, Antje (Hrsg.) (2007): Philosophie der Responsivität. Festschrift für Bernhard Waldenfels. Paderborn, München: Fink.

Buytendijk, Frederik J. J. (1948): Über den Schmerz. Bern: Huber.

Canguilhem, Georges (1974/2013): Das Normale und das Pathologische. Berlin: August-Verlag

Celan, Paul (1982): Atemwende. Gedichte. Frankfurt a. Main: Suhrkamp.

Celan, Paul (1983): Gesammelte Werke in fünf Bänden. Frankfurt a. Main: Suhrkamp.

Dabag, Mihran; Kapust, Antje & Waldenfels, Bernhard (Hrsg.) (2000): Gewalt. Strukturen, Formen, Repräsentationen. Genozid und Gedächtnis. München: Fink.

Damasio, Antonio R. (1995): Descartes' Irrtum. Fühlen, Denken und das menschliche Gehirn. München, Leipzig: List.

Danner, Helmut (1989): Methoden geisteswissenschaftlicher Pädagogik. Einführung in Hermeneutik, Phänomenologie und Dialektik (Überarb. u. erg. 2. Aufl.). München, Basel: E. Reinhardt.

Därmann, Iris (2005): Fremde Monde der Vernunft: die ethnologische Provokation der Philosophie. Paderborn, München: Fink.

Davis, Lennard J. (1995): Enforcing normalcy. Disability, deafness, and the body. London, New York: Verso.

Dederich, Markus (2007): Körper, Kultur und Behinderung. Eine Einführung in die Disability Studies. Bielefeld: Transcript.

Dederich, Markus (2013): Philosophie in der Heil- und Sonderpädagogik. Stuttgart: Kohlhammer Verlag.

Dederich, Markus & Schnell, Martin (Hrsg.) (2011): Anerkennung und Gerechtigkeit in Heilpädagogik, Pflegewissenschaft und Medizin. Auf dem Weg zu einer nichtexklusiven Ethik. Bielefeld: Transcript.

Defren, Günter (1988): Pharmakopsychiatrie im Wandel der Zeit. Erlebnisse und Ergebnisse: Wissenschaftsanekdotisches von Forschern und ihren Formeln. Klingenmünster: Tilia-Verlag Mensch u. Medizin.

Dietrich, Jochen (2001): Vom Ansehen der Dinge. Die Camera Obscura als Mittel und Medium in der Lerntätigkeit. Eine vergleichende qualitative Fallstudie mit Jugendlichen in Brasilien und Deutschland. Oberhausen: Athena.

Dose, Matthias (1997): Spektrum Neuroleptika und andere Psychopharmaka (2., aktualisierte Aufl.). Stuttgart: Aesopus-Verlag

Dussel, Enrique (1989): Philosophie der Befreiung. Hamburg: Argument.

Flatscher, Matthias (2011): Antwort als Verantwortung. Zur Dimension des Ethisch-Politischen in Waldenfels' Phänomenologie der Responsivität. In: Ethics & Politics, XIII, 99–133.

Flatscher, Matthias (2015): Das Verhältnis zwischen dem Ethischen und dem Politischen. Überlegungen zu Levinas' Figur des Dritten. In: Bodenheimer, A. & Fischer, M. (Hrsg.): Lesarten der Freiheit. Zur Deutung und Bedeutung von Emmanuel Levinas' Difficile Liberté. Freiburg, München: Alber, 183–214.

Fornefeld, Barbara (1989): „Elementare Beziehung" und Selbstverwirklichung geistig Schwerstbehinderter in sozialer Integration. Reflexionen im Vorfeld einer leiborientierten Pädagogik. Aachen: Mainz.

Foucault, Michel (1973): Archäologie des Wissens. Frankfurt a. Main: Suhrkamp.

Foucault, Michel (2003): Die Ordnung der Dinge. Eine Archäologie der Humanwissenschaften (Sonderausg.). Frankfurt a. Main: Suhrkamp.

Foucault, Michel (2005): Analytik der Macht. Frankfurt a. Main: Suhrkamp.

Foucault, Michel (1976/2020): Überwachen und Strafen. Die Geburt des Gefängnisses (18., unveränd. Auflage). Frankfurt a. Main: Suhrkamp.

Fuchs, Thomas (2000): Das Gedächtnis des Leibes. In: Phänomenologische Forschung, H. 5, 71–89.

Fuchs, Thomas (2008): Leibgedächtnis und Unbewusstes – Zur Phänomenologie der Selbstverborgenheit des Subjekts. In: Kühn, R. & Witte, K. H. (Hrsg.): Methode und Subjektivität. Freiburg i. Breisgau, München: Alber, 33–50.

Fuchs, Thomas (2011): Leibgedächtnis und Lebensgeschichte. In: Focusing. Journal, H. 5, 46–52.

Gabriel, Gottfried (2019): Präzision und Prägnanz. Logische, rhetorische, ästhetische und literarische Erkenntnisformen. Paderborn: mentis.

Galtung, Johann (1980): Strukturelle Gewalt. Reinbek b. Hamburg: Rowohlt.

Geertz, Clifford (1983): Dichte Beschreibung. Beiträge zum Verstehen kultureller Systeme. Frankfurt a. Main: Suhrkamp.

Gehring, Petra (2002): Das Echo als Schweigen: Zur Phänomenologie des vollständigen Verstummens. In: Röttgers, K. & Lindemann, U. (Hrsg.): Schweigen und Geheimnis. Essen: Die Blaue Eule, 136–151.

Gehring, Petra (2006): Was ist Biomacht? Vom zweifelhaften Mehrwert des Lebens. Frankfurt a. Main, New York: Campus-Verlag

Gerlek, Selin (2020): Korporalität und Praxis. Revision der Leib-Körper-Differenz in Maurice Merleau-Pontys philosophischem Werk. Paderborn: Brill, Wilhelm Fink & Wilhelm Fink GmbH & Co. Verlags-KG.

Goldschmidt, Georges A. (1994): Der bestrafte Narziß. Essay. Frankfurt a. Main: Fischer.

Goldstein, Kurt (1934/2014): Der Aufbau des Organismus. Einführung in die Biologie unter besonderer Berücksichtigung der Erfahrungen am kranken Menschen. Paderborn: Fink.

Griesecke, Birgit (2007): World gone wrong. Verstummen als Notstand der Rede. In: Busch, K.; Därmann, I. & Kapust, A. (Hrsg.): Philosophie der Responsivität. Festschrift für Bernhard Waldenfels. Paderborn, München: Fink, 89–106.

Hackenberg, B. & Hinterhuber, H. (1986): Neuroleptische Turbulenzphasen. In: Böker, W. (Hrsg.): Seiteneffekte und Störwirkungen der Psychopharmaka. Hrsg. von Hinterhuber, H. Stuttgart, New York: Schattauer, 49–56.

Haraway, Donna Jeanne (1995): Die Neuerfindung der Natur. Primaten, Cyborgs und Frauen. Frankfurt/Main, New York: Campus-Verlag

Hartsock, Nancy C. M. (1983): Geld, Sex und Macht: zu einem feministischen historischen Materialismus. New York: Longman.

Hasler, Felix (2012): Neuromythologie. Eine Streitschrift gegen die Deutungsmacht der Hirnforschung. Bielefeld: Transcript.

Hellemanns, Mariette: Pädagogische Verantwortung. In: Danner, H. & Lippitz, W. (1984): Beschreiben - Verstehen - Handeln. Phänomenologische Forschungen in der Pädagogik. München: Gerhard Röttger Verlag, 107–121.

Hoffmann, Thomas (2013): Wille und Entwicklung. Problemfelder – Konzepte – Pädagogisch-psychologische Perspektiven. Wiesbaden: Springer Fachmedien Wiesbaden.

Hogrebe, Wolfram (2009): Riskante Lebensnähe. Die szenische Existenz des Menschen. Berlin/Boston: de Gruyter.

Honneth, Axel (1994): Kampf um Anerkennung. Zur moralischen Grammatik sozialer Konflikte. Frankfurt a. Main: Suhrkamp-Taschenbuch-Verl.

Husserl, Edmund (1950): Cartesianische Meditationen und Pariser Vorträge. Den Haag, Tübingen: Nijhoff; Max-Niemeyer Verlag.

Husserl, Edmund (1952): Ideen zu einer reinen Phänomenologie und phänomenologischen Philosophie II. Den Haag, Tübingen: Nijhoff; Max-Niemeyer Verlag.

Husserl, Edmund (1954): Die Krisis der europäischen Wissenschaften und die transzendentale Phänomenologie. Den Haag, Tübingen: Nijhoff; Max-Niemeyer Verlag.

Husserl, Edmund (1962): Phänomenologische Psychologie. Vorlesungen Sommersemester 1925. Den Haag, Tübingen: Nijhoff; Max-Niemeyer Verlag.

Husserl, Edmund (1973): Ding und Raum. Vorlesungen 1907. Den Haag: Nijhoff.

Husserl, Edmund (1975): Logische Untersuchungen. Erster Band: Prolegomena zur reinen Logik. Den Haag, Tübingen: Nijhoff; Max-Niemeyer Verlag.

Jakobson, Roman (1969): Kindersprache, Aphasie und allgemeine Lautgesetze. Frankfurt a. Main: Suhrkamp.

Jantzen, W. (1999a): Unterdrückung mit Samthandschuhen – Über paternalistische Gewaltausübung (in) der Behindertenpädagogik. Verfügbar unter: https://docplayer.org/26626185-Unterdrueckung-mit-samthandschuhen-ueber-paternalistische-gewaltausuebung-in-der-behindertenpaedagogik.html (Zuletzt geprüft am 01.04.2022).

Jantzen, Wolfgang (1999b): Aspekte struktureller Gewalt im Leben geistig behinderter Menschen. Versuch, dem Schweigen eine Stimme zu geben. In: Seidel, M. (Hrsg.): Gewalt im Leben von Menschen mit geistiger Behinderung. [dokumentiert alle Vorträge und Workshops des Symposiums „Gewalt im Leben von Menschen mit Geistiger Behinderung", das im September 1998 an der Humboldt-Universität zu Berlin von der Deutschen Gesellschaft für Seelische Gesundheit bei Menschen mit Geistiger Behinderung (DGSB) zusammen mit dem Institut für Rehabilitationswissenschaften der Humboldt-Universität veranstaltet wurde]. Reutlingen: Diakonie-Verl., 45–64.

Jantzen, Wolfgang (1999c): Rehistorisierung. Zu Theorie und Praxis verstehender Diagnostik bei geistig behinderten Menschen. In: Behinderte in Familie, Schule und Gesellschaft, H. 6, 51–63.

Jantzen, Wolfgang (2003): Gewalt ist der verbogene Kern von geistiger Behinderung. Vortrag auf der Tagung „Institution = Struktur = Gewalt" des Fachverbandes Erwachsene Behinderte und des Heimverbandes Schweiß am 18.11.2002 in Olten (Schweiz). In: vds-Fachverband für Behindertenpädagogik LV Bremen, 2003/1, Mitteilung 27, 18–45.

Kafka, Franz (1952/1995): Brief an den Vater. Stuttgart: Reclam.

Kandel, Eric R. (2006): Psychiatrie, Psychoanalyse und die neue Biologie des Geistes. Frankfurt a. Main: Suhrkamp.

Kapfhammer, Hans-Peter & Rüther, Eckart (1988): Depot-Neuroleptika. Berlin, Heidelberg: Springer.

Kastl, Jörg Michael (2001): Grenzen der Intelligenz. Die soziologische Theorie und das Rätsel der Intentionalität. München: Fink.

Kastl, Jörg Michael (2004): Habitus als non-deklaratives Gedächtnis – zur Relevanz der neuropsychologischen Amnesieforschung für die Soziologie. In: Sozialer Sinn, H. 2, 195–226.

Kastl, Jörg Michael (2009): Hannes K., die Stimmen und das persönliche Budget. Soziobiografie einer Behinderung. Bonn: Ed. Das Narrenschiff.

Kastl, Jörg Michael (2017): Einführung in die Soziologie der Behinderung (2., völlig überarb. u. erw. Aufl.). Wiesbaden: Springer Fachmedien Wiesbaden.

Kastl, Jörg Michael (2021): Generalität des Körpers. Maurice Merleau-Ponty und das Problem der Struktur in den Sozialwissenschaften. Weilerswist: Velbrück Wissenschaft.

Keilson, Hans (1998): Wohin die Sprache nicht reicht. Vorträge und Essays aus den Jahren 1936–1996. Gießen: Ricker'sche Univ.-Buchh.

Kristensen, Stefan (2012): Maurice Merleau-Ponty: Körperschema und leibliche Subjektivität. In: Alloa, E., et al. (Hrsg.): Leiblichkeit. Geschichte und Aktualität eines Konzepts. Tübingen: Mohr Siebeck, 23–36.

Kuhse, Helga & Singer, Peter (1993): Muss dieses Kind am Leben bleiben? Das Problem schwerstgeschädigter Neugeborener (Von der Autorin und dem Autor überarb. und erw. dt. Erstausg.). Erlangen: Fischer.

Lacan, Jacques (1991): Schriften I (4. durchgesehene Aufl.). Weinheim: Quadriga.

Lacan, Jacques (1994): Schriften III (3. korrigierte Aufl.). Weinheim: Quadriga.

Langeveld, Martinus J. (1960): Die Schule als Weg des Kindes. Versuch einer Anthropologie der Schule. Braunschweig: Westermann.

Levinas, Emmanuel (1965/1987): Totalität und Unendlichkeit. Versuch über die Exteriorität. Freiburg (Breisgau), München: Alber.

Levinas, Emmanuel (1978/1992): Jenseits des Seins oder anders als Sein geschieht. Freiburg (Breisgau), München: Alber.

Levinas, Emmanuel (1982/1985): Wenn Gott ins Denken einfällt. Diskurse über die Betroffenheit von Transzendenz. Freiburg i. Breisgau, München: Alber.

Levinas, Emmanuel (1983): Die Spur des Anderen. Untersuchungen zur Phänomenologie und Sozialphilosophie. Freiburg i. Breisgau, München: Alber.

Levinas, Emmanuel (2003): Die Zeit und der Andere (Neuausg.). Hamburg: Meiner.

Levinas, Emmanuel (2005): Humanismus des anderen Menschen. Hamburg: Meiner.

Levine, Peter A. (2011): Sprache ohne Worte. Wie unser Körper Trauma verarbeitet und uns in die innere Balance zurückführt. München: E-Books der Verlagsgruppe Random House GmbH.

Lewin, Kurt (1969): Grundzüge der topologischen Psychologie. Bern, Stuttgart: Huber.

Liebsch, Burkhard (Hrsg.) (1999): Hermeneutik des Selbst – Im Zeichen des Anderen. Zur Philosophie Paul Ricoeurs. Freiburg i. Breisgau, München: Alber.

Liebsch, Burkhard (2001): Zerbrechliche Lebensformen. Widerstreit, Differenz, Gewalt. Berlin: Akad.-Verlag

Liebsch, Burkhard (2003): Freiheit und Verantwortung angesichts der Herausforderung radikaler Gewalt. In: Deutsche Zeitschrift für Philosophie, Jg. 51, H. 1, 25–44.

Liebsch, Burkhard (2005): Gastlichkeit und Freiheit. Polemische Konturen europäischer Kultur. Weilerswist: Velbrück Wissenschaft

Liebsch, Burkhard (2007): Subtile Gewalt. Spielräume sprachlicher Verletzbarkeit; eine Einführung. Weilerswist: Velbrück Wissenschaft

Liebsch, Burkhard (2008): Für eine Kultur der Gastlichkeit. Freiburg i. Breisgau, München: Alber.

Liebsch, Burkhard (2010): Renaissance des Menschen? Zum polemologisch-anthropologischen Diskurs der Gegenwart. Weilerswist: Velbrück Wissenschaft

Liebsch, Burkhard (2015): Von der Angst, ‚anders' zu sein, zur normalisierten Verschiedenheit? Disability and Diversity Studies (DDS) im Kontext einer Kultur der Differenzsensibilität. In: Soziale Welt, 66 Jg., H. 4 (2015), 351–370.

Liebsch, Burkhard (2018): Einander ausgesetzt – Der Andere und das Soziale. Band I: Umrisse einer historisierten Sozialphilosophie im Zeichen des Anderen. Freiburg, München: Verlag Karl Alber.

Link, Jürgen (1998): Versuch über den Normalismus. Wie Normalität produziert wird (2., aktualisierte und erw. Aufl.). Opladen, Wiesbaden: Westdeutscher Verlag

Lippitz, Wilfried (1980): „Lebenswelt" oder die Rehabilitierung vorwissenschaftlicher Erfahrung. Ansätze eines phänomenologisch begründeten anthropologischen und sozialwissenschaftlichen Denkens in der Erziehungswissenschaft. Weinheim, Basel: Beltz.

Lurija, A. R. (Hrsg.) (1982/1993): Romantische Wissenschaft. Forschungen im Grenzbereich von Seele und Gehirn. Reinbek b. Hamburg: Rowohlt.

Mannoni, Maud (1972): Das zurückgebliebene Kind und seine Mutter. Eine psychoanalytische Studie. Olten, Freiburg i. Breisgau: Walter.

Mendel, Iris (2015): Widerstandpunkte. Umkämpftes Wissen, feministische Wissenschaftskritik und kritische Sozialwissenschaften. Münster: Westfälisches Dampfboot.

Mercier, Pascal (2008): Nachtzug nach Lissabon. Roman (3. Aufl., Taschenbuch-Sonderausg.). München: btb.

Merleau-Ponty, Maurice (1949–1952/1994): Keime der Vernunft. Vorlesungen an der Sorbonne 19491952. München: Fink.

Merleau-Ponty, Maurice (1961/2003): Das Auge und der Geist. Philosophische Essays. Reinbek b. Hamburg: Rowohlt.

Merleau-Ponty, Maurice (1966/1974): Phänomenologie der Wahrnehmung. (Photomechan. Nachdr. [d. Ausg.]). München: de Gruyter.

Merleau-Ponty, Maurice (1986): Das Sichtbare und das Unsichtbare. Gefolgt von Arbeitsnotizen. München: Fink.

Merleau-Ponty, Maurice (1993): Die Prosa der Welt (2. Aufl.). München: Fink.

Meyer-Drawe, Käte (1984): Leiblichkeit und Sozialität. Phänomenologische Beiträge zu einer pädagogischen Theorie der Inter-Subjektivität. München: Fink.

Meyer-Drawe, Käte; Waldenfels, Bernhard: Das Kind als Fremder. In: Vierteljahrsschrift für wissenschaftliche Pädagogik. H. 3, 1988, 271–287.

Meyer-Drawe, Käte (1988): Unerwartete Antworten. Leibphänomenologische Anmerkungen zur Rationalität kindlicher Lebensformen. In: Acta Paedopsychiatrica, 51. Jg., Heft 4, 245–251.

Meyer-Drawe, Käte (2000): Illusionen von Autonomie. Diesseits von Ohnmacht und Allmacht des Ich (2. Aufl.). München: Kirchheim.

Meyer-Drawe, Käte (2003): Lernen als Erfahrung. In: Zeitschrift für Erziehungswissenschaft, Jg. 6, H. 4, 505–514.

Meyer-Drawe, Käte (2006): „Das Kind als Widerstand" – eine Anregung. In: Pädagogische Rundschau, 60(6), 659 –665.

Meyer-Drawe, Käte (2008): Diskurse des Lernens. Paderborn, München: Fink.

Meyer-Drawe, Käte (2016): Wenn Blicke sich kreuzen. In: Jung, M.; Bauks, M. & Ackermann, A. (Hrsg.): Dem Körper eingeschrieben. Wiesbaden: Springer Fachmedien Wiesbaden, 37–54.

Meyer-Drawe, Käte (2021): Szenisches Verstehen. In: Symeonidis, V. & Johanna Schwarz (Hrsg.): Erfahrungen verstehen – (Nicht)Verstehen erfahren. Potential und Grenzen der Vignetten- und Anekdotenforschung in Annäherung an das Phänomen Verstehen. Innsbruck, Wien: StudienVerlag, 17–27.

Meyer-Drawe, Käte (2021): Sinn, der sich nicht sagen lässt. In: Sonderpädagogische Förderung heute, H. 1, 10–18.

Meyer-Drawe, Käte (2022): Andere achten. In: Sonderpädagogische Förderung heute, H. 3, 237–245.

Möller, Hans-Jürgen (1993a): Therapie psychiatrischer Erkrankungen. 205 Tabellen. Stuttgart: Enke.

Möller, Hans-Jürgen (1993b): Therapieresistenz unter Neuroleptikabehandlung. Vienna: Springer Vienna.

Neckel, Sighard (1991): Status und Scham. Zur symbolischen Reproduktion sozialer Ungleichheit. Frankfurt a. Main: Campus-Verlag

Niedecken, Dietmut (2003): Namenlos. Geistig Behinderte verstehen (4., überarb. Aufl.). Weinheim, Basel, Berlin: Beltz.

Nussbaum, Martha C. (1999): Gerechtigkeit oder das gute Leben (Dt. Erstausg.). Frankfurt a. Main: Suhrkamp.

Oevermann, Ulrich (2000): Die Methode der Fallrekonstruktion in der Grundlagenforschung sowie der klinischen und pädagogischen Praxis. In: Kraimer, K. (Hrsg.): Die Fallrekonstruktion. Sinnverstehen in der sozialwissenschaftlichen Forschung. Frankfurt a. Main: Suhrkamp, 58–156.

Oevermann, Ulrich; Allert, Tilman & Konau, Elisabeth (1980): Zur Logik der Interpretation von Interviewtexten. Fallanalyse anhand eines Interviews mit einer Fernstudentin. In: Heinze, T.; Soeffner, H.-G. & Klusemann, H.-W. (Hrsg.): Interpretationen einer Bildungsgeschichte. Überlegungen zur sozialwissenschaftlichen Hermeneutik. Bensheim: päd.-extra-Buchverlag, 15–69.

Papoušek, Mechthild (1994): Vom ersten Schrei zum ersten Wort. Anfänge der Sprachentwicklung in der vorsprachlichen Kommunikation. Bern, Göttingen, Toronto, Seattle: Huber.

Pfeffer, Wilhelm (1987): Fremdverstehen auf der präreflexiven Ebene erzieherischer Interaktion. In: Eberwein, H. (Hrsg.): Fremdverstehen sozialer Randgruppen. Ethnographische Feldforschung in der Sonder- und Sozialpädagogik – Grundfragen, Methoden, Anwendungsbeispiele. Berlin: Marhold, 104–123.

Pfeffer, Wilhelm (1988): Förderung schwer geistig Behinderter. Eine Grundlegung. Würzburg: Edition Bentheim.

Plessner, Helmuth (1975): Die Stufen des Organischen und der Mensch. Einleitung in die philosophische Anthropologie. Berlin, Boston: de Gruyter.

Prengel, Annedore (2001): Egalitäre Differenz in der Bildung. In: Lutz, H. & Wenning, N. (Hrsg.): Unterschiedlich verschieden. Wiesbaden: VS Verlag für Sozialwissenschaften, 93–107.

Prengel, Annedore (2006/2019): Pädagogik der Vielfalt. Verschiedenheit und Gleichberechtigung in Interkultureller, Feministischer und Integrativer Pädagogik (4., durchges. Auflage). Wiesbaden: Springer Fachmedien Wiesbaden.

Ricken, Norbert (2000): Subjektivität und Kontingenz. Markierungen im pädagogischen Diskurs. Würzburg: Königshausen und Neumann.

Ricken, Norbert (2006): Die Ordnung der Bildung. Beiträge zu einer Genealogie der Bildung. Wiesbaden: Springer VS.

Ricken, Norbert (2007): Differenz: Verschiedenheit, Andersheit, Fremdheit. In: Straub, J.; Weidemann, A. & Weidemann, D. (Hrsg.): Handbuch interkulturelle Kommunikation und Kompetenz. Grundbegriffe – Theorien – Anwendungsfelder. Stuttgart: J.B. Metzler'sche Verlagsbuchhandlung und Carl Ernst Poeschel Verlag GmbH, 56–69.

Rilke, Rainer Maria (1955–1966): Band 1: Gedichte, erster Teil. Wiesbaden, Frankfurt a. Main: Insel Verlag.

Rosenstock-Huessy, Eugen (1992): Hitler und Israel oder vom Gebet. Hitler and Israel or on prayer. Mössingen-Talheim: Talheimer.

Rosenthal, Gabriele (1995): Erlebte und erzählte Lebensgeschichte. Frankfurt a. Main: Campus-Verlag.

Rosenthal, Gabriele (2002): Biographische Forschung. In: Schaeffer, D. & Müller-Mund, G. (Hrsg.): Qualitative Gesundheits- und Pflegeforschung. Bern, Göttingen, Toronto, Seattle: Huber, 133–147.

Rosenthal, Gabriele (2005a): Die Biographie im Kontext der Familien- und Gesellschaftsgeschichte. In: Völter, B., et al. (Hrsg.): Biographieforschung im Diskurs. Wiesbaden: VS, Verlag für Sozialwissenschaften, 46–64.

Rosenthal, Gabriele (2005b): Interpretative Sozialforschung. Eine Einführung. Weinheim, München: Juventa-Verlag.

Sachs, Nelly (1965): Späte Gedichte. Frankfurt a. Main: Suhrkamp.

Sacks, Oliver W. (1982/1993): Lurija und die romantische Wissenschaft. In: Lurija, A. R. (Hrsg.): Romantische Wissenschaft. Forschungen im Grenzbereich von Seele und Gehirn. Reinbek bei Hamburg: Rowohlt, 7–22.

Sacks, Oliver W. (1989): Der Tag, an dem mein Bein fortging. Reinbek b. Hamburg: Rowohlt.

Sacks, Oliver W. (1990): Der Mann, der seine Frau mit einem Hut verwechselte. Reinbek b. Hamburg: Rowohlt.

Sacks, Oliver W. (2002): Awakenings. Zeit des Erwachens (Buch zum Film) (12. Aufl.). Reinbek b. Hamburg: Rowohlt-Taschenbuch-Verl.

Sartre, Jean-Paul (1943/2019): Das Sein und das Nichts. Versuch einer phänomenologischen Ontologie (21. Aufl.). Reinbek b. Hamburg: Rowohlt-Taschenbuch-Verlag.

Sawyer, Robert K. (2001): Creating conversations. Improvisation in everyday discourse. Cresskill, NJ: Hampton Press.

Schilder, Paul (1999): The Image and Appearance of the Human Body. London: Routledge.

Schimank, Uwe (1988): Biographie als Autopoiesis — Eine systemtheoretische Rekonstruktion von Individualität. In: Brose, H.-G. & Hildenbrand, B. (Hrsg.): Vom Ende des Individuums zur Individualität ohne Ende. Wiesbaden: VS Verlag für Sozialwissenschaften, 55–72.

Schmeiser, Martin (2003): „Missratene" Söhne und Töchter. Verlaufsformen des sozialen Abstiegs in Akademikerfamilien. Konstanz: UVK Verl.-Ges.

Schnell, Martin W. (2017): Ethik im Zeichen vulnerabler Personen. Leiblichkeit – Endlichkeit – Nichtexklusivität. Weilerswist: Velbrück Wissenschaft.

Schnell, Martin W. (2020): Das Ethische und das Politische. Sozialphilosophie am Leitfaden der Vulnerabilität. Weilerswist: Velbrück Wissenschaft.

Scholz, Ina (2022): Das Konzept Lebensqualität in der Heil- und Sonderpädagogik. Kritische Reflexion und philosophische Erweiterung. Bad Heilbrunn: Julius Klinkhardt.

Schratz, Michael; Schwarz, Johanna & Westfall-Greiter, Tanja (Hrsg.) (2012): Lernen als bildende Erfahrung. Vignetten in der Praxisforschung. Innsbruck, Wien, Bozen: Studien-Verl.

Schütze, Fritz (1983): Biographieforschung und narratives Interview. In: Neue Praxis, Jg. 13, Nr. 3, 283–293.

Seelman, Katherine D.; Bury, Michael & Albrecht, Gary L. (Hrsg.) (2001): Handbook of disability studies. California, London, New Delhi: Thousand Oaks.

Seewald, Jürgen (2007): Der Verstehende Ansatz in Psychomotorik und Motologie. München, Basel: E. Reinhardt.

Shklar, Judith N. (1997): Über Ungerechtigkeit. Erkundungen zu einem moralischen Gefühl (Ungekürzte Ausg). Frankfurt a. Main: Fischer.

Simmel, Georg (2009): Soziologische Ästhetik. Wiesbaden: VS, Verlag für Sozialwissenschaft.

Sinason, Valerie (2000): Geistige Behinderung und die Grundlagen menschlichen Seins. Neuwied, Kriftel, Berlin: Luchterhand.

Singer, Peter (1994/2013): Praktische Ethik (3., rev. und erw. Aufl.). Stuttgart: Reclam.

Singer, Philipp (2021): Inklusion und Fremdheit. Abschied von einer pädagogischen Leitideologie. Bielefeld: Transcript.

Speck, Otto (2008): System Heilpädagogik. Eine ökologisch reflexive Grundlegung (6., überarb. Aufl.). München, Basel: E. Reinhardt.

Spitz, René A. (1988): Vom Dialog. Studien über den Ursprung der menschlichen Kommunikation und ihrer Rolle in der Persönlichkeitsbildung (Ungekürzte Ausg.). München: Dt. Taschenbuch-Verlag.

Squire, Larry R. & Kandel, Eric R. (1999): Gedächtnis. Die Natur des Erinnerns. Heidelberg, Berlin: Spektrum Akademischer Verlag.

Stern, Daniel N. (1995): Tagebuch eines Babys. Was ein Kind sieht, spürt, fühlt und denkt (3. Aufl.). München, Zürich: Piper.

Stern, Daniel N. (2020): Die Lebenserfahrung des Säuglings (12. Aufl.). Stuttgart: Klett-Cotta.

Stinkes, Ursula (1998): Spuren eines Fremden in der Nähe. Das ‚geistigbehinderte' Kind aus phänomenologischer Sicht. Würzburg: Verlag Königshausen & Neumann.

Stinkes, Ursula (2018): Antwortverhältnisse im Kontext Komplexer Behinderung. In: Lelgemann, R. & Müller, J. (Hrsg.): Menschliche Fähigkeiten und komplexe Behinderungen. Philosophie und Sonderpädagogik im Gespräch mit Martha Nussbaum. Darmstadt: wbg Academic, 145–168.

Strasser, Stephan (1978): Jenseits von Sein und Zeit. Eine Einführung in Emmanuel Levinas' Philosophie. DenHaag: Nijhoff.

Trevarthen, Colwyn (2012): Intersubjektivität und Kommunikation. In: Braun, O. & Lüdtke, U. (Hrsg.): Sprache und Kommunikation. Stuttgart: Kohlhammer, 82–160.

Ungaretti, Guiseppe (⁹1995): Gedichte. Italienisch und deutsch. Übertragung und Nachwort von Ingeborg Bachmann. Frankfurt a. Main. Suhrkamp-Verlag.

Varela, Francisco J.; Thompson, Evan & Rosch, Eleanor (1992): Der mittlere Weg der Erkenntnis. Die Beziehung von Ich und Welt in der Kognitionswissenschaft – der Brückenschlag zwischen wissenschaftlicher Theorie und menschlicher Erfahrung. Bern, München, Wien: Scherz.

Waldenfels, Bernhard (1987): Ordnung im Zwielicht. Frankfurt a. Main: Suhrkamp.

Waldenfels, Bernhard (1990): Der Stachel des Fremden. Frankfurt a. Main: Suhrkamp.

Waldenfels, Bernhard (1992): Einführung in die Phänomenologie. München: Fink.

Waldenfels, Bernhard (1994): Antwortregister. Frankfurt a. Main: Suhrkamp.

Waldenfels, Bernhard (1995): „Singularität im Plural“. In: Ders. (Hrsg.): Deutsch-französische Gedankengänge. Darmstadt: Wissenschaftliche Buchgesellschaft 302–321.

Waldenfels, Bernhard (1998): Grenzen der Normalisierung. Studien zur Phänomenologie des Fremden. Band 2. Frankfurt a. Main: Suhrkamp.

Waldenfels, Bernhard (2000): Das leibliche Selbst. Vorlesungen zur Phänomenologie des Leibes. Frankfurt a. Main: Suhrkamp.

Waldenfels, Bernhard (2002): Bruchlinien der Erfahrung. Phänomenologie, Psychoanalyse, Phänomenotechnik. Frankfurt a. Main: Suhrkamp.

Waldenfels, Bernhard (2004): Phänomenologie der Aufmerksamkeit. Frankfurt a. Main: Suhrkamp.

Waldenfels, Bernhard (2006): Grundmotive einer Phänomenologie des Fremden. Frankfurt a. Main: Suhrkamp.

Waldenfels, Bernhard (2008): Zum Geleit: Anders als… In: Borsò, V. (Hrsg.): Das Andere denken, schreiben, sehen. Schriften zur romanistischen Kulturwissenschaft. Hrsg. von Brohm, H., et al. Bielefeld: Transcript, 9–20.

Waldenfels, Bernhard (2012): Hyperphänomene. Modi hyperbolischer Erfahrung. Berlin: Suhrkamp.

Waldenfels, Bernhard (2013): Sinnesschwellen. Studien zur Phänomenologie des Fremden. Frankfurt a. Main: Suhrkamp.

Waldenfels, Bernhard (2017): Idiome des Denkens. Deutsch-französische Gedankengänge II. Frankfurt a. Main: Suhrkamp.

Waldenfels, Bernhard (2019): Erfahrung, die zur Sprache drängt. Studien zur Psychoanalyse und Psychotherapie aus phänomenologischer Sicht. Berlin: Suhrkamp.

Weber, Elisabeth (1990): Verfolgung und Trauma. Zu Emmanuel Levinas’ „Autrement qu‘être ou au-delà de l‘essence“ (Dt. Erstausg.). Wien: Passagen-Verlag

Wenzler, Ludwig (2003): Nachwort von Ludwig Wenzler: Zeit als Nähe des Abwesenden. Diachronie der Ethik und Diachronie der Sinnlichkeit nach Emmanuel Levinas. In: Levinas, E. (Hrsg.): Die Zeit und der Andere. Hrsg. von Wenzler, L. Neuausg. Hamburg: Meiner, 67–92.

Wiemer, Thomas (1988): Die Passion des Sagens. Zur Deutung der Sprache bei Emmanuel Levinas und ihrer Realisierung im philosophischen Diskurs. Freiburg i. Breisgau: Alber.

Woo, Jeong-Gil (2007): Responsivität und Pädagogik. Die Bedeutung der responsiven Phänomenologie von Bernhard Waldenfels für die aktuelle phänomenologisch orientierte Erziehungsphilosophie. Hamburg: Verlag Dr. Kovač.